아이러니스트의 사적인 진리

이 도서의 국립중앙도서관 출판시도서목록(CIP)은 e-CIP 홈페이지 (http://www.nl.go.kr/ecip)에서
이용하실 수 있습니다. (CIP 제어번호: CIP2008002938)

우연적 삶에 관한 문학과 철학의 대화
아이러니스트의 사적인 진리

이유선 지음

라티오

차례

	서문 · 8	문학과 철학의 경계
아이러니의 일상	욕망과 환상 · 16	슬라보예 지젝 《삐딱하게 보기》, 이해경 《그녀는 조용히 살고 있다》
	동감 · 27	막스 셸러 《우주에서 인간의 지위》와 《동감의 본질과 형태들》, 한수영 《공허의 1/4》
	인간의 유한성 · 38	토마스 쿤 《과학혁명의 구조》, 이청준 《벌레 이야기》
	삶은 계속된다 · 49	로버트 브랜덤 《Making it Explicit》, 대니얼 클로즈 《고스트 월드》, 나카무라 후미노리 《흙 속의 아이》
	소시민의 삶 · 59	한스 게오르크 가다머 《철학자 가다머 현대의학을 말하다》, 마르틴 발저 《도망치는 말》
	죽음에 대해 · 70	마르틴 하이데거 《존재와 시간》, 필립 아리에스 《죽음 앞의 인간》
	성(聖)과 속(俗) · 80	다윈의 진화론, 리처드 도킨스 《이기적 유전자》, 문순태 《포옹》
	절제의 쾌락 · 92	에피쿠로스의 쾌락주의, 밀란 쿤데라 《느림》

공동체의 삶	사회정의의 요건 · 106	존 롤스 《정치적 자유주의》,
		박민규 《삼미슈퍼스타즈의 마지막 팬클럽》
	진리가 우리를 자유케 할까 · 116	버나드 윌리엄스 《Truth & Truthfulness》, 조지 오웰 《1984》
	자유주의 아이러니스트 · 127	리처드 로티 《우연성 아이러니 연대성》, 최인훈 《광장》
	소비와 자유 · 139	지그문트 바우만 《자유》, 제레미 리프킨 《소유의 종말》,
		장 보드리야르 《소비의 사회》, 정미경 《무언가》
	지식인의 역할 · 150	플라톤 《이상국가》, 황현 《매천야록》
	관용의 문제 · 161	마이클 왈쩌 《관용에 대하여》, 김애란 《침이 고인다》
	휘트먼과 나라 만들기 · 172	안토니오 네그리 《제국》, 리처드 로티 《미국 만들기》,
		월트 휘트먼 《북소리》
	정치적인 것 · 183	샹탈 무페 《On the Political》, 아베 코보 《모래의 여자》
	인정 질서 · 194	프리드리히 헤겔 《정신현상학》, 전상국 《우상의 눈물》
	본다는 것 · 204	질 들뢰즈와 펠릭스 가타리 《철학이란 무엇인가》,
		주제 사라마구 《눈먼 자들의 도시》
우연적이고 철학적인 진리	마음의 존재 · 218	르네 데카르트 《방법서설》, 정영문 《달에 홀린 광대》
	자살하는 인간 · 231	알베르 까뮈 《시지프의 신화》, 김훈 《칼의 노래》
	텍스트의 바깥 · 244	루트비히 비트겐슈타인 《논리철학 논고》,
		아멜리 노통브 《살인자의 건강법》
	소통의 목표 · 255	위르겐 하버마스 《사실성과 타당성》, 파트리크 쥐스킨트 《비둘기》
	구원 없는 종교 · 267	김용준 《과학과 종교 사이에서》, 심윤경 《이현의 연애》
	올바른 말 · 278	언어철학자들, 엠마뉘엘 카레르 《콧수염》
	이성과 감성의 모호한 경계 · 289	프리드리히 니체 《비극의 탄생》, 토마스 만 《베니스에서의 죽음》

문학과 철학의 경계

　내가 알기에는 철학에 입문하는 사람들 중에는 문학작품을 열심히 탐독하다가 철학을 공부해야겠다고 결심하게 된 사람이 꽤 많다. 아마도 문학작품이 던져주는 삶에 대한 성찰에 영향을 받거나 존재의 이유 등에 관한 물음을 가지고 생각을 하다가 그런 것들이 철학과 관련이 있다고 판단을 했기 때문에 그러한 결심을 하게 될 것이다. 그렇지만 이런 이들 중에는 철학에 입문해서 무척 실망을 하게 되는 경우도 많다. 그것은 철학이 전문적으로 다루는 문제들이 문학작품에서 얻었던 영감에 지속적인 자극을 주기에는 너무나도 추상적이고 공허한 것으로 여겨지기 때문이다.

　예를 들어 어떤 청년이 도스토예프스키의 《죄와 벌》을 읽고 진실된 삶의 방식이란 무엇인가를 고민하게 되었다고 하자. 내가 보기에 이런 설정은 충분히 가능하고 많은 독자가 그런 문제에 대해 실제로 생각해 보게 된다고 여겨진다. 라스콜리니코프의 살인은 정당화 될 수 있는가 하는 문제는 여러 가지 철학적인 문제를 던져 준다. 사회적 정의가 무엇인지, 인간이 지켜야 하는 도덕률은 어떤 것인지, 양심이란 무엇인지 등등의 문제를 생각해 볼 수 있을 것이다. 그래서 이런 철학적인 문제를 고민하게 된 청년이 철학적인 해답을 얻기 위해 윤리학 입문서를 읽게 되었다고 해보자. 이 청년이 철학 책에서 얻게 되는 해답은 대체로 두 가지다. 벤담이나 밀 같은 공리주의자들이 말하는 "최대다수의 최대행복이 선이다"라는 명제와 칸트 같은 의무론적 철학자가 말하는 "네 의지의 준칙이 항상 보편적 입법의 원리로서 타당하도록 행위하라"는 정언명법이 그것이다. 이런 명제들은 비판적인 사고를 전개해 나가기 위한 기준을 제시해 주기는 한다. 그런데 여기에는 라스콜리니코프가 겪고 있는 인생의 고민, 창녀인 소냐가 짊어지고 있는 삶의 무게와 고통 등등은 모두 사라진 채 도덕적으로 선한 행위란 무엇인가에 대한 차가운 정의만이 남아 있을 뿐이다.

    이 청년이 《죄와 벌》을 읽고 자신의 삶을 돌아보면서 여러 가지 생각을 하게 되는 것은 아마도 그 작품이 윤리적인 개념에 대한 정의를 내려주고 있어서가 아니라 주인공들이 겪고 있는 삶의 고통이 자신의 삶과 중첩되어 나타나기 때문이 아닐까 싶다. 그런데 철학 책에는 주인공이 등장하는 경우가 거의 없다. 연인이나 원수도 등장하지 않는다. 굳이 주인공을 찾자면 보편적인 인간이라고 해야 할 것이다. 이런 보편적인 인간에 관한 이야기를 자신의 이야기로 삼기는 쉬운 일이 아니다. 나의 구체적인 삶의 상황과 보편적인 인간에 관한 추상적인 이야기를 연결시키기 위해서는 철학자들이 말하는 이성적인 추론능력이나 고도의 추상적인 사고력 같은 것이 있어야 할지도 모른다. 그런데 이런 사고능력을 처음부터 갖추고 있는 경우는 드물다. 그래서 철학 책에서 삶의 냄새를 맡기 전에 대부분 질려버리고 마는 것이다.

이렇게 된 원인이 어디에 있을까? 독자가 이성적인 사고능력을 적절히 교육받지 못한 탓일까? 분명히 그렇지는 않을 것이다. 너무 편하게 말하는 것인지는 몰라도 나는 그 원인을 플라톤에게까지 소급해서 묻고 싶다. 플라톤이 추구했던 보편적이고 영원불변한 진리의 개념이 2500여 년 간의 서양 지성사에 미친 엄청난 영향력을 과소평가해서는 안 될 것이다. 그렇지만 플라톤식의 진리 개념은 철학자들에게 일종의 지적인 강박증을 심어 준 것 같다. 말하자면 영원한 진리를 추구하는 사람은 보편성, 객관성, 엄밀성, 합리성 등을 최고의 가치로 여겨야 하며 그래서 구체적인 현실을 떠나—이 표현이 마음에 안 드는 철학자를 위해서 달리 말하자면 구체적인 현실을 포괄하면서—모든 사람이 수긍할 만한 궁극적인 진리에 대해 말해야 한다는 것이다. 이런 강박증에 시달리는 사람들의 글을 읽는 독자들에게 이성적인 사고력이 부족하다고 나무라는 것은 너무 심한 일이다. 오히려 그런 대단한 진리에 대한 물음을 던지면서 시인들을 자기 편으로 끌어들이지 못한 플라톤을 원망하는 쪽이 더 나을 것이다. 나는 시인들을 적으로 돌리고 수사학의 힘을 과소평가한 것은 플라톤의 잘못이라고 생각한다.

과학기술의 시대를 살고 있는 우리에게 있어서 철학이 더 재미없는 것이 된 데에는 그럴만한 이유가 있다. 하이젠베르크(W. K. Heisenberg)나 아인슈타인(A. Einstein)의 물리학적인 업적에 자극을 받은 일련의 철학자들은 철학이 더 이상 모호한 문학작품 같은 형태로 쓰여서는 안 되며 소위 엄밀한 과학적인 철학이 성립되어야 한다고 주장하기 시작했다. 분석철학자들이 처음에 착수한 작업은 철학의 영역에서 무의미한 언어들을 배제시키는 것이었다. 이제 철학자들은 모든 문학적인 수사에서 등을 돌리고 기호논리학과 자연과학적인 언명들만을 가지고 철학을 하게 된다.

내가 보기에 분석철학은 철학적인 문제에 관심을 가진 일반 독자에게는 재앙이었다. 그렇지 않아도 철학자들이 말하는 추상 수준이 너무 높아서 자신의 삶에 어떻게 관련을 지어야 할지 난감해 하는 사람들에게 기호논리학을 익히지 않으면 철학 책을 읽을 생각을 하지 마라는 것은 지나친 처사가 아닌가. 일반 독자를 무시하는 대가를 치루면서 철학은 지난 반세기 동안 자신들이 목표로 하는 객관성, 보편성, 합리성 등의 가치에 대해 어떤 성과를 얻어냈을까? 내가 보기에는 상당히 회의적이다. 예를 들어 과학철학의 수많은 논의들은 몇몇의 철학적인 사유를 하는 과학자들을 낳았는지는 모르겠으나 과학적인 작업에 도움을 준 바는 별로 없는 것 같다.

과학적인 철학을 표방함으로써 철학이 많은 독자를 상실하고 별다른 성과도 거두지 못했다면, 철학은 글쓰기의 방식에 대해 다른 길을 모색해야 할 것이다. 내가 생각하고 있는 해결책이란 매우 간단하다. 반대의 길로 가는 것, 즉 문학적인 철학을 하는 것이다. 그러기 위해서는 철학에 대한 발상의 전환이 요구된다. 철학 책을 아무리 많이 읽었다고 한들 그 사람이 다른 사람의 삶에 대해서 더 잘 안다고 할 수 있겠는가. 인간의 보편성에 대해서 알고 있고, 객관적인 진리에 대해서 더 잘 알고 있는 것처럼 말해야 한다는 철학자들의 강박증은 별로 유익한 결과를 낳지 않을뿐더러 철학적으로도 그다지 설득력이 없다. 독일의 철학적 해석학자 가다머(H. G. Gadamer)는 모든 해석은 일면적이며, 선입견에서 벗어난 해석은 있을 수 없다고 말하고 있다. 철학자들은 이런 주장을 인간의 유한성에 대한 지적으로 겸허히 받아들여야 하지 않을까?

철학은 삶의 구체적인 문제에서 발생하는 궁극적인 물음에 답해야 한다. 그러기 위해서는 보편성, 합리성, 객관성에 집착하기보다는 삶의 우연성, 구체성, 유한성을 기꺼이 감수하고 거기서 나름대로의 실마리를 찾아야 할 것이다. 문학은 그런 일들을 잘 해 온 것으로 보인다.

이 책은 문예지인 〈정신과 표현〉(혜화당)에 '문학과 철학의 만남' 이라는 제목으로 2002년부터 연재해 온 글들 가운데 일부를 골라 모은 책이다. 그리고 고백하건대, 이 글들은 2007년 6월 8일 췌장암으로 돌아가신 리처드 로티(Richard Rorty) 교수의 철학을 문학작품과 일상을 통해 내 나름대로 해설한 것에 불과하다. 프래그머티스트인 로티는 참과 거짓, 현상과 본질, 이성과 감성, 주관과 객관, 절대와 상대, 보편과 특수 등과 같은 개념 틀을 깨뜨리려고 했다. 로티의 철학함의 태도는, 본질적이며 영원불변한 진리를 추구하는 데서 비롯되는 철학자들의 지적인 강박으로부터 벗어나려는 것이었다고 생각한다. 보편적인 진리를 깨달았다고 생각하는 사람이 가질 수 있는 폭력성과 오만함을 그에게서는 전혀 찾아 볼 수 없다. 그는 모든 사람이 그 누구의 철학에도 얽매이지 않고 각자의 철학을 만들기를 원한 '벗어남'의 철학자였다. 소설이 지성사에서 이룩한 역할에 대한 그의 평가는 이런 태도에서 비롯된다. 로티를 좇아서, 인간의 연대성에 관한 욕구와 사적인 진리에 대한 소망을 병렬적으로 추구하는 아이러니스트를 자처한다면 문학과 철학의 경계는 별로 의미가 없을 것이다. 감성을 지닌 철학자, 이성을 사용하는 문학가라는 말이 어색하지 않게 들리고 수사와 개념의 경계가 허물어질 때 인문학적인 삶의 성찰에 동참하는 일이 좀 더 자유로워 질 것이다.

글을 연재하다 보니 어느 순간부터인가 하나 하나의 글들이 세 토막짜리 형식을 지니게 되었다. 처음에는 개인적인 일상에 대한 이야기에서 시작해서 거기서 생각해 볼 수 있는 철학적인 개념이나 문제에 대해서 철학자 혹은 철학책과 함께 간단히 언급하고, 그런 개념이나 문제를 잘 다루고 있다고 생각되는 문학작품에서 몇 구절을 가져와 연결지어보려는 시도를 하게 되었다. 처음부터 계획하고 쓴 글들이 아니기 때문에 몇 가지 주제로 글들을 나눠 묶기는 어렵지만, 독자들의 편의를 위해서 '아이러니의 일상', '공동체의 삶', '우연적이고 철학적인 진리'로 크게 분류해 보았다.

정체성이 모호한 함량 부족의 글을 계속 쓰도록 용기를 준 송명진, 황정산 선생님, 지극히 개인적인 관계 때문에 글을 읽어준 김영민, 김선희 선생님께 감사드린다. 그리고 가장 사적인 독자이자 후원자인 아내와 장모님에게도 고맙다는 말을 하고 싶다. 준호와 진영이도 고맙다.

2008년 10월
이유선

아이러니의
일상

욕망과 환상

슬라보예 지젝 《삐딱하게 보기》

이해경 《그녀는 조용히 살고 있다》

I

"소년이여 야망을 가져라." 이 말은 내가 청소년이었던 시절에 유행했던 경구이다. 요즘 청소년들은 어떤 교훈적인 이야기를 강요당하는지 알지 못하지만, 지금 생각해 보면 참 싱거운 이야기로 느껴진다. 무슨 〈사랑과 야망〉 같은 드라마의 주인공이 되라는 것도 아니고 뜬금없이 야망을 가지라니….

그런 말을 일상적으로 들었던 시절에 나는 과연 어떤 야망을 가졌던가. 세월이 많이 흘러서 그런지 잘 기억이 나지 않는다. 그저 책으로 가득한 방안에 틀어박혀 아무한테도 방해받지 않고 책이나 읽었으면 하는 막연한 바람을 가진 것 같기는 하다. 문득 지금 주변을 돌아보니 나는 책으로 가득 찬 조그만 방에 앉아서 아무한테도 방해를 받지 않고 글을 쓰고 있는 중이다. 그렇다고 해서 청소년 시절의 꿈이 현실이 된 것 같아 기쁘다는 생각은 들지 않는다. 이 방안에 앉아서도 나는 여전히 책으로 가득 찬 방안에 앉아 마음대로 책을 읽었으면 하고 바라고 있기 때문이다.

이렇게 쓰고 보니 좀 이상하긴 하다. 나는 거의 일년내내 책을 읽으면서도 항상 책을 읽으면서 살았으면 하는 꿈을 꾸면서 산다. 아마도 나는 책을 읽으면서도 그 책이 내가 진정으로 읽고 싶은 책은 아니라고 생각하거나, 책을 읽는 대부분의 상황이 내가 꿈꾸었던 여유 있는 상황이 아니라고 생각해서 그럴지 모르겠다. 내가 읽는 책들은 강의를 하기 위해 반드시 읽어야 하는 책이거나, 거의 아무도 읽지 않을 논문을 쓰기 위해 어쩔 수 없이 읽어야 하는 책들이다. 그리고 늘 시간에 쫓겨서 책을 읽는다. 아무리 읽어대도 책들은 마치 공포영화의 좀비들처럼 새롭게 나타난다. 그런데 누가 나더러 네가 그렇게 여유 있게 읽고 싶어 하는 책들은 도대체 어떤 책이냐고 묻는다면 할 말이 잘 떠오르지 않는다. 아마 내가 꿈꿔 왔던 독서 여건이 실현되더라도 나는 비슷한 책들을 읽게 되지 않을까?

나야 뭐 뚜렷한 야망이 애초에 없었으니 현실이 불만족스럽더라도 누구에게 불평할 처지는 못 된다. 하지만 대견하게도 소년시절에 야망을 품고 그것을 마침내 실현시킨 친구들이 내게 와서 비슷한 상황을 하소연하는 것을 듣고 있으면 좀 안타까운 심정이 들기도 한다. 의사가 되겠다는 당찬 꿈을 이루고 꽤 잘나가는 의원의 원장이 된 친구는 내게 와서 의사로서의 업무가 생각했던 것과 달리 마치 동네 구멍가게를 운영하는 것 같다고 불평을 한다. 훌륭한 의술을 펼침으로써 세상을 구제하려던 자신의 원대한 꿈은 다양한 성격을 가진 환자들의 비위를 맞추어가면서 병원의 흑자경영을 위해 신경 써야 하는 신세가 되었다는 것이다. 수십 명의 직원을 거느린 중소기업의 사장님인 대학 선배는 만날 때마다 자신이 원했던 삶은 이렇게 피곤하고 힘든 삶이 아니었다고 하소연한다. 그는, 거래처 사람들의 눈치를 보아야 하며 사원들을 잘 관리해야 하는 자신의 삶이 얼마나 고달픈 것인지 내가 충분히 이해할 수 있을 정도로 잘 브리핑한다. 그리고 전임교수로 취직한 친구는 나를 볼 때마다 대학교수로서의 일상이 얼마나 바쁘고 피곤하며 힘든 것인지 알려준다. 얼마나 바쁜가 하면 교수가 책을 읽을 시간이 없을 정도라고 한다. 책을 읽을 시간이 없을 정도로 바빠 본 적이 없는 나로서는 선뜻 이해가 가지는 않지만 얼마나 바쁘면 그럴까 하는 생각에 좀 안되었다는 심정이 들기는 한다.

이들이 자신의 처지를 하소연할 때마다 나는 뭔가 조언을 해주어야 도리가 아니겠는가 하는 부담을 느낀다. 그래서 조심스럽게, "그렇게 힘들면 이제 그만하는 게 어떠냐"고 물어본다. 그러면 이 친구들은 "별 싱거운 놈 다 보겠네"라는 식의 눈빛을 순간적으로 내보인다.

그런 눈빛을 내게 보였다고 해서 내가 그들의 하소연이 공연한 말장난이거나, 출세하지 못한 내게 우월감을 과시하려는 것이라거나 또는 자신들의 어려운 상황을 과장함으로써 나를 위안하려는 것이라고는 생각하지 않는다. 언제나 책을 읽고 있으면서도 책을 읽었으면 하고 내가 늘 바라듯이 그들 역시 의사, 사장, 교수로서 살면서 자신들이 바라는 의사, 사장, 교수가 여전히 되고 싶어 할 것이라고 유추해 볼 수 있기 때문이다.

그런데 그런 바람은 과연 실현될 수 있을까?

Ⅱ

그 난해한 철학적 내용에도 불구하고 한국에 여러 권의 책이 이미 번역되어 있는 슬라보예 지젝의 주요 저서 《삐딱하게 보기》의 앞부분을 우연히 읽게 되었다. 역시 너무 어려워서 내용을 이해하기는 곤란했다. 이런 책이 그래도 꽤 팔렸다는 것은 아마도 스티븐 호킹의 난해한 책 《시간의 역사》가 한국에서 베스트셀러가 되었다는 것과 비슷한 현상일 것으로 짐작이 된다. 아니면 내가 한국의 평균독자들의 글 읽는 수준을 따라잡지 못하는 것일 수도 있다.

어쨌거나 지젝의 그 책은 나와 나의 주변에 있는 인물들이 왜 그렇게 만족스럽지 못한 일상을 살고 있는지 설명해 주는 것 같았다. 그가 책의 첫머리에서 말하고 있는 것은 두 가지다. 하나는 욕망과 환상의 관계이고, 다른 하나는 현실과 실재의 경계이다.

먼저 현실과 실재의 경계에 대한 이야기 자체는 별로 새로울 것이 없는 오래된 이야기다. 플라톤이 본질의 세계와 현상의 세계를 나누어 놓은 이후로는 거의 모든 철학자들이 현실은 실재가 아니라는 생각에 별로 문제제기를 하지 않은 것으로 보인다. 우리가 사는 세계가 진짜 세계가 아니라는 영화〈매트릭스〉의 상상력은 그런 식으로 보면 매우 진부한 것이다. 데카르트가 이미 악마를 끌어들여 모든 것을 의심의 대상으로 삼았을 때 우리가 가장 확신하고 있는 것 중의 하나인 우리의 몸의 존재마저도 하나의 허구적인 가상이 되었다. 영화는 다만 그것을 이미지로 형상화했을 뿐이다. 〈매트릭스〉의 주인공 네오가 두 세계 중의 한 세계를 선택해야 하는 기로에 섰듯이, 철학자들은 플라톤을 따라서 현실을 부정하고 진리의 세계로 올라서거나, 아니면 니체처럼 진리의 세계를 부정하고 현실의 세계를 온몸으로 받아들여 스스로 진리를 만들어 가면서 사는 쪽을 택하지 않을 수 없는 상황이다.

그런데 지젝은 이 진부한 이야기를 약간 새롭게 각색하고 있다. 실재를 허구로 바라본다는 점에서 지젝은 일단 니체의 진영에 가담하는 것으로 보인다. 그러나 그는 곧 그런 허구가 없이는 사람이 살 수 없다고 주장함으로써 실재라는 허구의 필요성을 역설한다. 인간이 욕망의 주체인 한에 있어서, 현실과 실재의 경계는 별로 의미가 없어진다. 현실의 '나'는 욕망의 실현을 위한 가상일 수 있으며, 나는 현실의 삶을 유지하기 위해 '실재'라는 가상을 필요로 한다. 현실은 실재가 되고 실재는 현실이 된다. 그러나 이 경계를 무너뜨리는 순간 욕망은 유지될 수 없으며, 삶은 끝난다.

인간은 욕망을 갖는 한에서만 인간일 수 있다는 것이 지젝의 출발점인 것으로 보인다. 그런데 욕망을 가진 인간은 자신의 욕망의 대상이 무엇인지 항상 착각하며 살고 있다. 지젝에 의하면 인간의 욕망이 목표로 하는 것은 욕망이 완전히 충족되는 상태가 아니라, 욕망을 계속해서 유지하는 상태이다. 욕망의 주체로서의 인간은 욕망의 실현에서가 아니라 욕망을 가지고 있다는 사실 자체로부터 자신의 삶을 확인하고 쾌락을 얻는다. 그러나 욕망을 계속해서 유지하기 위해서는 도달할 수 없는 욕망의 목표가 있어야 한다. 그래서 인간은 환상을 통해 그런 욕망의 목표를 만들어내며 그것을 통해 욕망하는 법을 배운다.

욕망하기 위해 환상을 만들어낸다는 것은 현실에서 이미 욕망이 실현되어 있다는 것을 은폐하는 것이다. 실재가 욕망이 실현된 세계이고 현실이 그런 목표에 도달하기 위해 끊임없이 욕망을 추구해야 하는 세계라면, 실재는 환상이고, 현실 속에서는 이미 욕망이 실현되어 있으므로 현실은 이미 실재가 된다. 왜냐하면 욕망의 실현이란 사실은 욕망의 재생산 속에서 일어나는 것이며 실현된 욕망이란 끊임없이 멀어지는 환상에 불과한 것이기 때문이다.

'삐딱하게 본다'는 것은 똑바로 보면 존재하지 않는 욕망의 대상을 만들어내는 방법이다. 우리가 세상을 똑바로 볼 때 욕망의 대상, 곧 실재는 존재하지 않는다는 사실을 직시하게 된다. 이것은 곧 우리가 욕망하는 것이 사실은 아무것도 아니라는 것, 거기에는 공허밖에 존재하지 않는다는 것을 알게 된다는 것이다. 그렇게 되는 순간 욕망은 중단되며 쾌락은 막을 내린다. 이것은 욕망하는 주체로서의 우리가 삶의 의미를 잃게 된다는 것을 뜻한다. 따라서 우리는 삶을 유지하기 위해 삐딱하게 보지 않을 수 없다. 삐딱하게 봄으로써 실재는 현실과 구분되고 삐딱하게 볼 때에만 존재하는 그 왜상(歪像)적 대상을 욕망하면서 우리는 미치지 않고 살아갈 수가 있는 것이다.

실재가 아무것도 아니라는 사실을 알면서도 현실과 구별되는 실재를 인지하며 현실과 실재의 경계를 유지하는 것이 욕망을 유지하는 비결이다. 욕망은 환상을 필요로 한다. 공허 그 자체로서의 실재가 우리의 현실에 침투해 들어오게 놓아두어서는 안 된다.

Ⅲ

이해경의 《그녀는 조용히 살고 있다》는 소설을 쓰고 싶어 하는 주인공이 끝내 소설을 쓰지 못하지만, 어쨌든 그의 소설이 쓰이게 되는 과정을 담고 있다. 좀 억지스러울지 몰라도 나는 이 소설을 지젝이 말하는 욕망과 환상의 관계 그리고 실재와 현실의 경계에 관한 소설로 읽었다.

이 소설에서는 다양한 욕망과 환상이 그려진다. 그리고 당연한 이야기지만 이 소설 속의 욕망들은 결코 충족되지 않는다. 주인공들은 끊임없이 환상을 창조하며 욕망을 재생산한다. 그러면서 삶을 유지해 나간다. 이들은 하나같이 세상을 삐딱하게 보고 있는 것이다.
 먼저 주인공은 어떤 욕망을 가지고 있으며 그것을 유지하기 위해 어떤 환상을 만들어내고 있는가. 주인공인 '그'는 일단 무능력한 인간으로 그려진다. 그의 욕망은 어떤 의미에서는 대단히 소박하다. 그는 주변 사람들에게 자신의 능력을 드러내기를 원치 않으며 오로지 평온한 일상이 이어지기를 희망한다. 그를 둘러싼 우연한 작은 행운들과 그에 대한 주변인물들의 원인 모를 애정은 그로 하여금 그러한 희망을 아슬아슬하게 유지하도록 해준다. 회사에서 짤리는 순간 그를 절망에서 구원하는 것은 그가 소설을 쓰기를 바라는 아내의 욕망이다. 그가 아내로부터 버림받지 않고 평온한 결혼생활을 유지하기 위해 소설을 쓰려고 노력하다가 스스로 소설을 쓸 능력이 없다고 좌절하려는 순간, 그를 구원하는 것은 그를 대신해서 소설을 쓰겠다고 등장한 '그녀'이다. 이런 기막힌 행운을 통해서 그는 자신의 능력에 대한 평가를 피해가면서 평온한 일상을 이어가고자 하는 욕망을 지속시킨다. 이런 욕망이 지속되기 위해서는 그는 자신과 세상을 삐딱하게 볼 필요가 있다. 그렇게 함으로써 그는 또 하나의 실재, 즉 삐딱하게 봄으로써만 드러나는 환상을 만들어내지 않으면 안 된다. 그의 환상은 무엇일까? 그가 실제로 소설을 쓸 능력이 있는지 없는지는 분명하지 않다. 그가 자신의 능력을 드러내 보이지 않으려고 하는 이유는 학창시절에 글 솜씨를 과시했다는 이유로 친구가 죽게 되는 사건을 겪은 충격 때문으로 보인다. 이후로 그는 스스로 무능력한 인간으로 자신을 포장한다. 그의 환상은 사실 자신은 능력을 발휘하지 않고 있을 뿐이며, 속물을 가장한 매력 있고 재능 있는 인물이라고 생각하는 것이다. 그는 '브리트니'의 유혹에 넘어가 바람을 피울 수 있지만, 그렇게 하지 않는다. 그는 '그녀'의 방에서 그녀와 섹스를 할 기회를 얻지만 그렇게 하지 않는다. 그는 자신의 일상이 자신의 능력이나 매력을 실현하지 않음으로써 유지될 수 있다고 믿기 때문이다. 그는 자신의 능력이나 매력을 이용해 아무것도 하지 않음으로써 스스로 그런 인물이라는 환상을 유지할 수 있으며, 평온한 일상을 살고 싶다는 욕망을 지속시킬 수 있는 것이다. 그가 무능력한 속물을 가장함으로써 평온한 일상을 욕망하는 천재인지, 아니면 능력을 감추고 있는 천재이기를 욕망하는 무능력한 속물인지는 불분명하다. 이 두 개의 실재, 또는 두 개의 현실은 서로를 경계지으며 '그'의 삶을 유지시킨다.

아내의 욕망은 소설가 남편을 두고 싶다는 것이다. 아내는 자신의 욕망을 지속시키기 위해 쓰라는 소설은 쓰지 않은 채 남편이 아무리 엉뚱한 행동을 하더라도 결코 남편을 의심하지 않는다. 아내에게 남편은 삐딱하게 바라본 욕망의 대상이며 따라서 환상이다. 소설을 쓸 수 있는 남편은 사실은 존재하지 않는다. 그러나 아내는 자신의 환상을 유지하면서 소설가 남편을 갖고자 하는 일상의 쾌락을 즐긴다.

소설을 쓰는 '그녀'는 소설을 통해 자신의 상처를 치유하고자 한다. 그녀가 '그'에게 소설을 매일 읽히는 이유는 그가 그 소설을 이해하고 그녀의 고통에 공감함으로써, 의붓아버지에게 성폭행 당해 버림 받은 자신의 영혼이 구원받을 수 있을 것이라고 믿기 때문이다. 그녀의 욕망은 그가 자기를 이해해 주었으면 하는 것이다. 이 욕망을 유지하기 위해서 그녀는 매일 조금씩 그에게 소설을 써서 보여준다. 그러나 거기에 그녀의 소설을 읽고 이해해 줄

'그'는 존재하지 않는다. 거기에는 소설을 읽어낼 능력이 없는 현실의 무능력한 그가 존재할 뿐이며, 그녀가 자신을 이해해 줄 것이라고 믿고 있는 그는 사실은 환상일 뿐이다. 그는 아내의 평을 앵무새처럼 그녀에게 들려준다. 그러나 그녀는 그의 평론이 가지고 있는 진정성을 추호도 의심하지 않음으로써 자신의 욕망을 실현시키고 있다.

이제 작가의 욕망과 환상을 생각해 보자. 작가는 소설에 대한 소설을 씀으로써 소설에 대한 소설을 쓰고자 했다. 작가는 소설 속 '그'의 입을 통해 소설에 대해 말하려고 한다.

그 대목에서 그에게 남아 있던 잠 기운은 완전히 달아나버렸고, 그는 목 언저리가 팽팽해지는 긴장감을 느꼈다. 소설은 최소한 목숨만큼 소중한 거로구나. 이제야 그는 소설을 어떻게 써야 할지 감이 잡힐 것만 같았다. 아내가 가르쳐준 대로… 목숨 걸고…. (이해경, 《그녀는 조용히 살고 있다》, 문학동네, 2004, 33쪽)

일단 작가는 소설이란 목숨 걸고 써야 하는 어떤 것이라고 말한다. 작가는 이 소설을 그렇게 진지하게 썼다고 고백하는 것이다. 작가는 그러나 소설이란 이런 것이다 하고 명확하게 이야기하지 않는다. 기껏해야 '그'의 고민을 통해서 소설은 이런 것이 아니겠는가 하고 말할 뿐이다.

잠깐, 그래서 소설을 개연성 있는 허구라고들 하나? 너무 그럴듯해서 꾸며낸 것처럼 보이는 이야기라… 그러니까, 실제로 있었던 일을 그대로 옮겨놓기만

하면 거짓말처럼 소설이 된다? 이런! 소설의 정체는 알고 보니 곧 실화였던 것이다. (이해경, 위의 책, 42쪽)

작가가 이렇게 소설의 정체가 실화라고 밝히는 순간, 실재와 현실의 경계는 위협받기 시작한다. 소설에 관한 이 소설 속에 나오는 소설은 사실은 허구이다. '그녀'는 자신의 이야기를 쓰는 것처럼 소설을 써내려갔지만 사실 그녀에게 세 명의 아이가 있기는커녕 그녀는 아이를 낳지 못하는 몸이다. 작가는 마치 실화를 쓴 것처럼 소설을 썼지만, 소설 속의 소설도 허구이며, 소설 속의 등장인물들도 소설 속의 등장인물이므로 사실은 허구이다. 그리고 실제로 존재하지 않는 인물들의 이야기를 써 내려간 이 소설 자체가 역시 소설이므로 허구인 셈이다. 그러나 아이러니컬하게도 허구로 가득 찬 소설에 관한 소설은 하나의 소설이 되었다. 소설 속 이야기들은 실화가 아니므로 이 소설은 현실이 아니다. 그렇다면 우리가 읽은 것은 무엇인가? 작가는 소설을 쓰지 못하는 주인공의 이야기를 씀으로써 소설을 썼다.

　허구인 소설에 관한 소설 역시 허구라고 할 수밖에 없지만, 그것은 우리가 현실 속에서 읽고 있다는 점에서 허구가 아니다. 마찬가지로 소설 속의 소설은 소설 속에서는 허구가 아니다. 우리가 소설에 관해 말하고 있는 이 현실이 소설 속에서 다루어진다면 그것은 허구가 되겠지만, 그 소설 속에서는 현실이다. 이런 무한 소급은 어느 지점에서 멈출 필요가 있다.

　소설에 관한 소설을 통해서 소설을 말하겠다는 작가의 욕망은 그 어느 지점에 소설이 존재한다는 환상을 만들어낼 때에만 유지될 수 있다. 그러나 그 누구도 그 지점에 서 있을 수는 없다. 그것은 소설가가 삐딱하게 바라본 욕망의 대상이며 따라서 허구이고 환상이기 때문이다.

　소설가는 소설이 무엇인지 말하기 위해 소설을 계속해서 써야만 한다. 그렇게 함으로써 소설가는 소설을 쓰고자 하는 자신의 욕망을 실현시킨다. 이것은 아마도 내가 계속 책을 읽고 싶어 하는 이유와도 같을 것이다. 책을 읽음으로써 이미 나의 욕망이 실현되고 있다고 생각하는 순간, 공허 그 자체인 실재가 현실을 넘어 올 것이다. 이렇게 쓰고 보니 약간 무서운 생각이 든다.

동감

막스 셸러 《우주에서 인간의 지위》와 《동감의 본질과 형태들》

한수영 《공허의 1/4》

I

세상살이가 뜻대로 되지 않는다고 생각하기 시작하면서부터, 희망보다는 절망을, 기쁨보다는 고통을, 피안의 영원함보다는 이 세상의 덧없음을 말하는 철학자나 소설가들에게 호감을 갖게 된 것 같다. 예를 들면, 영원한 진리의 세계가 존재한다고 말하는 플라톤보다는 신은 죽었다고 말하는 니체를, 보편적인 도덕률을 말하는 칸트보다는 자연주의적인 관점을 내세우는 흄을, 인생의 긍정적인 가치를 일깨우려는 코엘류보다는 삶의 우연성을 말하는 쿤데라가 마음에 드는 것이다. 요컨대 나도 모르는 사이에 인생은 덧없는 것이며, 삶은 고통이요, 죽음 저 너머에는 아무것도 존재하지 않는다는 염세적인 인생관을 갖게 된 것이다.

이런 부정적인 생각을 갖게 된 것에 대해 변명을 좀 하자면, "그동안 세상 사람들에게 상처를 많이 받아서"라고 말할 수밖에 없다. 무슨 상처를 받았기에 그 지경에 이르렀느냐고 물으면 거기에 대해서는 별로 대답하고 싶지가 않다. 그런 물음에 대해서는 답을 해 보았자, 별로 좋은 결과를 기대할 수 없을 것이기 때문이다. 내 자신이 받은 상처를 이야기했는데 상대방이 동감을 표한다면, 나의 상처를 확인하는 셈이 되고, 만일 상대방이 전혀 동감을 하지 않는다면, 그런 반응 때문에 다시 상처를 입을 수도 있을 것이다. 어떤 경우든 상처를 낫게 하는 데에는 도움이 되지 않는다. 그런데 우리는 통상 남의 이야기에 대해 동감을 표하거나 그렇지 않거나 하기 때문에 결과적으로 상대의 상처를 확인시켜 주거나 상처를 입히게 되는 셈이 된다.

이야기가 좀 궤변처럼 흘렀지만, 어쨌든 사람은 다른 사람에게 상처를 주게 되어 있다. 이런 사실을 깨닫는 데에는 나의 아내도 일조했다. 결혼한 지 얼마 되지 않았을 때 아내는 내가 가끔, 듣는 사람의 기분을 고려하지 않고 직설적인 비판을 하는 경우가 있다고 알려주었다. 그런 지적을 받고서야 나의 독선적인 말들이 다른 사람들에게 상처를 주었다는 사실을 알게 되었다. 그러나 그런 사실을 알게 되었다고 해서 내 태도가 고쳐지지는 않았다. 그런 태도는 아마도 그동안 상처받고 살아 온 과정에서 체화된 것이기 때문에 노력을 통해 쉽게 고칠 수 있는 종류의 것이 아닐지도 모른다.

미국 대학에서 학생들을 가르치고 있는 후배가 언젠가 한번은 "한국사회에서 자란 우리는 어쩌면 속에 악마를 한 마리씩 키우고 있는 비정상적인 인간들일지도 모른다"는 말을 한 적이 있다. 미국대학생들에게 한국영화를 보여준 적이 있는데, 우리가 볼 때는 전혀 폭력적이지 않은 장면들도 그들에게는 너무나도 끔찍한 장면으로 읽히더라는 것이다. 그는 이런 차이가 우리의 성장과정이 정상이 아니었다는 것을 말해 주는 증거라고 주장했다. 일상적인 것으로 받아들여졌던 교사들의 정신적인 모욕과 물리적인 폭력들, 이름보다는 번호로 불리는 것을 당연하게 생각했던 몰개성적이며 굴종적인 순응적 태도, 학교와 군대의 체벌과 구타의 경험들은 우리에게 이미 정신적인 외상을 입혔고 그로 인해 우리는 정상에서 한참 멀어진 궤도를 돌고 있는 구제불가능한 인생들이 되었다는 것이다.

　이런 진단은 꽤 위안이 된다. 적어도 나 혼자서만 비정상인 것은 아니라는 이야기이기 때문이다. 그런데 비정상적인 사회에서 자란 비정상적인 인간만이 남에게 상처를 주는 것은 아니다. 인간이 인간에게 상처를 주는 방식은 무척이나 다양해서 몇 가지로 정형화하기 힘들 정도이다. 단순하게는 물리적인 폭력을 통해서 생물학적으로 상처를 주는 방식이 있을 수 있겠고, 복잡하게는 다른 사람에게 애정을 쏟아 부으면서 정신적인 상처를 함께 주는 방식도 있을 수 있다. 남을 괴롭히는 잔인함이 상처를 주기도 하지만 때로는 무관심이 상처를 주기도 한다. 가벼운 폭력에도 정신을 못 차리는 정상적인 미국의 아이들은, 예컨대 그런 아이들을 이해할 수 없는 나 같은 비정상적인 인간에게 상처를 주기도 하는 것이다. 그래서 역시 결론은 산다는 것은 고통이며, 인생은 덧없다는 것이다.

　그렇지만 아주 간혹 이런 인생관을 유지하는 것이 옳은 일인가 하는 의심이 들기는 한다. 나와는 정반대로 뜻밖에도 인생살이가 잘 풀려서 세상이 온통 장밋빛으로 보이는 인간이 있다고 생각해 보자. 이런 사람은 그렇지 못한 사람에게 상처를 줄 수는 있을지언정 상처를 입을 일은 별로 없을 것이다. 게다가 그가 만약 도덕적인 인간이어서 끊임없이 선행을 베풀기에 남으로부터 상처를 입는 일은 물론이거니와 상처를 주는 일도 여간해서 일어나지 않는다고 해보자. 이런 인간에게 인생이 괴로운 것이라고 말하는 것이 의미가 있을까? 인생이 괴롭지 않은 사람들까지 모두 알고 보면 괴로운 인생을 살고 있는 것이라고 말하는 것은 좀 억지가 아닐까? 이것은 한국 사람이 모두가 정상이 아니라고 간주함으로써 내가 정상이 아니라는 것에 대해 위안을 얻는 것과 마찬가지가 아닐까? 이것은 내 인생이 어차피 실패작이니 모든 인생이란 원래 실패작이라고 억지를 부리는 일종의 르쌍티망(Ressentiment)이 아닐까?

II

언제부터인가 나 스스로를 다윈주의적인 자연주의자요, 반형이상학적인 니체주의자이며, 세상이 우연성에 의해 지배된다고 생각하는 프래그머티스트라고 생각하게 되면서, 모든 종류의 형이상학은 무의미한 말장난이라는 확신을 갖게 되었다. 그런데 여간해서 흔들리지 않을 것이라고 생각했던 이런 확신이 살짝 흔들리는 경험을 했다. 우연한 기회에 독일의 철학적 인간학자인 막스 셸러(Max Scheler, 1874-1928)의 《우주에서 인간의 지위》와 《동감의 본질과 형태들》이라는 책을 읽게 된 것이다.

막스 셸러가 펼치는 담론의 스케일이나 사유의 폭을 고려해 보건대 그는 전형적인 형이상학자로 불릴 만한 철학자이다. 그는 스스로 객관적인 가치의 질서에 관한 형이상학을 펼치고 있다고 공언한다. 이미 20세기 후반의 분석철학의 세례를 받은 사람들은 뜬구름 잡는 듯한 그의 형이상학적 설명을 처음에는 견디어 내기가 쉽지 않다. 실제로 책을 같이 읽던 한 젊은 친구는 급기야 화를 내며 책 읽기를 포기했다. 그러나 그의 글을 인간에 대해 말하는 하나의 문학작품으로서 읽기로 작정하면 책 읽는 일이 그다지 고통스럽지만은 않다. 오히려 인생의 지침으로 삼을 만한 흥미 있는 구절들이 의외로 많이 숨어 있어서 제법 재미있기까지 하다.

셸러는 인간을 제대로 바라보고 우주에서 인간이 차지하는 위치를 올바로 파악하려면 고대 그리스의 이성주의적인 관점과, 유대 기독교의 신학적 관점, 다윈 이후의 자연과학적 관점 모두를 아우르는 통일적인 관점을 가져야 한다고 주장한다. 각각의 관점은 일면적으로 옳지만 전체적인 인간을 보지 못하고 있다는 것이다. 우주를 관통하는 생명의 원리를 공유하고 있다는 점에서 인간에 대한 자연과학적 관점은 옳다. 그러나 인간이 본질을 직관할 수 있으며, 생명의 원리를 거스를 수 있는 정신능력을 가지고 있다는 것을 설명하지 못한다는 점에서 자연과학적 관점은 한계를 갖는다. 그런 부분에 대해서는 고대 그리스적 관점이 어느 정도 설명을 해주고 있지만, 피안의 이성으로 인간을 설명하려는 그 관점은 생적인 원리가 없이는 정신이 아무런 힘을 발휘하지 못한다는 사실을 망각하고 있다는 점에서 역시 문제가 있다. 인간은 우주의 근원적인 힘이라고 할 수 있는 생명 원리에서 출발해서 그것을 넘어서는 정신이 탄생하는 장소이다. 그리고 이런 인간이야말로 신이 나타나는 장소이기도 하다. 신은 충동과 정신의 상호침투를 통해 생성되는 존재이며, 인간은 바로 신성(神聖)을 공동으로 수행하고 있는 존재이다. 유대 기독교의 관점은 신을 인간을 지배하는 절대적인 존재로 설정했다는 점에서 옳지 않다. 인간이 없는 신은 무기력하며, 나약한 인간을 위해 신이 존재하는 것도 아니다.

물론 셸러의 이런 인간관은 이해하기 힘들다. 억지로 요약해보려고 했지만, 맞는 요약인지도 자신이 없다. 그러나 지금 셸러의 이런 형이상학적 관점을 얼마나 잘 요약했는지는 중요하지 않다. 나의 관심은 셸러가 이런 형이상학을 근거로 동감과 사랑에 대한 꽤 흥미 있는 이야기를 풀어가고 있다는 점이다.

충동을 바탕으로 한 생명의 원리에 의해 지배를 받는다는 점에서 인간은 동물과 많은 것을 공유한다. 그렇지만 그것을 넘어설 수 있는 정신적인 능력을 가지고 있다는 점에서 신 쪽에 가깝다.

요컨대 셸러는 가치의 객관적인 질서가 존재한다고 생각한다. 인간이 도덕적인 가치를 가질 수 있는 것은 오로지 사랑을 통해서이다. 그런 점에서 소위 동감 윤리학이 도덕성의 근거를 동감에서 찾고 있는 것은 잘못이다. 셸러에 의하면 동감은 그보다 낮은 감정상태인 감정합일과 혼동되거나 가치를 비로소 드러나게 하는 직관적인 작용인 사랑과 혼동되고 있다. 감정합일은 타자의 정신적 개인성을 무시함으로써 타자와 일체감을 갖는 것이다. 그러나 진정한 동감은 타자의 존재를 전제하고 타자가 느낀 가치를 추체험하는 것이다. 그런 점에서 동감은 감정합일보다는 생적 원리에서 벗어나 있으며 타자의 정신적인 감정들을 느끼게 해줌으로써 자신의 삶을 확장시켜 준다. 그러나 이런 동감은 타자의 인격성에 도달하지는 못한다. 셸러가 말하는 인격성은 정신의 최고 가치이다. 이런 인격성은 오로지 사랑이라는 설명할 수 없는 직관적인 작용을 통해서만 등장한다. 진정한 동감은 사랑이 없으면 일어날 수 없다. 그러나 동감이 없다고 해서 사랑이 멈추지는 않는다. 동감이 사랑의 토대가 아니라 사랑이 동감의 범위를 정해주는 것이다. 동감이 반응적인 행위라면 사랑은 적극적인 작용이다.

사랑이라는 직관적인 작용을 통해서 비로소 드러나는 인격성의 가치를 고양시키는 것이야말로 도덕적으로 선한 행위라고 셸러는 주장한다. 이런 주장은 곧바로 인생이 고통이라는 염세적인 관점에 대한 신랄한 비판이 된다. 왜냐하면 쇼펜하우어와 같은 염세주의자들은 이런 사랑의 가치를 깨닫지 못하고 있을 뿐만 아니라 심지어 동정심과 동감을 혼동함으로써 부정적인 가치를 선전하고 있기 때문이다. 그에 의하면 쇼펜하우어는 동정심이 사랑의 표시가 아니라 모든 사람이 고통 받고 있다는 것을 파악하는 형식이라는 이유에서 거기에 긍정적인 도덕적 가치를 부여하고 있다. 동정하는 자는 타인의 고통을 보고 자신의 고통에 대한 위안을 발견한다. 그럼으로써 그는 자신의 이기주의적인 소망을 체념한다. 쇼펜하우어는 타자의 고통에 대해 같이 슬퍼한다는 데에서 윤리적인 가치를 찾고 있다. 이것은 매우 역설적인 결과를 낳는다. 말하자면 우리가 도덕적으로 되려면 이 세상에서 고통이 감소해서는 안 되고 오히려 증가해야만 한다. 셸러는 이런 관점에는 타락한 삶의 병든 충동이 깔려 있다고 비판한다.

    셸러는 타자의 기쁨에 대해 함께 기뻐하는 것이야말로 동감이 가지고 있는 도덕적인 가치이며 그런 것은 사랑을 통해서 가능하다고 주장한다. 동감 자체에는 가치를 판단할 근거가 들어있지 않다. 우리가 어떤 사람에 대해 완전히 동감한다고 하는 것은 그가 타자의 고통을 보고 슬퍼하는 것에 대해서나 타자의 기쁨에 대해 함께 즐거워하는 것에 국한되는 것이 아니라 타자의 고통에 대해 기뻐하거나 타자의 기쁨에 대해 괴로워하는 것에 대해서도 해당되는 것이다. 사랑은 이런 동감에 도덕적 가치를 부여한다. 사랑하는 자는 사랑받는 사람의 가치를 고양시킨다. 타자의 기쁨에 대해 기뻐하는 것이 더 높은 도덕적 가치를 가지므로 사랑하는 사람은 타인의 고통에 대해 기뻐하거나 기쁨에 대해 슬퍼하는 태도에 동감하지 않을 것이다. 오히려 그런 것은 사랑이 아니라 미움에 해당한다.

Ⅲ

내 자신의 삶이 고통스러우니 차라리 모든 삶이 고통스럽다고 생각하자는 르쌍티망, 그리고 타자의 고통으로부터 위안을 얻는 병적인 즐거움을 어떻게 극복할 것인가? 셸러의 대안은 자발적인 정신의 작용인 사랑을 통해 가치를 발견하고 창조해 나가자는 것으로 보인다. 사랑은 대상을 전제하지 않는 자발적인 정신의 작용이므로 경험적인 근거에서 시작되지 않는다. 그에 의하면 사랑은 오히려 대상을 가능하게 하며 대상의 가치를 창조해내는 작용이다. 참으로 난해한 현상학적 명제이다.

한수영의 《공허의 1/4》은 고통당하는 인간의 특이한 사랑을 그리고 있다. 이 소설에는 다양한 이유로 상처를 안고 살아가는 세 명의 인물이 등장한다. 이들은 심각한 정신적 외상으로 인해 세상과 소통하려는 노력을 포기하고 살아간다. 이들의 인격은 이들이 진정한 동감의 대상이 되지 못하고, 무엇보다도 사랑받지 못하는 인간이라는 이유로 형체를 드러내지 않는다.

아파트 관리사무소에 근무하는 30대 미혼 여성인 주인공은 심한 류머티스 관절염을 앓고 있다. 마음대로 걸어 다니지 못할 정도로 신체적인 고통을 겪고 있는 주인공은 혼자서 몰래 술을 마시는 것으로 그 고통을 달래면서 류머티스 관절염을 낫게 해 줄 것이라는 사우디 아라비아의 사막 룹알할리에

갈 것을 꿈꾼다. 그녀의 고통은 마치 매독에 의한 정신질환으로 비참한 말년을 보낸 니체를 연상시키지만, 니체의 초인처럼 고통을 감내할 것을 결심하지는 않는다.

아파트 단지 내의 잡일을 도맡아 하는 '남자'는 우리가 통상 바보라고 부르는 인물이다. 그는 사람들에게 무시당하고 조롱을 당하는 일이 있어도 아무런 대응을 하지 않는다. 그 역시 아버지가 사우디 아라비아에 노동자로 나갔다가 사고로 죽고 어머니는 보상금을 가지고 집을 나가는 바람에 할머니의 손에 자라난 불행한 개인사를 가지고 있다. 남자는 자신의 수레를 낙타라고 부르면서 자신의 수레하고 대화를 나눈다.

'아이'는 어머니를 사고로 잃은 다음부터 자폐증적인 태도를 보이면서 자신이 키우는 사슴벌레하고만 대화를 나눈다. 아이는 자신의 어머니가 죽은 것이 아니라 안드로메다로 돌아갔다고 믿는다.

이 정도의 상황이라면 이들이 염세주의자가 되어 세상의 고통에 대해서 한 수 가르치거나 서로의 고통을 확인함으로써 위안을 얻는다고 한들 아무도 뭐라고 할 수는 없을 것이다. 이들은 충분히 염세주의자가 될 자격이 있다. 이들은 그럼에도 불구하고 염세주의자가 되지 않는다. 주인공은 적어도 겉보기에는 룹알할리에서 구원을 받을 수 있으리라는 희망을 포기하지 않으며, 아이는 언젠가는 자신도 안드로메다로 날아가 어머니를 만날 수 있으리라고 굳게 믿는다.

이들은 자신을 구원할 수 있는 방법을 알고 있다. 그것은 바로 사랑을 하고 사랑을 받는 것이다. 셸러는 "사랑에서 문제가 되는 보다 높은 가치 자체는 결코 앞서서 주어지지 않는다. 그 가치는 '사랑의 운동 속에서' 비로소 마치 결말인 듯이 출현한다"(막스 셸러,《동감의 본질과 형태들》, 아카넷, 2006, 331쪽)라고 말하고 있다. 이것은 곧 사랑은 그 대상이 가지고 있는 고귀한 가치에 의해서 촉발되거나, 상대방이 가지고 있는 성격이나 태도 때문에 비롯되는 것이 아님을 말하는 것이다. 사랑은 자발적인 작용으로서 높은 가치로 향하는 상승운동이다. 그런데 그 높은 가치는 사랑을 통해서 실현하려고 노력해야할 어떤 것이 아니다. 오히려 사랑하는 사람을 변화시키려고 노력하는 순간, 사랑은 사라진다.

  사랑은 대상을 전제하지 않는 자발적인 작용이므로, 사랑을 통해서 비로소 대상의 인격이 출현한다고 말해야 한다. 사랑하는 사람은 상대방이 모름시기 이러서러해야 한다는 식으로 생각하지 않는다. 오히려 사랑은 그것을 통해 드러나는 인격 자체를 사랑하는 것이다. 사랑하는 사람만이 상대방의 개인적인 가치를 통찰할 수 있다.

  세상 사람들은 이들을 우스꽝스러운 외모를 하고 류머티스 관절염으로 고생하는 노처녀, 수레와 대화를 하는 바보 잡일꾼, 어머니를 잃고 자폐증에 걸려 자신의 세계에 갇혀 사는 왕따 소년으로 본다. 그러나 이들은 서로의 사랑을 통해 상대방에게서 높은 가치를 발견한다. 이들의 사랑은 상대방이 가진 좋은 가치 때문이 아니다. 그도 그럴것이 이들은 전혀 상대에게 호감을 줄 만한 어떤 경험적인 요소도 가지고 있지 못하다. 그럼에도 불구하고 이들의 사랑은 각자의 인격을 서로에게 드러나게 만든다. 류머티스 관절염으로 고생하는 노처녀는 죽은 고양이를 구해다 치료해주고 싶은 연인으로, 또 아이를 어머니에게 데려다 줄 마법사로 모습을 드러내며, 바보 일꾼은 아이의 우주선을 만들어 줄 과학자로 그리고 주인공과 룹알할리에 같이 갈 동반자로 모습을 드러낸다. 그리고 자폐증 아이는 어머니를 만날 꿈에 부풀어 즐거워하는 명랑한 아이가 된다.

이들이 아이를 안드로메다로 보내기 위해 노력하는 현장은 물론 사랑이 없는 합리적인 세상 사람들에게는 바보와 노처녀가 아이를 유괴해서 산 속의 집에 가두어 놓고 있는 것으로밖에는 보이지 않는다. 경찰은 이들을 추적하고, 주인공은 낭떠러지 바위에 다다른다. 거기서 드디어 주인공은 날아올라 룹알할리로 간다.

셸러에 의하면 타인보다 더 많이 보는 자는 사랑하는 자이다. 내가 사랑하는 사람 역시 고통스러운 삶을 살고 있다는 데에서 위안을 얻는 대신, 내가 그를 사랑함으로써 심지어 그가 날아오르는 모습을 볼 수도 있다면, 그 쪽이 고통스러운 삶을 살아내는 더 나은 방법일 수도 있지 않을까? 이런 물음의 방식 자체가 여전히 염세적이긴 하지만, 어쨌든 사랑에로의 전향을 고민해 볼 필요가 있을 듯하다.

인간의 유한성

토마스 쿤 《과학혁명의 구조》

이청준 《벌레 이야기》

I

우리 속담에 "사촌이 땅을 사면 배가 아프다"라는 말이 있다. 나는 어려서 이 말을 듣고 그 뜻을 잘 이해하지 못했다. 당시에는 "사촌이 땅을 사는데 왜 내 배가 아픈 것일까" 하는 의문을 가졌을 뿐이었다. 어린 마음에 내 사촌의 얼굴을 떠올려보고 그가 땅을 사는 상황을 상상해 보기도 했다. 그래도 여진히 그 속담은 내게는 이해할 수 없는 것이었다.

그런데 언제부터인가 그 말뜻을 자연스럽게 이해하게 되었다. 차라리 계속 이해할 수 없었더라면 더 좋았을 테지만, 고단한 인생살이가 더 이상 나를 순진한 바보로 남아있게 하지 않았다. 서글픈 일이다.

친구의 성공스토리를 듣는 것이 늘 즐거운 일은 아니다. 솔직히 말하면 엄청난 스트레스다. 그 친구의 성공을 통해서 어쩔 수 없이 내 자신의 실패를 되돌아보아야 하기 때문이다. 더욱이 그 친구가 평소에 인생살이의 어려움을 함께 토로할 수 있을 정도로 가까운 친구라면 스트레스는 더 심해진다. 그리고 그 친구의 성공이 더 빛나는 것일수록 스트레스는 더 심해진다.

"사촌이 땅을 사면 배가 아프다"라는 말이 우리 시대의 진리라면, 아마도 다른 이들도 나와 같은 스트레스를 받고 있으리라고 예상할 수 있겠는데,

주위를 둘러보면 그런 상황에서도 나처럼 스트레스를 받는다고 말하는 사람은 찾아보기 힘들다. 그 이유는 몇 가지로 생각해 볼 수 있다. 그들은 그를 사촌 정도로 여기지 않거나, 자신의 스트레스를 표현하지 않을 정도로 내공을 쌓은 것이다. 그도 저도 아니라면, 그는 자신의 몫을 충분히 챙기고 있어서 타자의 성공이 자신의 행복과 무관하다고 여기는 것이다.

성공한 친구가 어느 정도로 나와 가까운 사이일 때 내가 스트레스를 받게 되는가를 따져보는 것은 흥미있는 일이다. 간혹 대학동창생이나 예전에 같은 모임에서 공부를 했던 사람들 중에 높은 관직에 올랐다는 소식을 듣는 경우가 있는데, 그런 경우에는 전혀 스트레스를 받지 않는다. 그저 남의 일로 생각되기 때문이다. 그것은 부시가 미국의 대통령이 되었다는 소식을 듣는 것과 크게 다르지 않다.

지방에 가는 친구를 배웅하려고 고속터미널 근처에서 어슬렁거리다가 동남아의 어느 나라에서 왔을 것 같은 젊은 여성으로부터 기부를 하라는 권유를 받은 적이 있다. 그녀는 짧은 한국말과 독특한 악센트의 영어를 섞어가며 자신이 무엇을 위해 일하는지를 설명하는 스크랩을 보여주고 손수건을 사거나 천 원을 기부해달라고 요구했다. 스크랩을 얼핏 본 바로는 무슨 에이즈 예방이나 뭐 그런 활동을 하는 데 돈을 쓴다는 것 같았다. 돈을 줄 생각이 없다는 의사를 밝히자 그녀는 독특한 악센트로 '임포르딴뜨'를 연발했다. 그러나 아무리 '임포르딴뜨'를 연발한들 그녀의 주장이 전혀 중요하게 여겨지지 않는 것을 어떻게 하겠는가?

이런 사례로부터 우리는 우리와 멀수록 그의 기쁨이나 고통에 대해 덜 공감하게 되고, 가까울수록 더 공감하게 된다고 생각해 볼 수 있다. 그러나 누군가가 배우자나 부모, 자식이 땅을 샀다고 해서 배가 아프지는 않지 않느냐고 반문할 수 있을 것이다. 하지만 그것은 공감의 정도가 거리에 비례한다는 사실을 반증하지는 않는다. 다만 공감의 양태가 다를 뿐이다. 사촌의 성공에 배 아파할 수 있는 것은 그만큼 그의 기쁨에 공감하기 때문이다. 다만 그것이 내게는 고통으로 전도된다는 것이 문제이다.

"사촌이 땅을 사면 배가 아프다"라는 속담이 가지고 있는 또 다른 문제는 그것이 인간의 유한성에 대해 어떤 중요한 것을 말하고 있다는 것이다. 이 속담은 타자의 고통을 기뻐하거나 타자의 기쁨을 고통스러워하는 인간의 도덕적인 심성의 한계를 지적하는 동시에, 고등종교가 가르치듯이 인간이 보편적인 사랑을 실천할 수 있는 존재인가 하는 물음을 갖게 만든다. 종교적인 구도의 길을 걷는 사람들은 사촌과의 인간적인 관계를 청산함으로써 자신의 도덕적 한계를 벗어난 것이 아닌가? 그렇다면 그것은 올바른 방법이 아닐 것이다. 사촌의 기쁨을 함께 기뻐하는 쪽을 택한 것이 아니라 사촌을 자기와는 매우 먼 거리에 있는 사람으로 만들어버림으로써 그의 기쁨에 대한 스트레스를 감소시키는 쪽을 택한 것이기 때문이다.

예수가 "이웃을 사랑하라"고 한 말이나 "원수를 사랑하라"고 한 말은 엄청난 차이가 있는 말 같지만 사실은 같은 말이라고 생각한다. 누군가를 원수로 생각한다는 것은 그가 그만큼 자신의 삶에서 중요한 위치를 차지하고 있는 가까운 사람이라는 의미가 함축되어 있다. 북한의 어린이가 "철천지 원수 미제를 타도하자"고 외치는 구호는 얼마나 공허한가. 원수는 주변에 있다.

그는 우리의 이웃이며, 사촌이다. 우리의 도덕적 감성이 시험을 받는 장소는 의외로 매우 가까이 있는 것이다.

그런데 가까운 사람의 성공에서 고통을 느껴야 하는, 또는 타자의 고통에서 기쁨을 느껴야 하는 인간 유한성의 비극을 극복하기 위한 올바른 방법은 무엇일까? 종교적인 구도나 인격적인 수양이 대안이 될 수도 있을 것이다. 그러나 그런 일이 가능하려면 거기에는 인간의 유한성을 초월한 경지가 있다는 것을 납득시킬 어떤 증거가 필요하다. 개인적인 생각이지만 대개의 경우 그런 증거는 거짓이나 위선인 경우가 많다.

"사촌이 땅을 사면 배가 아프다"라는 속담에서 '땅'이라는 말에 주목할 필요가 있다. 땅은 한정된 재화이다. 누군가 그것을 많이 소유하면 누군가는 그것을 갖지 못한다. '정의'와 관련된 모든 문제는 이런 결핍의 상황에서 발생한다. 이런 결핍의 상황이 지속되는 한 위선적인 구도의 길은 계속될 것이다. 따라서 바람직한 대안은 아마도 사람들로 하여금 저마다의 땅을 갖게 하는 것일 텐데, 이것 역시 가능할지는 의문이다.

Ⅱ

인간이 어느 범위까지 다른 사람의 기쁨이나 고통에 대해 공감할 수 있느냐 하는 문제는 보편적인 인간 본질에 관한 물음과 관련되어 있다. 인간이면 누구나 참과 거짓을 구별할 수 있는 이성능력을 가지고 있다고 생각하는 철학자들은, 인간이면 누구나 옳은 것과 그른 것을 구별할 수 있는 도덕적 판단능력을 가지고 있다고 생각한다. 그런데 이런 생각에는 너무나도 많은 것이 전제되어 있다.

　우선 누구나 참과 거짓을 가려낼 수 있으려면, 참과 거짓이 처음부터 잘 구분되어 서로 섞이거나 변화되는 일이 없어야 한다. 어제는 참이었던 것이 오늘은 거짓이 된다면, 참과 거짓을 말하는 일 자체가 별로 의미 없는 일이 될 것이다. 그러나 토마스 쿤의 《과학혁명의 구조》가 우리에게 말해 주는 바는 우리가 가장 객관적이라고 생각하는 과학적 지식의 영역에서조차 참과 거짓의 경계는 그다지 명확하지가 않다는 것이다.

　옳음과 그름의 영역에서는 문제가 더 분명하다. 인간의 어떤 행위나 태도가 옳은 것인지 그른 것인지 판단할 수 있는 '전 인류의 공통적인 기준'을 찾는다는 것은 불가능할 것이다. 우리가 선험적으로 도덕적인 판단능력을 가지고 태어난다고 생각한 칸트 같은 경우에는 누구나 가슴에 손을 얹고 생각해 보면 무엇이 도덕적으로 옳은 일인지 알 수 있다고 믿었다. 그러나 성인식을 치르기 위해 사람사냥에 나서거나 가문의 체면을 지키기 위해 명예살인을 저지르는 문화권의 사람들은 아마도 가슴에 손을 얹고 그런 행위야말로 도덕적으로 정당하다고 굳게 믿었을 것이다.

　인간의 본성으로서의 보편적인 도덕적 판단능력이 존재한다고 믿는 사람들은 모든 사람들이 동일한 도덕감에 근거해서 서로를 대하는 일이 가능하다고 생각할 것이다. 인간사회의 도덕적인 진보는 인류애가 실현된 류적인 공동체가 형성될 때 마무리될 것이다. 인류애란 타자가 단지 나와 동일한 본질을 가진 인간이라는 사실을 통찰함으로써 이루어지는 류적인 사랑이다.

　그런데 '사촌이 땅을 사면 배아픈' 세상에 사는 우리에게 철학자들의 그런 꿈 같은 이야기는 공허하게 들릴 뿐이다. 인간이 보편적인 인류애는커녕 사촌을 사랑하는 경지에도 이르지 못하는 이유를 단지 그의 도덕적인 수양이 부족한 데에서 찾는 것은 많은 사람을 죄의식에 빠뜨리는 좋지 못한 방식이다. 철학자 가운데서도 보편적인 인류애니 도덕성이니 하는 것을 허구적인 구호로 간주한 철학자들이 있다. 가장 대표적인 경우가 니체와 마르크스이다. 비슷한 시기를 살면서도 사상적으로는 정반대의 길을 걸었던 이 철학자들은 도덕의 문제에 있어서만큼은 의견이 크게 다르지 않다.

이들은 주로 기독교 윤리를 공격하고 있으며, 그것이 겉으로 내세우는 보편성이 사실은 특정한 인간들의 이해를 대변한다고 본 점에서 공통적이다. 니체는 기독교 윤리를 '노예의 도덕'이라고 부르고 있으며, 가난하고 병들고, 약한 것을 도덕적으로 우월하게 보는 그런 도덕은 가치의 전도를 나타내기 때문에, 우아하고 고귀하고 강한 주인의 도덕으로 대체되어야 한다고 주장한다. 다른 한편으로 마르크스는 부르주아의 도덕과 프롤레타리아의 도덕이 같을 수 없다고 보았다. 제도나 의식이 한 사회의 계급적 이해관계를 반영하는 한에 있어서, 기독교 윤리의 보편성은 부르주아적 허위 의식을 포장해 놓은 것에 불과하다는 것이다. 사회관계가 새롭게 정립될 때 도덕 역시 새로워질 수 있다. 마르크스가 요구한 것은 보편적 인류애가 아니라 프롤레타리아의 당파성이었다.

이들의 주장을 이어받아 인류의 보편적인 도덕적 본성이라는 개념에 이의를 제기하고 나온 철학자가 바로 로티이다. 로티는 인간의 도덕적 행위가 인류애적인 큰 범위에서 이루어지는 것이 아니라, 자기와 가장 가까운 사람의 고통에 대한 공감에서 비롯되는 것이라고 주장한다. 그는 이런 주장을 하기 위해 서구의 대부분의 지성인들이 건드리기 곤란해 하는 문제, 특히 유태인 출신의 사상가라면 아무리 큰 의미를 부여해도 모자라지 않다고 생각하는 문제를 과감하게 건드리고 있다. 그것은 바로 '아우슈비츠'로 상징되는 히틀러의 대량학살이다. 아우슈비츠는 신학적인 성향의 사상가들에게는 신의 섭리와 관련된 문제로서, 그리고 인간의 이성을 신봉하는 철학자들에게는 비이성적인 폭력의 단적인 사례로서 해석되어 왔다.

로티가 볼 때 이 아우슈비츠의 문제는 단지 비극적인 인류 역사의 한 장면일 뿐이다. 아우슈비츠를 기점으로 인류가 새로운 단계에 돌입했다거나, 그 사건을 통해서 비로소 인간의 본성에 대한 깊이 있는 성찰을 하게 되었다고 하는 것은 좀 지나친 주장이다. 그것이 역사상 최대의 대량학살이었다고 해도, 인간이 저지른 비극은 그밖에도 많다. 아메리카 인디언에 대한 학살이나, 난징학살, 그밖에 각종 정복 전쟁에서 벌어졌던 학살들을 생각해 보면 잔인성의 측면에서 결코 뒤진다고 할 수 없을 것이다. 폭력의 규모가 잔인성의 정도를 더하거나 그 의미를 심화시키지는 않는다. 모든 폭력과 잔인성은 단순히 없애야 할 나쁜 선례일 뿐이다.

로티가 인류의 보편적인 도덕적 본성을 신뢰하는 철학자들을 분노하게 만든 구절은 다음과 같다.

먼저, 앞에서 말한 덴마크인과 이탈리아인을 생각해 보자. 그들이 이웃의 유태인들에 관해서, 그들이 같은 인간이기 때문에 구출될 가치가 있다고 말했을까?

아마도 그런 적도 있을 것이다. 그러나 보통은, 어떤 유태인들을 보호하기 위해 왜 위험을 무릅쓰느냐는 질문을 받았다면, 그들은 더 협소한 용어를 사용해서 설명했을 것이다. 예를 들어서, 이 특정의 유태인이 같은 밀라노 출신이라거나, 유틀란트 출신이라거나, 같은 조합원이라거나 같은 직업을 가졌다거나, 같은 보치〔이탈리아의 잔디볼링〕 선수라거나, 어린아이를 가진 같은 처지의 부모라는 대답을 했을 것이다. (리처드 로티, 《우연성 아이러니 연대성》, 민음사, 1996, 346쪽)

로티는 여기서 유태인을 구해준 이탈리아인이나 덴마크인이 인류애를 발휘한 것이 아니라고 말하고 있는 것이다. '인류애' 라는 단어는 구체적인 행동에 나서게 하기에는 너무 큰 단어이다. 로티의 관점에서 보면 어떤 사람이 단지 이성적인 존재이기 때문에, 나와 같은 도덕성을 가지고 있기 때문에 그 사람을 돕는다는 것은 현실적으로 설득력이 없다. 그보다는 그가 내 자식이기 때문에, 내 자식의 친구이기 때문에 내가 그를 돕는다고 말하는 것이 더 자연스럽다. 이것은 우리가 느낄 수 있는 도덕적 정서의 한계는 우리가 '우리' 라는 범위 안에 넣을 수 있는 사람들에게 국한되어 있으며, 그것을 넘어서는 순간, 사실 우리는 그에게 어떤 공감도 하기 힘들다는 것이다.

그러나 이런 솔직한 태도가 남의 자식보다는 자기 자식을 먼저 챙기고, 자신과 무관한 사람보다는 자신과 조금이라도 관련이 있는 사람을 먼저 배려하는 우리의 자연스러운 태도가 정당하다고 말하는 것은 아니다. 그것은 유한한 인간이 가진 현실적인 모습이다. 우리의 도덕적인 노력은 그것을 무시하고 보편성을 향해 도약을 하는 것이 아니라, 조금씩 '우리' 의 영역을 확장해 가는 데 맞추어져야 한다. 그 과정에서 우리는 연대할 이웃과 타도해야 할 원수를 현명하게 가려내야 하고, 타자의 기쁨과 고통에 공감하기가 얼마나 어려운지 절감해야 할 것이다. 이것은 어쩌면 전 인류를 사랑하는 일보다 더 어려운 일일지도 모른다.

Ⅲ

이청준의 《벌레 이야기》는 작품이 던져주는 메시지가 너무나도 강렬해서, 읽고 난 후에도 오랫동안 머리 속에서 떨쳐버리기 힘든 소설이었다. 단편소설인 이 작품의 스토리는 매우 간단하고 군더더기가 없다.

'아내'가 마흔 가까이 낳은 늦둥이인 알암이는 한쪽 다리가 불편한데다 성격이 내성적이다. 이런 아이라면 어떤 부모든 자신이 가진 모든 것을 쏟아 부으려고 할 것이다. 그런데 어느 날 이 아이가 동네 주산학원 원장에 의해 유괴된 후 살해된다. 소설은 이제 '아내'가 자신의 고통을 극복하기 위해 몸부림치는 과정을 묘사하는 데 집중한다.

자식을 잃은 부모의 고통이라는 것은 다른 데 비할 바가 없겠지만, 어떤 의미에서 이 고통 역시 인생사에서 일어나는 다양한 고통의 한 가지일 뿐이다. 이제 우리에게 주어진 물음은 우리에게 고통을 주는 우리의 이웃, 우리의 원수와 더불어 우리는 어떤 도덕적인 선택을 할 수 있는가 하는 점이다.

이 소설은 두 가지 길을 대조시켜 보여준다. 하나는 모든 인간을 사랑하라는 고상한 보편윤리이고, 다른 하나는 고통의 원인을 용서할 것이 아니라 응징하는 것이 옳다는 자연스러운 감정이다. 로티가 거부하고 있는 보편적

도덕성의 문제와 관련시켜 생각해보자면 전자는 초월적이고 절대적인 구도의 길이며, 후자는 세속적이고 상대적인 유한한 인간의 길이다. 평범한 인간인 '아내'는 절망적인 고통 속에서 끊임없이 이 두 가지 길을 오가며 괴로워한다.

어찌보면 '아내'는 처음부터 초월적인 구도의 길에는 관심이 없었는지도 모른다. 아이의 주검이 발견되었을 때 "하느님보다 내가 잡을 거예요. 내가 지옥의 불 속까지라도 쫓아가서 그 놈의 모가지를 끌고 올 거예요"(이청준, 《벌레 이야기》, 심지, 1988, 27쪽)라고 외치던 아내는 김집사의 전도를 받아 교회에 나가면서도 온통 "아이의 영생과 내세복락만을 외어 댔다". 보편적인 인간사랑은 이렇게 특정한 인간에 대한 집착을 허용하지 않는다. 모두가 동등한 신의 아들이며, 모두가 동등하게 사랑받을 권리가 있다. 그러나 '아내'는 결코 자신의 자식에 대한 사랑을 바깥으로 확장시키길 원하지 않는다.

그러던 '아내'가 범인인 김도섭을 용서하기 위해 면회를 가게 된다. 이런 행동 역시 '아내'가 보편적인 사랑에 눈 떠서가 아니라, 가해자에 대해 고통을 당한 자만이 요구할 수 있는 권리를 확인하기 위한 것이었다. 그러나 그런 '아내'의 권리확인은 이루어지지 않는다. 개별적인 모든 인간의 죄와 고통을 떠맡은 초월적인 존재에 의해 그 권리가 이미 행사되었기 때문이다. 기독교에 귀의한 사형수 김도섭은 '아내'에게 용서를 구하는 것이 아니라, 이미 이 세상의 모든 악을 용서할 수 있을 것 같은 성인이 되어 버렸다. 이런 보편적 인류애의 역설 앞에서 '아내'는 다음과 같이 절규한다.

"내가 그를 아직 용서하지 않았는데 어느 누가 나 먼저 그를 용서하느냐 말이에요. 그의 죄가 나밖에 누구에게서 먼저 용서될 수가 있어요? 그럴 권리는 주님에게도 있을 수가 없어요. 그런데 주님께선 내게서 그걸 빼앗아가 버리신 거예요. 나는 주님에게 그를 용서할 기회마저 빼앗기고 만 거란 말이에요. 내가 어떻게 다시 그를 용서합니까." (이청준, 위의 책, 39쪽)

'아내'와 같이 원수를 사랑하지 못하고, 자기 자식에 대한 사랑만을 내세우는 것, 가해자의 고통을 헤아리지 못하고 피해자로서의 고통만을 호소하는 것은 비도덕적인가? 동남아인의 에이즈 예방을 위한 기부는 거부하면서 수해를 입은 친지를 위해 돈을 보내는 것은 부도덕한가? 땅을 산 사촌을 배 아파하는 것은 속물적이고 비도덕적인가?

그 누구도 고통을 당하는 사람에게 성인이 되라고 강요할 권리는 없다. 초월적인 구도의 길은 도덕과 사실 무관하다. 거기에는 이미 용서와 화해, 연대와 실천, 구호와 응징의 문제는 존재하지 않기 때문이다. 거기에는 오로지 저 초월적인 진리를 관조할 일만이 남아있다. 그러나 그 누군가가 이렇게 성인이 된다는 것은, 알암이를 잃은 '아내'가 그 길을 갔듯이 다른 사람을 죽음에 이르게 할 수도 있다. 보편적인 인류애가 개인에게 죽음을 가져다준다는 역설은 우리가 살고 있는 유한한 세계의 한 단면이다. 우리를 구도의 길로 내모는 보편주의 철학자들은 아마도 현실의 고통스러운 아이러니를 직시할 용기가 없어서 그런 편한 길을 택하고 있는지도 모른다.

삶은 계속된다

로버트 브랜덤 《Making it Explicit》

대니얼 클로즈 《고스트 월드》

나카무라 후미노리 《흙 속의 아이》

I

'새옹지마'라는 고사성어는 인생사의 희비극에 대해 담담한 태도로 대처하라고 가르친다. 상처받고 사는 사람들에게 이만큼 위로가 되는 고사성어도 드물다. 이런 태도는 죽어서 천국에 간다는 종교적 위안보다 더 낫다. 왜냐하면 그런 위안은 《만들어진 신》의 저자인 도킨스가 늘 주장하듯이 자칫하면 피곤한 인생들을 자살폭탄 테러범으로 만들 수가 있기 때문이다.

그러나 새옹지마의 교훈은 그저 훈훈한 것만은 아니다. 변방에 살았던 노인의 아들은 말에서 떨어져 다리를 다치는 바람에 전쟁에 나가지 않았고, 이야기는 거기서 끝나지만, 현실은 대개 그렇게 담담하지가 않다. 당시의 의료 수준을 생각해 보건대 그 노인의 아들은 아마도 평생을 불구로 살아야 했을지도 모른다. 전쟁에 나가서 죽는 것보다야 낫다고 할 수 있겠지만, 어쨌거나 삶의 고통은 계속되는 것이다. 비극은 그렇게 삶이 지속된다는 데 있다. 그리고 그보다 더 비극적인 일은 '새옹지마'라는 고사가 우리에게 말해 주듯이 그러한 삶의 일상은 언제나 불확실하고 지리멸렬해서 견디기 힘들다는 데 있다.

사람들은 한국이 역동적이라서 재미있다고들 한다. 사람들이 끊임없이 변화를 추구하고 새로운 이슈를 만들어내는 데 능하다는 것이다. 한국인의 역동성을 부정할 생각은 없다. 그러나 그게 그렇게 삶을 재미있게 만든다고는 생각이 들지 않는다. 뒤집어서 생각해 보면 한국인들은 삶의 지리멸렬함을 오히려 견디기 힘들어 하는 것 같다. 사람들은 큰 사건이 일어날 때마다 천지가 개벽할 듯이 흥분을 하고 인터넷에서 온갖 육두문자를 동원해 가며 자신과 생각이 다른 사람들을 비난하는 데 몰두한다. 그러나 아이러니컬하게도 이런 태도 속에서 한국 사람들의 고독이 느껴진다. 얼마나 사는 것이 지겨우면, 얼마나 삶이 지리멸렬해서 견디기 어려우면 저렇게 흥분하는 척하는 것일까 하는 생각이 드는 것이다.

하이데거는 소문과 잡담 속에서 사는 삶이 비본래적인 일상인의 퇴락한 삶이라고 이야기했지만, 거기에 어떤 윤리적인 가치판단을 포함시키지는 않았다. 우리의 삶이란 그럴 수밖에 없는 것이라고 통찰하고 있는 것이다. 만약에 우리가 천국의 구원을 믿기보다는 새옹지마의 교훈을 받아들이기로 한다면, 우리는 삶의 지리멸렬함 속에서 자기 자신의 성장을 꾀하는 수밖에 없다.

시험 준비에 지친 딸이 자기를 왜 낳았느냐고 항의했다. 자기가 원하지도 않았는데 왜 태어나게 해서 이렇게 고생을 시키느냐는 것이다. 생각해 보니 나도 그 나이 때 비슷한 생각을 하지 않았나 싶다. 그런데 나는 우리 부모에게 태어나게 해서 미안하다고 사과 받은 기억이 없다. 그래서 속으로는 미안했지만, 나도 딸에게 미안하다고 말하지는 않았다. 그리고 네가 생각하는 삶의 불확실성과 지리멸렬함이 내 나이쯤 되면 모두 해소되는 일은 결코 일어나지 않으리라는 말도 하지 않았다.

아주 오래 전에 루이제 린저의 《왜 사느냐고 묻거든》이라는 책이 유행한 적이 있다. 당시에 나는 시건방지게도 베스트셀러에 대해 냉소적이었기 때문에 당연히 읽지 않았지만, 그 책을 읽었어도 왜 사는지에 대한 대답을 발견했을 것 같지는 않다. 일단 태어난 이후에는 모든 사람들이 그렇게 대답할 수 없는 물음을 간직한 채 살아갈 것이다. 그런 점에서 모든 사람은 일생동안 성장통을 앓는다고 할 수 있다. 삶을 중단할 것이 아니라면 성장의 고통은 감수해야 할 숙명이다.

Ⅱ

어쩌다 보게 되는 멜로 영화들의 결말은 대체로 해피 엔딩이다. 주인공들은 티격태격하면서 헤어질 듯 말 듯하다가, 또 여러 가지 우여곡절 끝에 결국에는 서로의 사랑을 확인하게 되고, 그렇게 되면 영화는 끝난다. 정신 나간 감독이 아니라면, 그들이 결혼을 하고 아이들을 낳고, 각종 세금과 할부금에 허덕이고, 아이들의 사교육비와 집값으로 고통받으며, 친구의 출세에 좌절하거나 사회적인 실패로 절망하고, 노부모의 병간호에 지쳐가는 이후의 이야기를 계속해서 이어 나갈 리 없다.

하이데거가 말하는 일상인의 삶이 지속될 수 있는 힘은 아마도 그들이 자신들의 삶의 모습을 있는 그대로 보지 않고 잡담이나 소문의 소재로 만들어 버리는 데에서 오는지도 모른다. 그것은 나의 삶이 아니고, 그 누군가의 삶이기 때문에 그럭저럭 참을 만한 것이다. 자신의 삶을 그 누군가의 삶으로 만들기 위해 우리는 그때그때 적당히 흥분하고 적당히 기대할 줄 알아야 한다. 우리는 끊임없이 속으로 '하면 된다'를 되뇌며, 쥐구멍에도 볕들 날이 있다고 굳게 믿으면서, 당장의 고통만 지나가면 그 다음에는 행복한 인생이 펼쳐질 것이라고 희망해야 한다. 눈앞에 닥친 고비 너머에 나의 진정한 삶이 있다고, 조금만 더 견디어 내면 나는 왜 사는지 말할 수 있을 거라고, 내 삶의 의미는 곧 분명해 질 것이라고 믿어야 한다.

그러나 물론 일상은 반복적으로 우리의 이런 기대를 배반한다. 수험생이 시험을 마쳤다고 해서, 군인이 제대를 했다고 해서, 취업준비생이 취직을 했다고 해서, 처녀 총각이 결혼에 성공했다고 해서, 그들이 행복한 일상을 살게 되는 것은 아니다. 삶이 중단되지 않는 한, 일상은 지속될 것이며, 그것은 여전히 참기 힘들 정도로 지리멸렬할 것이다. 이것은 삶의 의미가 왜 말해질 수 없는가 하는 이유이다. 죽음의 순간에 이르기까지 나의 삶은 그 의미의 최종적인 봉합을 계속해서 연장한다.

다소 엉뚱한 적용이 될지 모르겠으나 최근에 문제가 되고 있는 로버트 브랜덤(Robert Brandom)의 추론주의는, 개념적인 의미가 단번에 파악될 수 없다는 것을 밝히고 있다는 점에서 이 문제에 대해 적절한 철학적 논변을 제공하고 있는 것으로 볼 수 있다.

브랜덤은 하버마스 등에 의해서 유럽에도 널리 알려진 미국의 철학자이지만, 국내에는 별로 알려진 바가 없어서 간단히 소개를 하자면, 그는 전통적인 의미론적 인식론적 체계보다 화용론적인 체계가 우선한다고 봄으로써 전통적인 철학적 개념들을 재서술하려는 철학자이다. 예를 들어 "이것은 컵이다"라는 말의 의미를 알기 위해서는 종전의 철학자들은 그 말이 어떤 사태에 부합하는지 말함으로써 그 말의 의미를 말할 수 있다고 생각했지만, 브랜덤은 "이것은 컵이다"라는 말을 하고 있는 사람이 그런 말을 하고 있는 것의 의미가 무엇인지를 먼저 묻지 않고서는 그 말의 의미에 대해서 말할 수 없다고 하는 입장이다. 그의 입장을 '추론주의'라고 부르는 이유는 우리의 언명이 추론의 결과이며, 직접적인 관찰 같은 것에 의해서 즉각적으로 발생하는 것이 아니라고 보기 때문이다. 그러한 추론은 우리가 암묵적으로 인정하고 있는 사회적 규범 속에서 이루어진다. 따라서 하나의 언명이 이루어지고 그 의미를 이해한다고 하는 단순한 사건 속에는 사실은 엄청난 과정이 감추어져 있는 것이다. 이런 과정을 무시하고 우리는 어떤 말의 개념에 대해서 말할 수 없으며, 그렇게 해서도 안 된다. 예컨대 브랜덤은 "개념적 내용의 객관적 표상적 차원은 근거를 부여하고 묻는 추론적 실천의 '사회적' 분절에 의존하고 있음이 드러난다"(Robert B. Brandom, *Making it Explicit*, Harvard University Press, 1994, 54쪽)라고 말한다. 사실 이 짧은 구절 속에 그의 독창적인 언어철학이 가지고 있는 요점이 포함되어 있다고 할 수 있겠는데, 우리가 어떤 것의 객관적이거나 본질적인 의미를 물을 때, 그 의미는 어느 순간 일거에 발견될 수 있는 성질의 것이 결코 아니라는 의미가 여기에 함축되어 있다. 추론적으로 분절된다는 말은, 그런 말을 하는 사람에 대해 그에 대한 이유를 묻거나 자신이 그런 말을 하면서 왜 그런 말을 하는지 이유를 제시하는 지속적인 과정에 의해서 그 의미가 그때그때 드러나게 된다는 것이다. 여기서 이유를 부여하거나 묻는 행위는 사회적으로 승인된 규범 속에서 이루어지며, 그렇기 때문에 어떤 말의 의미를 이해한다고 하는 것은 언어적 실천에 참여하는 사람들 간의 관여와 권리부여라는 일종의 게임을 통해서 이루어지는 사건이다.

브랜덤의 이런 관점을 '삶의 의미'라는 말의 의미에 대해 적용해 보자. 왜 사느냐고 묻는 것은 삶을 지속하고 있는 일종의 태도에 대해 이유를 묻는 것이며, 이 물음에 대해 답하기 위해서는 나의 삶의 의미에 대해 나는 어떤 주장을 해야 한다. 그런 주장은 일종의 '관여(commitment)'이며, 나와 언어게임을 지속하는 다른 사람에 의해 승인되거나 거부될 수 있다. 이런 과정은 개념적 내용이 추론적으로 분절되는 사회적 실천의 과정이다. 이런 과정이 없이는 결코 '나의 삶의 의미'가 가지고 있는 개념적 내용은 이해될 수가 없다. 이것은 바꾸어 말하면 '나의 삶의 의미'에 대응하는 어떤 실체가 존재하지 않는다는 것이다. 그것은 그런 사회적 실천의 과정을 통해서만 이해되고 존재할 수 있는 어떤 것이다. 여기서 우리는 일종의 순환에 빠질 수밖에 없다. 삶의 의미를 파악하기 위해서는 그 내용을 추론적으로 분절하는 사회적 실천의 과정 속에 있어야 하므로 우리는 그 의미를 맥락에 따라 그때그때 다르게 주장할 수밖에 없으며, 그런 행위 자체가 우리가 이해하고자 했던 '삶의 의미'라는 말의 개념적 내용을 변화시킨다. 이 과정이 무한반복의 악순환이 되지 않기 위해서는 우리의 언어적 실천으로 말미암아 그 개념적 내용이 풍부해지는 경험을 해야 할 것이다. 그래서 삶의 의미에 대한 물음에 답하면서 그것에 관한 좀 더 완성된 내용을 얻고자 하는 사람은 스스로의 주장에 대해 자격을 인정할 수 있는지 고민해야 하고 이것은 결국 일종의 성장통을 수반할 것이다.

그런데 삶의 의미에 대한 물음이 제기되는 맥락은 인생에 있어서 큰 의미를 갖는 사건이 일어나는 상황이라기보다는 오히려 의미를 찾기 힘든 공허한 일상일 것이다. 삶의 의미의 개념적 내용을 명확하게 하기 위한 추론적 분절은 일상의 공허함과 지리멸렬함 속에서 일어날 수밖에 없으며, 이것이 삶의 공허함과 지리멸렬함이 찬양되어야 하는 이유이다. 그런 것이 없이는 우리의 삶의 의미의 개념적 내용은 풍부해 질 수 없다.

III

대니얼 클로즈의 만화 《고스트 월드》는 10대 소녀의 성장통을 그린 일종의 그래픽 노블이다. 주인공인 이니드는 자신의 주변에서 일어나는 온갖 일에 참견을 하면서도 자기 스스로는 매우 쿨하고 시니컬한 성격을 가졌다고 생각하는 10대 소녀이다. 고등학교를 졸업하고 진로를 정하지 못한 그는 단짝인 베키와 동네의 레스토랑 등에서 시간을 보낸다. 그는 레스토랑의 단골손님에게 사탄 숭배자라는 별명을 붙이고, 취업을 하거나 아르바이트를 찾아다니는 동창생들을 형편없는 속물이라고 욕한다. 이니드는 애인을 구한다는 광고를 실은 중년의 남성을 골탕 먹이고, 성인용품점에서 산 가면을 쓰고 거리를 돌아다니기도 한다. 이혼과 결혼을 반복하면서 새어머니가 될 사람을 집에 들이는 아버지는 그에게 이미 대화의 상대자가 아니다.

이니드는 왜 이렇게 심하게 시니컬해지려고 노력하는 것일까? 그에게 있어서 이 세상은 한없이 불확실하고, 인생은 그야말로 지리멸렬하다. 그의 주변을 배회하는 인간들은 하나같이 속물적이며, 영혼을 어딘가에 두고 온 듯한 사람들이다. 그가 세상에 대해 온갖 독설과 야유를 뱉어내는 것은 본질적으로 한국인들이 소문과 잡담 속에서 흥분하고 욕하는 것과 다르지 않다. 그는 삶이 너무나도 무료한 것이다. 그가 사는 세계는 생명력이 느껴지지 않는 세계이다. 누군가 동네 이곳 저곳에 써 놓은 '고스트 월드'라는 낙서는 그가 사는 세계가 뿌리 없는 영혼들이 부유하는 지리멸렬한 일상의 세계라는 것을 말한다. 대학에 시험을 치르러 간다는 핑계로 구입한 중고 영구차를 타고 베키와 함께 어려서 가 본 적이 있는 테마파크 같은 곳에 다녀오는 도중 둘은 다음과 같은 대화를 나눈다.

- 대학에 가려는 생각을 하기 전까지만 해도, 내 나름대로는 비밀 계획이 있었다고. 어느 날 갑자기, 아무도 모르게 혼자 버스 타고 아무 도시로나 가서, 지금하곤 완전히 다른 사람으로 살아가는 거야….
- 그러고 나서는 어쩌게?
- 내가 그 새로운 사람 노릇에 익숙해 질 때까지 돌아오지 않는 거지. 난 항상 그런 생각을 해왔어.
- 무슨 말인지 모르겠는데.
- 그건 네가 너 자신을 지긋지긋해 하지 않기 때문이야…."
(대니얼 클로즈, 《고스트 월드》, 세미콜론, 2007, 74-75쪽)

지긋지긋한 자기 자신에서 벗어나 다른 사람으로 사는 것을 꿈꾸면서 이니드의 일상은 계속된다. 사실 그 누구도 완전히 다른 사람으로 살아갈 수는 없다. 스스로를 지긋지긋하게 생각하는 자기 부정을 통해서 이니드의 성장은 이루어진다. 이니드의 삶의 완성은 고스트 월드의 무료함을 감내하는 과정에서 이루어져 나갈 것이다.

한편, 나카무라 후미노리의 소설 《흙 속의 아이》에서 그려지는 일상은 훨씬 고통스럽다. 주인공은 부모에게 버림받고 양부모로부터 지독한 학대와 폭력에 시달리다가 생매장까지 당하는 경험을 한 이후로 일상 자체가 고통으로 여겨지는 삶을 살아간다. 그와 동거를 하고 있는 사유코는 어떤 남자의 아이를 임신했다가 그 남자가 계단에서 떼미는 바람에 아이를 사산하는 경험을 한 이후 불감증에 빠져있다. 택시기사로서 연명하고 있는 주인공은 깡패들에게 죽기 직전까지 몰매를 맞기도 하고, 외국인 택시강도에게 강도를 당해 탈출하는 과정에서 온몸에 부상을 입는 사고를 당하기도 한다. 이들에게 삶의 의미를 묻는 것은 사치스러운 일로 여겨진다. 이들에게는 삶을 지속하는 것 자체가 의미 있는 일이다. 이들은 고스트 월드의 세계를 사는 그 누구와 비교하더라도 훨씬 더 생명력을 느낄 수 없는 인물들이다. 세상은 이들의 의지와 상관없이 흘러가며 그런 사실이 이들에게는 고통이 된다. 주인공은 감금당한 채 매를 맞던 방의 벽에 구멍이 나면서 우연히 텔레비전을 보게 된다. 그는 다음과 같이 그 상황을 묘사한다.

> 거기에는 나와 아무런 상관도 없는 세계가 있었다. 나와 상관없는 인간들이 머나먼 세계 속에서 제각기 행복하게 살고 있었다. 그들이 웃을 때마다 분노가 솟구쳤다. 그것은 분출의 대상을 결코 찾지 못하는, 내 안에서 소용돌이치며 축적되는 감정의 몸부림이었다. (나카무라 후미노리, 《흙 속의 아이》, 민음사, 2007, 56쪽)

주인공의 분노는 자신과 소통할 수 없는 세상이 존재한다는 데에서 비롯된다. 그런데 그런 분노는 주인공만의 것은 아니다. 주인공이 생매장되었다가 탈출한 다음 맡겨진 시설에서 만난 붙임성 있는 소년 '도쿠'는 일부러 명랑한 태도를 보임으로써 세상에 맞섰지만, 결국에는 자살한다. 주인공의 삶의 의미가 완성을 향해 갈 수 있는 가능성을 가지고 있다고 말할 수 있는 이유는 그가 세상에 적극적으로 맞서지는 않지만, 고통스러운 삶을 중단하지도 않는다는 간단한 사실에 놓여 있다. 주인공이 강도를 당하기 직전, 택시의 라디오에서는 뉴스가 흘러나온다. 주인공은 다음과 같이 서술한다.

> 어머니가 어린 딸을 죽였다. 욕탕 속에서 머리를 눌렀더니 더 이상 움직이지 않았다고 했다. 아나운서는 어머니의 진술을 기계적으로 읽었다. 당연한 일이지만, 어떤 사건이 일어나건 세상은 움직인다. (나카무라 후미노리, 위의 책, 101쪽)

세상이 움직인다는 것은 우리의 삶이 계속된다는 것을 뜻한다. 세상은 무의미하게 흘러간다. 그래서 그 속에서 사는 우리의 삶은 불확실하며, 지리멸렬하다. 그러나 후미노리 소설의 주인공이 어떤 의미 있는 삶을 살고 있는가 하는 것은 그가 고통의 삶을 감내하는 만큼만 대답될 수 있는 문제이다. 그의 삶의 의미가 추론적으로 분절되는 과정이 지속되지 않는 한 그 개념적 내용은 결코 완성을 향해 갈 수 없을 것이기 때문이다.

소시민의 삶

한스 게오르크 가다머 《가다머, 현대의학을 말하다》

마르틴 발저 《도망치는 말》

I

사람마다 타고난 성향이라는 것이 있는 법이어서 어떤 사람은 끊임없이 새로운 것을 찾아 도전하는 데에서 삶의 보람을 찾는가 하면, 어떤 사람은 일상적인 평온함을 누리는 것에 만족한다. 책을 읽고 글을 쓰고 학생들을 가르치는 것을 업으로 삼고 있는 사람들 가운데에는 아무래도 후자 쪽이 많을 것으로 여겨진다.

나로 말하자면 전적으로 후자 쪽이다. 나는 일상적인 평온함을 지키기 위해서 가급적이면 새로운 일을 하지 않는 편이다. 사실 늘 연구와 관련된 생각을 하는 것도 아니면서 나는 일상적이지 않은 일이 생기게 되면 마치 연구에 지장이라도 생긴 것처럼 스트레스를 받는다. 새로운 사람을 만나거나 예기치 못한 일을 당하게 되는 것은 상당한 부담으로 여겨진다. 그런 일 때문에 지속적으로 생각하고 있어야 할 일을 중단하게 되었다는 느낌에 사로잡히기 때문이다.

일상성을 교란당하지 않겠다는 집착 자체가 스트레스를 일으키기도 하고 때로는 사람을 멍청하게 만들기도 한다. 가급적이면 늘 이용하는 식당에서 평소에 먹던 음식을 먹는 것이 편하고, 필기구도 늘 사용하던 필기구를 쓰는 것이 좋다. 책을 읽거나 글을 쓰는 일은 정해진 장소가 아니면 잘 되지 않는다. 은행이나 관공서, 병원 같은 곳에 가야할 일이 있으면 마치 중요한 일이 있는데 쓸데없는 곳에서 시간을 낭비하고 있는 것 같아 공연히 화가 나기도 한다. 너저분한 책상을 말끔히 치워 놓으면 불안한 마음이 들기도 한다. 계절이 바뀌어 입고 다니던 옷이 너무 덥게 여겨지거나 춥게 여겨질 때까지 옷은 가급적이면 갈아입지 않는다. 갈아입더라도 세탁을 위해서 어쩔 수 없을 경우에만 잠깐 다른 옷으로 바꾸어 입는다. 20년 만에 만난 친구가 헤어스타일이 그대로라고 말할 정도로 머리는 항상 같은 모양으로 깎는다. 핸드폰은 잃어버리거나 망가져서 사용할 수 없게 될 때까지 바꾸지 않는다. 취침 및 기상 시간은 바꾸려고 해도 잘 바뀌지 않는 것 중에 하나고, 뉴스는 특정 방송사의 뉴스를, 신문은 특정 신문사의 신문을 보는 식이다. 이사를 하거나, 새로운 물건을 구입하거나, 가보지 않은 지역으로 여행을 하는 일은 어쩔 수 없이 해내야 하는 일이거나 아니면 대단한 도전 정신을 요구하는 일이다.

 잊고 있던 과거의 기억이 되살아나 평정심을 해치는 것이 두려워서 늘 만나는 친구들이 모이는 모임이 아니면 별로 참석하고 싶지 않다. 동창회 같은 곳에 나가서 기억 속에서 사라졌던 얼굴들을 만나는 것은 전혀 반갑지가 않다.

 이런 식으로 나의 일상성에 대한 집착을 나열하고 보니 마치 자폐적인 은둔형 외톨이의 모습을 묘사한 듯해서 씁쓸하다. 은둔형 외톨이까지는 아닐지라도 이런 삶의 모습이 전형적인 소시민적 삶의 모습이라는 것을 부인할 생각은 없다. 나는 내가 가진 작은 것들에 만족하며, 그런 것들이 계속해서 내 곁에 머물러 있기를 원한다. 오늘처럼 내일도 책을 읽을 수 있기를, 이번 주말처럼 다음 주말에도 같은 산에 오를 수 있기를, 그리고 오늘 먹었던 음식을 내일도 먹을 수 있기를 원한다.

작은 것에 만족하고, 일상의 평온함에 안주하려는 이런 소시민적인 태도는 별로 환영받아 본 적도 없지만 유지하기도 쉽지 않다. 마르크스주의가 유행하던 시절에는 이런 태도는 소위 쁘띠 부르주아적이라고 해서 비난받았다. 이런 태도는 가진 것 없는 노동자와 농민이 죽음의 기로에 서 있는 마당에 혁명적인 투쟁에 나서기보다는 자신의 알량한 기득권을 유지하려는 태도라는 이유에서였다. 혁명적인 변화를 위해서 일상적인 평온함은 마땅히 부정되어야 할 가치였다. 현실 사회주의의 실패와 더불어 프롤레타리아 혁명의 가능성이 현실적으로 문제되지 않게 된 상황에서 소시민들이 이제 평온한 삶을 살 수 있게 되었느냐 하면 전혀 그렇지가 않다. 신자유주의가 승리한 세상에서 이런 소시민적인 태도는 경쟁에서 승리해서 살아남기에는 매우 부적절하며, 마땅히 극복되어야 할 삶의 자세로 여겨진다. 노동의 유연성을 통해서 경쟁력을 키우고자 하는 자본은 끊임없이 변화와 혁신을 강요한다. 국내 어떤 기업의 모토가 아내를 제외하고 모든 것을 바꾸라는 것이었다는 것은 유명한 이야기다. 변화를 추구하지 않는 삶은 이미 패배자의 삶이라는 것이 소시민에 대한 신자유주의 법정의 최종판결이다. 그 법정은 스스로를 변화시킴으로써 경쟁에서 승리하고자 하지 않는 소시민에게 내일도 오늘과 같은 일용할 양식을 보장해 주는 것은 죄악이라고 선고한다.

일상성의 평온함에 안주하고자 하는 나와 같은 소시민들은 언제나 죄의식에 사로잡혀 살 수밖에 없는 것인가?

Ⅱ

사실 소시민적인 태도가 도덕적으로 언제나 정당하다고 할 수는 없다. 자신의 일상성이 무너지는 것이 두려워 소시민적인 삶을 사는 사람들은 불의에 항거하는 용기를 보이지 않을 것이 분명하다. 그들은 아마도 자신의 삶에 크게 영향을 미치지 않을 것이라고 판단되는 제도적·관습적 악에 대해 침묵할 것이다.

그러나 그들은 자신들의 일상적인 삶의 평온함을 교란하지 않는 식의 변화에 대해서 반대하지도 않을 것이다. 가장 바람직한 것은 소시민적인 삶을 사는 사람들로 하여금 고통 당하는 사회적 약자들의 문제에 적극적으로 관심을 표명하고 잘못된 악습과 제도를 고쳐나가는 실천적인 노력을 하게끔 만드는 것이다. 그러나 이런 일은 자본가들에게 노동자들의 평균 노동시간을 줄이는 일에 합의하도록 만드는 일보다 더 어려울 것이다.

한 가지 대안은 각자가 타고난 성향에 맞게 살 수 있게 장려하는 것이다. 도전을 즐기는 모험가들은 소시민적인 사람들이 하지 못하는 일을 기꺼이 하고자 할 것이다. 그들은 우리 사회가 맞닥뜨린 한계에 도전할 것이며, 설계주의자들과 시장만능주의자들이 상상하지 못했던 삶의 방식을 구현하고자 할 것이다. 그들의 영웅적인 도전과 실천에 대해 소시민적인 삶을 사는 사람들은 자신의 작은 권리들을 잃게 되지 않는 한 반대하지 않을 것이며, 경우에 따라서는 부채의식을 느끼기도 할 것이다.

나는 억지로 타고난 성향을 바꿀 필요가 없이 각자 살고 싶은 대로 살게 하는 사회가 건강한 사회라고 생각한다. 소시민적인 사람들에게 영웅이 될 것을 강요하거나, 영웅적인 삶을 살고자 하는 사람들에게 틀에 박힌 일상적인 삶의 방식을 강요하는 것은 모두 건강하지 못한 사회의 징표라고 할 수 있을 것이다.

102세까지 장수한 독일의 철학적 해석학자 가다머는 내적인 척도에 맞추어 자연의 평형을 유지하는 것이야말로 건강을 유지하는 비결이라고 말한 적이 있다. 그가 굳이 이런 말을 한 이유는 오늘날 우리의 문명이 우리를 각자 원하는 대로 살게 놓아두지 않는다고 보기 때문이다. 예컨대 현대의학은 표준적인 측정치를 통해서 환자의 건강상태를 평가한다. 의술이라기보다는 과학기술의 한 분과가 되어버린 현대의학은 인간의 신체를 대상화하고 객관화함으로써 표준적인 측정치를 제시하고, 환자를 질병의 한 사례로 간주한다. 이런 상황에서는 객관화된 수치에 들어맞지 않을 경우 누구나 환자로서 취급될 수 있다.

이런 일은 현대의학에서만 일어나는 일은 아니다. 우리는 오늘날 능력 있는 한 사람의 사회인이 되기 위해서는 이러저러한 척도에 들어맞는 인간이 될 것을 강요당한다. 그러한 척도에 맞는 인간이 되기 위해 우리는 자신이 타고난 성향을 극복하려는 시도를 하지 않을 수 없다. 아침잠이 많은 사람도 아침형 인간이 되어야 하고, 변화에 익숙해질 수 없는 사람도 아내를 제외한 모든 것을 바꿀 각오를 해야 한다.

가다머에 의하면 "건강이란 삶의 리듬이고, 평형상태가 스스로의 균형을 잡아가는 지속적인 과정이다"(한스 게오르크 가다머, 《철학자 가다머 현대의학을 말하다》, 몸과 마음, 2002, 181쪽). 여기서 말하는 평형이란 자연의 상태를 말하며, 각자에게 있어서 자연스러운 상태는 모두 다를 수밖에 없다. 현대의학이 표준적인 척도를 외적으로 환자에게 적용하는 것이 잘못된 이유는 그런 행위가 각자의 자연의 상태에 대한 몰이해에 입각하고 있기 때문이다. 각자는 모두 내적인 척도에 따라서 평형을 유지하고 있다. 표준적인 척도를 무차별적으로 적용한다는 것은 각자의 신체가 가진 고유한 평형의 상태를 고려하지 않는 것이다. 가다머는 건강을 지키는 일과 관련해서 다음과 같이 말한다.

나는 인간이 다른 피조물과 마찬가지로 끊임없이 건강을 위협하는 것들에 대항해 스스로를 지켜야 한다는 말로 글을 맺고자 한다. 인간 신체의 점막 시스템은 우리를 손상시킬 수 있는 모든 것들을 거르는 거대한 필터와 같다. 그렇지만 우리가 언제나 보호받는 것은 아니다. 우리 자신이 자연의 일부이며, 우리 신체가 유기적인 자체 방어 시스템으로 우리의 '내적' 평형을 유지할 수 있게 하는 것도 바로 우리 안에 있는 자연이다. 이것은 생명을 구성하는 기능들 간의 독특한 상호작용으로 볼 수도 있다. 우리는 스스로 자연의 일부가 됨으로써만, 그리고 자연에 의해 유지됨으로써만 자연에 저항할 수 있다. (가다머, 위의 책, 184-185쪽)

102세까지 건강하게 살다가 간 노철학자가 깨달은 건강 유지의 비법은 결국 자신만의 삶의 리듬을 잃지 않으면서 내적인 평형을 유지하는 것이다. 가다머의 가르침에 따라서 건강하게 살기 위해서는 결코 무리한 일을 해서는 안 된다. 자신의 성향에 맞지 않게 삶의 태도를 바꾸려 해서는 안 되며, 심지어 지나치게 노력하는 삶을 살아서도 안 된다. 가다머는, 한 손에 쇠공을 쥐고 그 밑에 쇠로 만든 대야를 두고 밤마다 독서를 했다고 하는 아리스토텔레스의 노력을 옳지 않은 것이라고 비판하고 있다. 아리스토텔레스는 졸음이 와서 쇠공이 대야에 떨어져 큰 소리를 내면 얼른 일어나 다시 책을 읽었다고 한다. 이런 정도의 노력이 자연의 평형을 교란시키는 것에 해당된다면, 오늘날 내적인 평형을 유지하면서 살 수 있는 사람은 거의 없을 것이다.

가다머는 현대의학의 객관화된 과학적 치료의 과정은 인간의 자연적인 치유능력을 떨어뜨리고 있으며, 예방의학의 퇴보를 가져 온다고 주장한다. 인간의 건강한 삶을 생물학적인 측면에서 뿐만 아니라 사회적·직업적·가족적 맥락 속에서 일상적인 생활을 영위할 수 있는 상태로 규정한다면, 건강을 위협하는 요소는 오늘날 도처에 널려 있다고 할 수 있을 것이다. 소시민적인 삶의 방식이 반동적인 것으로 간주되거나 사회의 발전을 저해하는 죄악으로 간주되는 한, 적어도 어떤 사람들은 건강한 삶을 살기 힘들 것이다.

소시민적인 삶을 사는 사람들이 일상 속에서 편안함을 느끼는 이유는 그것이 자신의 내적인 척도에 맞기 때문이다. 어떤 사람이 인생의 목적을 어떤 대단한 것을 성취하는 데 두고 있지 않고 그저 건강하게 살다가 가는 데에서 찾고 있다면 그것은 비난받아 마땅한 것인가? 그런 삶을 부도덕하다고 비난하는 사회는 내적인 척도에 맞게 평온한 삶을 살고자 하는 불가피한 생존 욕구마저 부정하고 있는 너무 야박한 사회가 아닐까?

Ⅲ

　마르틴 발저의 《도망치는 말》(《오늘의 사상신서 13》, 중앙일보사, 1982)은 소시민적인 삶을 사는 주인공의 의식구조를 재치 있는 문체로 풀어내고 있다. 그는 이 소설을 통해 인간이란 결국 소시민적인 삶에 대한 근원적인 욕망을 가지고 있는 것이 아닌지 묻고 있는 듯하다.

　주인공인 헬무트는 46세의 교사로서 자신의 일상적인 생활이 교란되는 것을 결코 원치 않는다. 그가 해마다 4주 동안 휴가를 떠나는 이유도 생활의 변화를 가져오기 위한 것이 아니라 일상의 삶이 익명성의 그늘 아래서 철저하게 보호받기를 갈망했기 때문이다. 그는 주변 사람들이 자신에 대해 점점 더 잘 알게 되는 것을 두려워한다. 자신이 어떤 사람인지 드러남으로써 자신의 일상이 교란당할 수도 있으리라는 우려 때문이다. 그래서 그는 해마다 스스로를 숨기는 방법으로 휴가를 떠난다. 그리고 그 휴가 역시 일상적인 삶의 일부가 되도록 하기 위해 11년 동안이나 같은 장소로 떠나고 있다.

　일상의 평온함을 유지하는 방법은 타자가 나의 삶 속에 너무 깊숙이 개입하게 되는 상황을 미연에 방지하는 것이다. 그래서 그는 11년 동안 휴가지에서 방을 빌려주고 있는 취른 씨 부부와 삽살개 한 마리씩을 가지고 있다는 유대관계 이상의 관계를 발전시키지 않는다. 헬무트와 그의 아내 자비네는 휴가지에서도 노천 카페에 앉아 지나가는 사람들을 구경하거나 숙소 근처를 산책하는 일 이외의 사건을 만들지 않기 위해 노력한다. 아무런 새로운 일도 일어나지 않는 평온하고 지루한 일상을 누리는 것이 그들에게는 최고의 휴가로 여겨졌다.

결코 자신들의 평온한 일상이 교란당하기를 원치 않는 이들 앞에 어느 날 갑자기 옛 친구인 클라우스 부흐가 전혀 늙지 않은 모습으로 젊은 아내를 데리고 나타난다. 다른 사람들이 헬무트의 아들로 착각할 정도로 젊은 모습을 하고 있는 클라우스는 헬무트와는 달리 모험을 즐기며, 새로운 일을 찾기 위해 노력하는 타입이다. 헬무트가 휴가지에서 클라우스 부부를 만나게 된 것은 일상성을 유지할 수 없게 되었다는 점에서 재앙에 가까운 것이었다. 클라우스는 헬무트에게 끊임없이 이런 저런 일들을 함께 할 것을 제안하며, 그의 열등감을 자극하려고 하고, 그가 일상적인 평온함에 안주할 수 없게 도발한다. 이런 클라우스의 시도에 대해 헬무트는 자신의 감정이 평온한 상태에서 벗어나지 않게 하기 위해 부단히 노력한다. 그의 그런 노력이 성공할 수 있는 이유는 그가 자신이 소시민이라는 것을 긍정하고 있기 때문이다.

"나란 인간이 대체 무엇일 수 있다면 그건 바로 속물일 게야" 하고 헬무트는 생각했다. (…) "그리고 내가 도대체 무엇을 자랑스럽게 생각할 수 있다면 바로 그 점이다." (…) 그는 자기가 이 순간 소시민으로서 가장 마음 편히 미소를 머금고서 클라우스 부흐에게 건배할 수 있으며 소시민이라는 호칭을 두고 클라우스 부흐와 왈가왈부하려는 시도를 조금도 하지 않고 있는 자신을 발견하였다. (마르틴 발저, 위의 책, 79쪽)

소시민이라는 것을 자신의 타고난 성향에 따라 크게 욕심을 부리지 않고 일상의 삶에 만족하는 사람으로 본다면, 그런 사람은 자신의 그러한 속물적 성향에 대해 긍정하지 않는 한, 소시민으로서의 정체성을 유지하기가 쉽지 않을 것이다. 반면 클라우스는 그러한 헬무트를 끊임없이 도발함으로써 자신이 소시민이 아니라는 것을 입증하고자 노력한다. 클라우스는 "생동하는 것이란 충격을 필요로 한다"라고 말하면서 그것이 바로 인생이라고 주장한다.

이런 대목까지만 해도 마르틴 발저는 서로 다른 두 가지 삶의 양식을 대조하고 있는 것처럼 보였다. 그러나 클라우스가 헬무트와 보트를 타다가 파도에 휩쓸려 실종된 상태에서 그의 아내 헬레네가 헬무트 부부를 찾아와 클라우스의 비밀에 대해 털어놓는 순간, 작가는 클라우스야말로 헬무트보다 더 심한 소시민적인 인간임을 드러낸다. 클라우스는 자신이 속한 직장에서 쫓겨날 것을 우려한 나머지 쉴 새 없이 일을 하면서도 다른 사람에게는 힘 안들이고 일을 하는 것처럼 보이려고 애쓰고, 자신이 쓸모없는 인간일 수도 있다는 걱정 때문에 자신의 아내에게 끊임없이 자신을 사랑하는지 확인하고, 헬무트 앞에서 용기를 과시함으로써 자신이 현실적인 걱정으로 고민하는 속물이 아님을 입증해 보이려 한 것이다. 헬레네는 헬무트에게 다음과 같이 고백한다.

" '난 마치 어떤 보물을 발견한 기분이야' 하고 그이는 말했지요. 당신한테서 당신의 그 조용하고도 확고한 태도에서 그이는 자기가 건전해 질 수 있다는 것을 느꼈던 것이에요. 그이에게 부족했던 건 당신의 이성, 당신의 조화, 즉 내적 평온이었어요."(마르틴 발저, 같은 책, 119쪽)

가다머는 건강을 유지하는 일이 평형을 유지하는 것과 같다고 말한다.

평형이 흔들릴 때에는 반대로 힘을 가할 필요가 있다. 어떤 경우에도 내적인 균형을 잃지 않는 헬무트의 태도는 이미 일상의 평온함을 상실한 클라우스에게 있어서 일종의 평형추의 역할을 함으로써, 그의 심리적이고 사회적인 건강성을 회복하는 데 도움을 줄 수 있을 것으로 여겨졌다. 그러나 클라우스는 스스로 소시민임을 부정함으로써 죽을 위기에 처하게 되고, 헬무트 부부는 순간순간 흔들리면서도 일상의 평온을 잃지 않음으로써 소시민의 건강한 삶을 유지하는 것이다.

세상 사람들이 모두 세상을 바꾸는 혁명가가 될 수는 없는 일이다. 그리고 모든 사람이 자기를 끊임없이 변화시킴으로써 경쟁의 승자가 될 수도 없는 일이다. 보수적인 철학자와 문학가로 평가받는 가다머와 발저의 글은 혁명가가 되거나 승자가 될 수 없는 사람들에게 스스로를 긍정할 여지를 준다는 점에서 위로가 된다.

죽음에 대해

마르틴 하이데거 《존재와 시간》

필립 아리에스 《죽음 앞의 인간》

I

　세상 뉴스가 온통 죽음에 관한 것들이다. 이라크와 팔레스타인에서는 매일 자살폭탄 테러가 터지고, 몇 년 전에는 이슬람 무장세력이 미국인을 참수하는 장면이 뉴스를 통해 보도되기도 했다. 그런데 그런 죽음에 대한 소식을 일상적으로 접하는 사람들의 태도는 놀라울 정도로 냉정하고 침착하다. 사람들은 그 어떤 유형의 죽음에 직면하더라도 결코 당황하는 일이 없이 대처할 수 있는 방법을 알고 있는 것처럼 행동한다. 이라크에서의 죽음을 막기 위해서는 '파병 반대' 촛불집회에 나가거나 아니면 어떤 국방전문가의 주장에 동조해 미국이 감동하도록 강력한 전투부대를 보내라고 외쳐야 한다. 끔찍하게 목이 잘려 죽은 미국인에 대해서는 무삭제 동영상을 인터넷으로 구해 보고 사상 최악의 스너프 필름에 대한 감상을 주변에 자랑하면 된다.

　사람이 죽었다는데 잠시라도 인생의 덧없음에 대해 생각해 보아야 하지 않느냐고 말한다면 한가한 놈의 넋두리처럼 들릴 것이다. 현대정보사회의 미디어를 이론적으로 연구하는 학자들은 죽음에 대한 보도가 더욱 많아지고 선정적이 될 수밖에 없는 이유를 나름대로 설명하고 있다. 미디어 자체가 메시지로서 역할을 하는 상황에서 죽음과 테러에 관한 뉴스는 그 자체로서 정치적인 이데올로기를 담고 있다. 브라운관과 모니터를 통해서 접하게 되는 죽음이 끔찍하고 생생할수록 그런 정보상품의 소비자는 자신의 안전을 확인하게 된다는 것이다. 자신이 그 자리에 없었다는 부재의 확인, 그리고 그런 부재를 지속적으로 확인하고자 하는 안전에 대한 욕구가 우리로 하여금 일정한 정치적 태도를 취하게 한다.

뉴스를 통해 접하는 죽음에 대한 소식에 대해 우리가 냉정하게 어떤 태도를 취할 수 있는 것은 공통적인 전제가 있기 때문이다. 즉 그 죽음은 나의 죽음이 아니라는 것이다. 타자의 죽음을 바라보면서 우리는 자신의 생존을 확인하고 자신의 안전한 삶에 대해 안도의 한숨을 쉬게 된다. 아니 그 정도가 아니라 죽음을 철저히 외면하거나 가능하다면 극복함으로써 '잘 살려고' 애쓴다. 유전자 연구를 통해 질병을 극복할 수 있다는 식의 뉴스는 우리가 마치 죽음마저도 극복할 수 있는 세상에 살고 있다는 착각을 갖게 한다. 130억 원의 비자금 조사를 받은 독재자의 부인은 알토란 같은 내 돈이라고 아까워했다고 한다. 아마도 그런 돈은 죽음을 극복한 세상에서 잘살기 위해 필요한 자금일지도 모른다.

그러나 그 누구도 "우리 모두는 죽는다"는 저 진부한 진리를 피해 갈 수 없다. 영국군의 총에 정조준 당한 여덟 살 이라크 소녀의 죽음, 테러리스트에 의해 목이 잘리거나 뉴욕에서 테러에 의해 압사당한 미국인의 죽음이 나의 죽음과 개념적으로 다른 것이 아니라면, 부재의 확인이 정말 나를 안도하게 하는 것인지 다시 물어볼 필요가 있다.

부재의 사실은 나를 안도하게 하는가? 전혀 아니다. 파병 반대나 찬성

집회에 나가 소리 지르거나 노래 부르는 행위, 수명연장 유전자를 찾아 연구실에서 밤을 새우고, 알토란 같은 돈을 지켜내기 위해 노심초사하는 행위들, 이 모든 삶의 행위들은 사실은 자신이 외면하고 극복하고자 하지만, 결코 그렇게 할 수 없는 존재론적 사실로부터 말미암은 행위들이다.

아무리 자신의 권력을 뽐낸다 한들, 자신의 세속적 출세를 자랑하고 돈을 뿌려댄들, 자신의 무력으로 무고한 사람들을 살해하거나 목숨을 바쳐 그러한 무력에 저항한들, 자신이 목숨을 걸고 하는 일에 대해 매 순간 진정성을 확인하고자 한들, 우리 모두는 결국 우리가 죽을 수밖에 없는 존재라는 사실에서 벗어날 수 없다. 인생이란 덧없는 것이며, 그래서 불안하다.

영원불변의 진리에 대한 집착 역시 그런 불안에서 벗어나 보려는 시도라고 할 수 있다. 그런 진리의 세계로부터 위안을 얻고자 하지 않는다면, 우리는 삶의 불안을 어떻게 감당할 수 있을까? 쾌락주의자로 알려진 에피쿠로스 학도들은 너무나도 간단명료한 해답을 제시한 바 있다. 이들은 죽음이 우리와 전혀 상관없다고 주장한다. 왜냐하면 우리가 살아 있는 한 죽음이란 우리에게 없는 것이며, 죽음이 우리에게 왔을 때 우리는 이미 존재하지 않기 때문이다.

그러나 이런 몇 마디 말로 죽음의 불안을 떨쳐버릴 사람은 없을 것이다. 에피쿠로스 학도들 역시 아마도 그런 의도에서 이런 말을 진지하게 하지는 않았을 것이다. 그들이 강조한 것은 덧없는 삶의 순간 자체를 긍정하라는 것이었다. 영혼의 불멸이니 내세의 행복이니 하는 허구적인 생각으로 스스로를 기만하지 않도록 하는 데 그들의 의도가 있었을 것이다.

그러나 저 쾌락주의자들의 삶을 좇는다는 것은 쉬운 일인가? 저들의 절제와 금욕을 실천하기란 사실 내세를 믿는 것보다 훨씬 어려운 일이다. 현실의 고단함은 언제나 삶을 지치게 만들고 설사 그 고단함을 극복한 자가 있더라도 죽음의 불안은 존재의 밑바닥을 떠나지 않는다.

Ⅱ

죽음에 대한 우리의 태도가 일상인의 퇴락한 삶의 한 양태를 드러낸다는 하이데거의 지적은 그래서 의미심장하게 들린다. 하이데거에 의하면 죽음은 어느 순간 우리를 엄습하는 어떤 것이 아니다. "죽음은 현존재가 존재하자마자 현존재가 떠맡는 하나의 존재양식인 것이다." 인간이라는 존재 자체가 이미 죽음을 하나의 존재양식으로 하여 살아가고 있는 존재라는 말이다. 이것은 모든 죽음을 타자의 죽음으로 인식하거나 설사 자신의 죽음이라 하더라도 죽음의 상황에 대한 자신의 부재를 통해 확인하고자 하는 것, 즉 당장의 죽음이 아니라 내가 그 자리에 없었기 때문에 나의 죽음은 나중에 온다고 하는 무한한 연장이 주는 위안이 사실은 죽음에 대한 일종의 몰이해라는 것을 지적하는 것이다.

인간이 존재한다는 사실로부터 죽음이라는 존재양식을 떼어낼 수 없는 것이라고 할 때, 우리가 느끼는 존재의 불안이란 사실 자기 자신에 대한 불안이 된다. 나는 결점투성이의 미완의 존재이다. 나라는 존재는 죽음을 통해서도 완성되지 못한다. 미완의 존재로 살다가 그대로 갈 수밖에 없는 존재라는 점에서 나는 언제나 스스로의 종말인 셈이다. 자신의 존재가 언제나 이미 자신의 종말과 관련되어 있다는 사실은 우리를 불안하게 만든다. 그래서 우리는 일상성 속으로 기꺼이 퇴락하고자 한다. 하이데거는 《존재와 시간》에서 이러한 죽음의 회피에 대해 다음과 같이 서술하고 있다.

> 죽음을 은폐하면서 회피하는 일은 일상성을 매우 집요하게 지배하고 있어서 상호공존재에 있어서 가장 가까운 사람들, 이 '죽어가는 사람에게' 흔히 다음과 같이 타이르곤 한다. 즉 너는 죽음을 면하고 네가 배려적인 관심을 가지고 있는 세계의 평온한 일상성 속으로 얼마 후면 또다시 돌아오게 될 것이라고. 그 같은 '배려적인 관심'은 그것에 의해 '죽어가는 사람'을 '위로'하고자 하는 것이다.(Martin Heidegger, *Sein und Zeit*, Max Niemeyer Verlag Tübingen, 1972, s. 254)

하이데거는 이어서 "죽음은 현존재의 가장 고유한 가능성"이며 그런 가능성으로 인해 현존재가 스스로를 세인, 즉 퇴락한 일상인으로부터 분리시킬 수 있다고 말한다. 인간이 죽음의 불안으로부터 벗어나기 위해 몸부림친다는 지적에 대해서는 공감이 가지만, 이 대목에서는 그 경지를 미루어 짐작하기 어렵다. 마치 에피쿠로스 학도들이 용감하게 죽음을 부정하며 삶의 긍정성만을 칭송하는 경지를 연상시키기 때문이다. 사람들은 여전히 알토란 같은 돈을 지키기 위해 전전긍긍하다 갈 것이며, 세상의 부정의에 맞서서 싸우다가 목숨을 다하기도 할 것이고, 인간의 수명을 늘이기 위해 연구실에서 코피를 쏟다가 갈 것이다. 거기서 세인과 분리된 모습은 무엇이며, 삶의 긍정성은 어디에 있는가? 그런 덧없음을 칭송할 수 있는 거룩함은 어디에서 비롯되는가?

Ⅲ

이번에 읽은 책은 소설책이 아니라 프랑스의 재야 역사학자 필립 아리에스가 쓴 《죽음 앞의 인간》이라는 역사서이다. 문학, 역사, 철학이 하나라고 하는데 그 말이 무슨 말인지 잘 이해를 못하다가 이 책을 읽고서야 비로소 말뜻을 어렴풋이 짐작할 수 있게 된 것 같다. 1100페이지가 넘는 이 책은 얼핏 보기에 장례의식에 관한 역사서로 보인다. 중세로부터 현대에 이르기까지의 장묘문화와 죽음에 대한 사람들의 기록, 표현 방식을 자세히 다루고 있는 이 책은 그러나 분명한 철학적인 메시지도 담고 있다.

하이데거식으로 보자면 이런 기록은 기껏해야 죽음을 회피하거나 은폐하고자 하는 퇴락한 세속인들의 일상성을 시대별로 들추어낸 것일 수가 있다. 그러나 하이데거가 말하는 '죽음의 가능성을 통한 세인으로부터의 분리'를 이루기 위해서도 죽음에 대한 일상적 태도를 낱낱이 살펴보는 일은 중요하다. 아리에스는 그런 작업에 머무는 것이 아니라 죽음을 소재로 하여 한 시대를 개념적으로 이해한다는 것이 얼마나 터무니없는 기획인지를 역설적으로 보여주고 있다. 예를 들어 우리가 흔히 말하는 '중세 기독교'라는 표현은 중세인들이 마치 공통적으로 기독교적인 세계관을 가지고 살았을 것이라고 짐작하게 하지만, 아리에스가 분석하는 죽음에 대한 태도를 보면, 중세의 기독교 엘리트들이 주입시키려 했던 천상과 지상, 피안과 차안의 이분법적인 대립구도가 얼마나 잘 먹혀들어가지 않았는지 알 수 있다. 중세를 살았던 사람들에게 현세와 내세를 명확히 구분한다는 것은 쉬운 일이 아니었다. 그들은 시체의 부패과정을 그대로 묘사한 '마카브르(macabre)'를 통해서, 그리고 현세의 일에 여전히 영향력을 행사하고자 하는 유언장을 통해서 쉽사리 천상의 세계로 날아가 버리지 않았다.

아리에스의 통찰력이 가장 잘 나타나고 있는 대목은 현대의 죽음을 역전된 죽음, 배척된 죽음으로 서술하고 있는 부분이다. 이런 관점은 하이데거가 말하는 죽음을 은폐하고 회피하는 일과 직접적인 관련이 있다. 아리에스는 죽음을 언젠가(그 순간은 그야말로 죽을 때까지 미루어지지만) 엄습하는 어떤 것으로 보는 수준에 머물 때 우리의 삶은 얼마나 척박할 수밖에 없는지를 지적하고 있다고 생각한다. 그는 오늘날 죽음이 어떤 식으로 배척당하고 있는지 다음과 같이 서술하고 있다.

애도 절차가 사라진 것은 살아남은 자들의 경박함이 아니라 사회의 준엄한 억압에서 비롯되었다는 점은 분명하다. 사회가 유족들의 감정에 동참하기를 거부한 것이다. 이것은 원칙적으로는 죽음의 실체를 인정하고 있으나 실질적으로는 죽음의 존재를 거부하는 한 방식이다. 그런데 필자의 생각으로는 죽음에 대한 거부가 이처럼 공공연하게 표출되었던 예가 전에는 없었던 것 같다. 가사(假死)에 대한 두려움을 갖기 시작한 뒤부터, 타인에 대한 애정으로 인해 그에게 죽음을 은폐하게 된 뒤부터 또한 질병에 대한 혐오감으로 인해 타인들에게 죽음을 은폐하기 시작한 뒤부터, 죽음에 대한 거부의 움직임은 전에 매몰되어 있던 심연으로부터 지표면을 향해(하지만 지표면에 닿지는 못한 채) 서서히 부상해왔다. 그러나 마침내 이것은 우리 현대 문명의 중요한 특징으로서 대낮에도 활개를 치게 되었다. 오늘날에 이르러 애도의 눈물은 질병으로 인한 분비물과 다를 바

없는 것이 되었다. 둘 다 불쾌감과 혐오감을 일으키는 것일 뿐이다. (필립 아리에스,《죽음 앞의 인간》, 새물결, 2004, 1019쪽)

오늘날 '좋은 죽음,' '아름다운 죽음'이라고 일컬어지는 죽음은 옛날에는 저주받은 죽음으로 여겨졌다. 가령 돌연사 또는 아무도 알지 못하는 사이에 일어나는 죽음이다. 다들 바쁘게 살기 때문에 죽는 사람이 그렇게 바쁜 사람들의 일상을 방해해서는 칭찬을 받지 못한다. 그래서 주변 사람들이 미처 관심을 갖기도 전에 사라지듯이 가는 죽음이 '아름답다고' 칭송된다.

이렇게까지 죽음이 배척당하게 된 이유는 우리가 사는 시대가 무엇보다도 효율성을 우선시하기 때문이다. 죽음은 삶과 대척점에 놓여 있으며, 잘 살고자 하는 사람은 죽음을 생각해서는 안된다. 오히려 죽음으로부터 멀어지는 것이 상책이다. 의료적인 죽음이 일상화된 오늘날 우리는 잘 죽으려고 해도 죽음에 관한 한 무지를 강요당하고 있으며, 그 죽음이 나만의 고유한 죽음일 경우에도 언제 어디에서 어떤 식으로 죽을 것인지 선택할 수 없는 상황에 놓여 있다. 사고사나 돌연사와 같은 '아름다운 죽음'을 맞지 않는 한, 이 글을 읽는 이나 나는 모두 병실 한구석에서 복잡한 의료기기에 연결된 호스를 온몸에 꽂은 채 죽을 것이다. 의학이 발달한 오늘날 죽음은 일반적으로 전문가인 의사에 의해서 판정되며, 산업사회의 일상성과 효율성을 깨뜨리지 않기 위해 사회적으로 은폐된다. 20세기에 등장한 고유한 죽음의 형태, 곧 의료적인 죽음은 더 이상 필수불가결한 자연현상이 아니라 일종의 실패로 인식된다. 사회로부터 철저히 격리된 병실의 죽음을 아리에스는 '역전된 죽음'이라고 부른다.

　그렇다면 역전되지 않은 죽음이란 어떤 것일까? 몇몇 인도주의적인 심리학자와 사회학자들의 주장대로 죽음을 있는 그대로 직시하며 그것에 대한 솔직한 감정을 표출하도록 하는 것이 과연 '자연적인' 태도일까? 아리에스에 의하면 그런 태도는 기껏해야 18-19세기에 등장한 낭만주의로의 회귀를 의미할 뿐이다. 그 이전으로 거슬러 올라가 보면 천년 이상의 기간 동안 사람들은 다양한 방식으로 죽음을 길들이고 죽음과 더불어 잘 살아왔음을 발견하게 된다.

　"우리는 모두 죽는다"라는 말이 오늘날 일종의 저주처럼 들린다는 사실이 역설적으로 우리가 죽음의 문제를 얼마나 삶의 문제와 떼어놓으려 하는지를 보여준다. 최선을 다해서 잘 살려고 노력함으로써 자신의 인생에서 성공을 거두었다고 자부하는 사람일수록 죽음의 문제를 배제하려고 애쓴다. 왜냐하면 죽음이란 일반인에게 있어서는 질병이라는 난관에 부딪쳐 좌절하는 것을 의미하는 것이며, 의료기술자들에게는 과학기술의 실패를 뜻하는 것이기 때문이다. 그러나 죽음과 삶의 경계가 뚜렷하지 않고, 죽음이 공동체의 삶과 밀접한 관련을 맺고 있던 시대에 "우리는 모두 죽는다"라는 말은 축제의 장소에서 삶의 즐거움을 표현하는 외침이었다. 의학의 발달로 야생 상태의 죽음을 어느 정도 통제할 수 있게 되었다고 생각하는 것은 현대인들의 착각일 뿐이다. 아리에스는 오히려 중세시대에 사람들에 의해 길들여져 있었던 죽음이 오늘날 야만적인 것으로 전락했다고 지적한다.

　유럽의 성당들은 그 자체가 마을 사람들의 거대한 무덤이었으며, 성당에 딸린 묘지는 사회적인 공공장소인 동시에, 오락의 장소이기도 했다. 파리 중앙시장이 생 인노상 묘지에 이웃해 있는 것도 그런 연유이다. 아리에스는 길들여진 죽음의 가시적인 흔적을 중세의 관을 장식했던 횡와상(橫臥像)에서 찾고 있다. 그는 이 횡와상을 통해서 중세의 기독교적인 엘리트 계층에 의해 폐기된 전통적인 믿음에 대한 사람들의 집착을 발견해내고 있다. 그 믿음이란 내세에 대한 신앙으로도 덮을 수 없었던 현세에 대한 애착과 관련된 것이다. 횡와상은 단순히 종말론적인 죽음을 표현하고 있는 것이 아니라 땅과의 연속성과 내세에서의 휴식이라는 두 주제를 동시에 나타내고 있다는 것이다.

    물론 하이데거식의 관점에서 보자면, 아리에스가 어렵사리 찾아낸 '길들여진 죽음'을 우리 곁에 둔다고 해서 달라질 것은 없다. 아마도 조금 덜 외로울지 모른다. 그러나 그렇다고 한들 불안이 극복될 리는 없다. 이 불안은 여전히 사람들로 하여금 '잘 살기 위한' 몸부림을 치도록 할 것이고, 때로는 위대한 업적과 작품들을 탄생시킬 것이다. 그리고 거기에는 여전히 덧없음이 꼬리표처럼 붙어있을 것이다.

성(聖)과 속(俗)

다윈의 진화론

리처드 도킨스 《이기적 유전자》

문순태 《포옹》

I

누구나 속물이라는 소리를 듣고 싶지는 않을 것이다. 나도 누가 내게 속물이라고 말하면 상처를 받을 게 뻔하다. 속물이라는 말을 듣지 않기 위해서는 교양인이 되어야 하는데 그것이 그리 쉬운 문제가 아니다.

교양을 갖추려면 문화적인 생활을 즐길 수 있는 여유가 있어야 하고, 그러기 위해서는 경제적인 뒷받침이 있어야 한다. 돈이 무슨 상관이냐고 말씀하실 순진무구한 분들이 계실지 모르나 그래도 현실이 그러니 어쩔 수 없다. 경제적인 뒷받침이 없는 나 같은 경우는 우연히 주어지는 기회를 놓쳐서는 안 된다. 그래서 몇 년에 한 번 정도 뜻하지 않게 가게 되는 음악회 같은 곳에서는 다른 사람들이 박수를 치는 순간을 놓치지 않으려고 늘 긴장하게 된다. 어쩌다가 남의 돈으로 대단히 비싼(우리 딸내미의 표현을 빌면 '우아한') 식당에 가서 식사를 할 일이 있으면 거기서 일하는 사람들이 내가 돈이 없는 인간이라는 것을 알아 챌까봐 마음이 편치 않다. 음악회에 가서 저 자리는 얼마짜린데 하는 생각을 하고, 비싼 식당에 가서 이 돈이면 몇 끼를 해결할 텐데 하는 생각을 하는 나는 어쩔 수 없는 속물인 것인가?

얼마 전에 본 우디 알렌의 영화 〈Small time crooks〉는 소위 교양 있는 인간들이 돈 앞에서 얼마나 속물적인 모습을 보여주는지를 신랄하게 풍자해서 나에게는 약간 위안이 되었다. 주인공 부부는 우연한 기회에 사업이 성공해서 졸부가 되었지만 상류사회의 사람들이 자신들의 교양 없음을 홍보는 소리에 충격을 받아 문학, 예술 등에 정통한 세련된 인사로부터 교양과외를 받는다. 졸부인 유부녀가 자신에게 관심을 가지고 있음을 눈치채고 그녀를 등쳐먹을 흑심까지 품었던 교양과외 선생은 그러나 회사가 하루아침에 망하게 되자 선물로 받았던 고가의 물건들을 챙겨 매정하게 떠나 버린다.

  이 영화는 교양 있는 인간이 되기가 어렵다는 것을 말하는 것일까 아니면 교양이란 인간의 위선일 뿐 그런 것은 원래 없다는 것을 말하는 것일까? 나는 후자 쪽에 표를 던지고 싶은 생각이 드는데, 이런 식으로 이야기를 더 이끌어 가기 전에 속되다는 것이 무엇인지에 대해 막연하게나마 규정하고 넘어가는 것이 좋겠다.

  나도 여기서 그렇게 사용했지만, 속물이라는 것과 교양이 없다는 것은 일반적으로 같은 것을 의미하는 것으로 보인다. 우디 알렌의 영화가 보여주는 속물적인 모습은 겉으로는 물질적인 것이 중요하지 않다고 말하면서도 속으로는 돈이 최고라고 생각하는 인간의 모습이다. 그밖에도 예를 들자면 많이 있을 것이다. 전철에서 자리를 차지하려고 남을 밀치면서 뛰어 들어가는 모습이나, 도로에서 접촉 사고를 내고 목소리를 높이는 것도 교양 있어 보이지는 않는다. 길거리에서 침을 뱉는 행동이나 식당 같은 곳에서 크게 떠드는 것도 교양 있는 행동은 아니다. 외모를 가지고 사람을 평가하는 것도 속물적이다. 의사나 변호사인 신랑이 신부의 혼수가 적어서 행패를 부렸다는 등의 사회면 기사는 전형적인 사례라 할 만하다.

반면에 속물적이지 않은 경우는 어떤 것이 있을까? 위의 경우와 반대인 경우를 생각하면 될 텐데, 우리는 그 정도가 높아지면 교양이 있다는 수식어를 넘어서 성스럽다고까지 표현한다. 간디나 테레사 수녀같이 평생을 남을 위해 봉사하는 사람에게 속물이라고 할 사람은 없을 것이다. 장애를 가진 배우자나 자식을 위해 헌신하면서 사는 사람이나, 고아들을 돌보면서 사는 사람들도 마찬가지다.

이런 식으로 대비시켜 보면 속물적이라는 것이 대체로 물질적인 것, 돈, 육체적인 것, 이기심, 욕망, 파렴치함 등과 관련이 있으며, 교양의 수준이 높거나 성스럽다는 것은 정신적인 것, 이타심, 순수한 사랑, 배려, 헌신, 봉사 등과 관련되는 것으로 보인다. 교과서에서도 그렇게 가르치지만 우리는 후자의 삶을 사는 것이 바람직하며 권장되어야 한다고 믿는다. 나는 이런 교과서의 가르침이나 일반적으로 받아들여지는 올바른 믿음에 대해 시비를 걸 생각은 없다. 나의 의문은 인간은 어떻게 해서 교양 있는 행동을 하며, 나아가서 성스러운 삶을 살 수 있게 되었는가 하는 점이다.

II

가장 간편한 대답은 인간은 본질적으로 고귀한 정신적인 능력을 타고나기 때문이라는 것이다. 플라톤으로부터 시작해서 데카르트, 칸트에 이르기까지 서양철학의 주류를 이루는 철학자들은 인간이 가지고 태어나는 정신적인 고귀함, 영혼의 순결함에 대해서 별로 의심을 하지 않았다고 여겨진다. 오늘날에도 사람들은 인간은 단순한 동물이라고 생각하지 않는다. 인간에게는 뭔가 특별하고 신비스러운 요소가 있으며, 그것이 정신이나 영혼 같은 것과 관련이 있을 것이라고 믿는다.

그렇게 믿을 수 있는 근거로서 사람들이 제시하는 것은 간디나 테레사 수녀가 보여주는 이타적이고 순수한 사랑이다. 동물들은 생존본능에서 자유로울 수 없기 때문에 서로가 먹고 먹히는 약육강식의 먹이사슬 안에 갇혀 있지만, 인간은 타자를 위해서 자신의 삶을 희생할 수 있는 숭고한 존재라는 것이다. 그런데 이런 설명은 설명해야 할 것을 논거로 삼는 오류를 범하고 있으므로 사실은 아무것도 설명한 것이 아니다. 따라서 인간이 정신적인 가치를 추구하고 이타적인 행위를 할 수 있는 존재라는 것으로부터 인간이 성스러운 본질을 가지고 있다거나, 동물들에게는 없는 인간만의 고귀한 본성이 있다는 식의 결론을 내리는 것은 잘못된 것이다.

동서양을 막론하고 철학자나 사상가들은 인간이 최소한 동물보다 나으며 동물에게는 없는 어떤 신비한 능력(이성이나 도덕감정)이나 영혼 같은 것이 있다고 생각함으로써, 인간이 가지고 있는 근원적인 존재의 불안을 극복해 보려고 한 것 같다. 그래서 인간은 성스럽거나 신비스러운 존재가 아니라고 바른 말을 하는 사람이 있다면 그 사람은 별로 좋은 소리를 듣지 못할 것이다. 다윈의 경우가 정확히 그런 경우라고 할 수 있는데, 당시에 다윈을 원숭이에 비유하고 조롱했던 교양 있는 지식인 사회의 분위기를 보면 그 분노를 짐작할 만하다. 옥스퍼드의 주교 윌버포스는 학회에서 '다윈의 불독'이라는 별명을 얻었던 헉슬리에게 당신 조상 중 원숭이는 할아버지 쪽이냐 할머니 쪽이냐 라고 빈정거렸는데, 헉슬리는 이에 대해 중요한 토론을 웃음거리로 만드는 데 재능을 사용하는 인간보다는 원숭이를 할아버지로 삼겠다고 받아쳤다는 이야기는 유명하다.

다윈의 진화론은 철학자들로서는 상상도 할 수 없었던 방향에서 철학적인 관점의 변화를 몰고 왔다. 아리스토텔레스의 목적론적인 관점이나, 중세의 자연신학적인 관점에 의하면, 이 우주의 만물은 신의 설계에 의해서 창조된 것이며 아무리 우연적으로 보일지라도 그 배후에는 합당한 신의 의도가 있는 것이다. 인간은 그런 우주 안에서 자연세계의 최고 정점에 존재한다. 다윈의 진화론은 이러한 인간중심주의를 근본부터 흔들고 있다. 인간은 천사 바로 밑에 존재하는 신비한 존재가 아니라 고릴라나 침팬지와 사촌지간인 영장류의 동물에 불과하다는 다윈의 지적은 스스로 우월하다고 믿었던 사람들에게는 심한 모욕으로 들렸을 것이다.

무엇보다도 다윈의 진화론은 인간을 서술하는 데 있어서 본질주의적인 관점이 틀렸다는 것을 지적하고 있다. 본질주의는 인간에게 인간만의 보편적인 본성이 있다고 주장한다. 마치 금이 특정한 원자구조를 갖듯이 인간도 인간에게만 고유한 어떤 속성을 타고 난다는 것이다. 그러나 다윈에 의하면 인간뿐만 아니라 여타의 생물종의 구성원들에게서도 그런 속성은 찾아 볼 수 없다. 오히려 진화의 도상에 있는 생물들은 다양한 변이를 보이게 되어 있고 그런 변이가 선택적으로 보존됨으로써 진화가 일어난다.

다윈의 진화론에서 특징적인 요소는 그러한 변이의 선택과정이 자연적으로 이루어진다고 지적했다는 점이다. 자연선택에 의한 진화라는 다윈의 관점은 살아남았다는 것이 우월하다는 것을 입증하는 것은 아니라는 사실을 보여준다. 다양한 변이 가운데 어느 것이 환경에 적응하고 살아남을 것인가 하는 것은 미리 정해지지 않는다. 그것은 지극히 우연적인 과정일 뿐이다. 이러한 관점에서 보면 인간이 언어와 문화를 만들고 교양 있는 행동을 하며 나아가 성스럽게 여겨지는 삶을 살게 된 것도 인간의 본질과는 무관한 일로서 우연적인 역사적 결과라고 할 수 있다. 그리고 그러한 삶을 살게 되었다고 해서 다른 동물보다 우월하다고 생각할 이유도 없는 것이다.

다윈의 진화론은 20세기 들어서 빠르게 전개된 유전공학의 발달에 힘입어 더욱 그럴듯한 이론적인 짜임새를 갖추게 된다. 예를 들어 동물의 협동이나 인간의 이타성 같은 것들은 개체의 적응도라는 측면에서 보면 모순적인 것으로 보일 수밖에 없는데, 유전공학은 생명의 협동현상을 개체 수준의 생존이 아닌 유전자 수준의 생존을 위한 전략으로 간주함으로써 설득력 있는 설명을 제공한다.

영국의 동물행동학자인 리처드 도킨스(R. Dawkins)는 이런 관점을 바탕으로 《이기적 유전자》라는 책을 썼다. 그에 의하면 동물의 이타적 행동은 겉으로 보기에 이타적으로 보일 뿐 유전자의 차원에서 보면 철저하게 이기적이다. 더 많은 유전자를 퍼뜨리는 것이 유전자의 일차적인 목표라고 할 때 개체수준에서 이루어지는 모든 행동은 겉으로 어떻게 보이느냐에 상관없이 모두가 그와 같은 목표에 부합되는 행동이라는 것이다. 인간은 유전자의 운반자일 뿐이며 유전자가 조종하는 생존기계일 뿐이다.

다윈의 진화론이 인간을 하나의 동물로 보게 했다면, 유전공학은 인간을 유전자의 생존기계로 전락시키고 있기 때문에, 스스로 자유의지를 가지고 살아왔다고 믿는 사람들에게 이런 주장들은 참으로 곤혹스럽기 그지없다. 순수한 사랑, 이타적인 희생, 약자를 위한 헌신적인 봉사 등등은 모두 유전자의 생존전략으로서 사실은 이기적인 것이라고 한다면, 물질적인 이익을 위해 파렴치한 행위를 하는 것과 그런 경건하고 성스러운 교양인의 행동은 질적으로 다를 것이 없기 때문이다. 양자는 모두 유전자의 생존이라는 한 가지 목표를 위해 봉사한다.

우리의 주제로 돌아가 이런 결론을 다시 언급해 본다면, 유전자의 차원에서 볼 때 성과 속의 구분은 별로 의미가 없는 것이 된다. 나는 사람들이 이런 결론을 여유 있게 받아들일 만큼 충분히 진화하지는 못했다고 생각한다. 이런 결론을 받아들인다는 것은 인간의 삶과 동물의 삶이 근본적으로 다르지 않다는 것을 받아들이는 것이다. 사람들이 문학이나 철학을 통해서 서술하고자 했던 인생의 심오함, 의미 등등과 같은 것이 사실은 하루살이의 일생과 같이 덧없는 것이라는 사실을 받아들이는 것이다. 성과 속의 구분을 허물어뜨린다는 것은 대단한 각오가 없이는 힘든 일임에 틀림없다.

III

문순태의 《포옹》을 재미있게 읽고 작가후기를 보았는데, 엉뚱하게도 다윈과 도킨스의 진화생물학이 생각이 났다. 작가는 후기에서 이 작품을 통해 본격소설과 대중소설의 경계를 허물어뜨리는 작업을 시도했다고 말하고 있다. 문학이론에 대해 문외한인 나로서는 양자가 어떻게 나뉘는지를 잘 알 수가 없다. 무식함을 드러내는 말이겠지만, 철학책처럼 어려운 개념들이 지면을 채우는 소설보다는, 대사가 많고 이야기의 전개가 빠른 쪽이 나로서는 더 재미있다.

　나는 "내 멋대로 읽자"는 주의이므로, 그 기준에 맞추어 본격소설과 대중소설의 경계를 허문다는 작가의 시도를 성과 속의 경계를 허문다는 것으로 읽었다. 작가는 "대중소설에서도 진정한 삶의 모습을 보여줄 수 있고, 개인의 삶을 사회문제로 확대시킬 수 있다고 생각했다"고 말하고 있다. 유추해 보건대 본격소설에서는 진정한 삶의 문제를 다루고, 대중소설에서는 통속적인 삶의 모습을 그리는 것이 문학의 관행이었던 것 같다. 작가의 시도는 아마도 통속적인 삶의 모습을 그리되 그 안에 담긴 진정한 삶의 문제를 그려낸다는 것이 아니었나 싶다.

　진정한 삶의 문제와 통속적인 삶의 모습을 어떻게 구별할 것이냐의 문제는 위에서 속물적이냐 아니냐의 문제로 대략적인 기준을 제시했다고 생각한다. 순수한 사랑, 희생, 헌신 등의 정신적 가치와 관련된 문제를 진정한 삶의 문제라고 놓고, 물질적인 이익을 추구하고, 이기적인 욕망을 위해 타자를 기꺼이 속일 수도 있는 태도를 통속적인 삶의 모습이라고 한다면, 《포옹》에 등장하는 인물들은 일단 통속적인 삶의 모습을 보이는 데 있어서 공통점이 있다.

　《포옹》은 의사인 김원철과 그의 아내 오정매를 축으로 주로 이들이 어떠한 가면을 쓰고 행복한 결혼생활을 유지하고 있는지 보여준다. 이 소설에 등장하는 대부분의 인물은 우리의 기준에 의하면 대체로 속물이라고 할 만하다. 이들은 겉으로 내놓지는 않지만 자신의 삶에서 어떤 것이 이익이냐 하는 문제에 대해서 나름대로 철저한 계산을 하고 있다. 오정매는 자신을 어려서부터 좋아하고 있는 최지훈에게 사랑의 감정을 느끼지만 결코 그 감정을 표현하지 않는다. 최지훈은 오정매 집안에서 하인 노릇을 하던 사람의 자식으로서 그가 비록 같은 대학을 다닐 정도로 머리가 명석하고 생김새가 준수해도 결코 결혼 상대자로서는 고민의 대상도 되지 않는다. 오정매는 그가 자신의 현실적인 욕망을 실현시킬 수 있는 사회적 위치가 아니라는 것을 잘 계산하고 있기 때문이다. 오정매는 최지훈이 범죄를 저지르다 다쳐서 도망쳐 오자 그를 숨겨주면서 그와 관계를 갖고 임신한다. 오정매는 의사인 남편과 서둘러 결혼하고 최지훈과의 사이에서 태어난 아들을 현재의 남편의 자식이라고 속이면서 살아간다.

오정매의 남편인 김원철 역시 가면의 두께로 따지자면 오정매에 뒤지지 않는다. 그는 고아출신으로 가정이 얼마나 소중한지를 안다. 김원철은 고아원에서 남매처럼 자란 경옥이라는 여인과 동거하면서 미숙이라는 딸을 낳게 되는데, 경옥은 미숙을 낳으면서 실명을 하게 되고 김원철은 이 불쌍한 모녀를 두고, 배운 게 많고 집안이 좋을 뿐 아니라 미모까지 겸비한 오정매와 결혼한다. 김원철은 오정매에게 자신이 동거했던 여인이 있고 그와의 사이에 딸이 있다는 사실을 철저히 숨긴 채 이중생활을 한다. 김원철은 적절히 거짓말을 해가며 일주일에 한 번씩 경옥의 집에 들러 식사를 하고 생활비를 준다.

가면을 쓴 인간을 대표하는 오정매와 김원철에게 버림을 받거나 배신을 당한 순애보적인 인물인 최지훈과 황경옥은 그렇다면 아무런 가면을 쓰지 않고 있을까? 최지훈은 학생운동을 했다고 하지만 강도짓을 하고 오정매를 찾아 들어가 그녀와의 동침에 성공하고 자신의 자식을 낳게 한다. 최지훈은 아마도 오정매에 대한 자신의 심경이 절박하다는 것을 자신의 상황을 억지로라도 절박하게 만듦으로서 표현하고자 했는지 모른다. 그는 역설적이지만 스스로 나락에 떨어지는 삶을 택함으로써 오정매에게 버림받을 수밖에 없는 자신의 운명을 다른 식으로 포장하고 있다. 일종의 가면인 셈이다. 황경옥 역시 김원철에 대한 희생적인 사랑을 보여주지만, 김원철의 이중생활에 대한 공모자이다. 그는 장애자로서 미숙을 키워야하는 현실을 살아가기 위해 자신에 대한 배신자이자 부정을 저지르고 있는 유부남을 용서하고 관용하는 모습의 가면을 스스로에게 씌우고 살아간다.

인간의 모습을 극단적으로 세속화시켰다고 할 수 있는 다윈이나 도킨스의 관점에서 보건대, 가장 속물적이라고 할 만한 등장인물은 지훈의 어머니인 점백이네가 아닐까 한다. 그는 남편을 잃은 슬픔을 평생 아들을 키우는 것으로 달래다가 아들마저 먼저 저세상으로 가버리자 죽음과 같은 절망에 빠진다. 그를 죽음에서 구해내는 것은 자신의 아들인 지훈의 피를 이어받은 생명이 이 지구상에 살아남아 있다는 사실이다. 그는 자신의 피를 물려받은 생명을 자신 곁에 두고자 하는 욕망으로 삶의 용기를 회복하고 악착 같은 생을 이어간다. 자신이 지훈의 아들을 되찾으려는 노력을 할 때 주변사람들이 당하게 될 고통은 그에게 안중에도 없다. 그는 자신의 가장 이기적인 욕심을 감추지 못한다. 그가 보여주는 거의 맹목적이다시피한 핏줄에 대한 집착과 사랑은 너무나도 집요해서 성스럽기까지 하다.

따지고 보면, 이 작품에 등장하는 세속적인 인물들의 가면에는 비슷한 표식이 찍혀있다. 이들은 모두 현실적인 욕망과 정신적인 사랑의 중간에서 이러지도 저러지도 못하면서 적당히 타협을 하고 살아간다. 이들이 가면을 써서 지키고자 하는 행복의 한가운데에는 자신의 피를 물려받은 아이들이 있다. 지훈은 정매를 통해 원주를 남겼으며, 정매는 원철과의 사이에 창주를 낳았다. 원철은 경옥에게서 미숙을 얻었다. 이들은 공통적으로 자신의 피를 이어받은 자신의 분신이 행복한 환경에서 자라기를 고대한다. 그리고 그것이 이들이 생각하는 행복의 중심개념이다.

이 인물들의 행동에 대해 도킨스의 이기적 유전자를 들이대면 문학작품의 깊이를 훼손하는 천박한 해석을 하고 있다고 욕을 먹을지도 모르겠지만, 어쨌거나 이들이 자신들의 유전자를 퍼뜨리려는 생존기계라고 한다면, 이들의 가식적인 모든 행동이 너무나도 명확하게 이해가 된다.

그런데 이런 해석은 과연 지나치게 천박하고 속물적인 건가? 물론 유전자가 우리의 인생을 결정한다는 유전자 결정론은 철저히 틀렸기 때문에 진화심리학을 결정론적으로 적용하는 것은 잘못된 것이다. 다만 작가가 '본격소설과 대중소설의 벽'을 허문다고 말한 것을 성(聖)과 속(俗)의 구분을 없애겠다고 말한 것으로 해석한다면, 성스럽다는 것 혹은 '진정한' 삶의 문제에 대한 규정이 달라져야 되는 것 아닌가 하는 생각을 할 뿐이다.

도킨스의 관점에서 보자면 순애보적인 사랑과 현실적인 계산에 의한 거짓 사랑은 모두 유전자의 이기적인 명령에 반응하는 두 가지 방식일 뿐이다. 정신적인 가치를 다루는 '진정한' 삶의 문제가 우리의 일상적인 속물적 삶을 벗어난 어딘가에 존재하는 것일까? 작가가 《포옹》에서 말하는 것이 우리 모두가 하나의 가면을 쓴 삶을 살고 있는 것이 아니냐 하는 것이라면, 아마도 인생의 진정한 문제는 그 안에서 찾아야 할 것 같다. 김원철과 오정매는 가면 안을 보고 있으면서도 서로 가면을 벗지 않기로 합의한다. 행복한 결말이다. 우리 자신이 하나의 유전자의 생존기계임을 알면서도 우리는 그런 삶에 의미를 부여하고자 애쓴다. 이런 덧없음이야말로 인간에게 있어서는 성스럽다고 할 수 있는 것이 아닐까?

절제의 쾌락

에피쿠로스의 쾌락주의

밀란 쿤데라 《느림》

I

나는 얼마 전부터 몸에 힘이 빠지지 않아서 걱정이다. 모르는 사람은 "힘이 넘쳐서 좋겠네"라고 말할지도 모르지만 내가 말하는 힘은 그런 힘이 아니다. 이를테면 밤에 잘 때 이를 악물고 잔다거나 심지어 이를 갈기까지 하는 그런 피곤한 힘이다. 항상 긴장하고 있다는 말이다. 긴장을 하니 몸이 피곤하고 몸이 피곤하니 신경이 날카로워진다. 신경이 날카롭다 보니 관용을 베풀 만한 여유가 없다.

그럼 또 아까 그 모르는 양반이 다시 등장해서, "그럼 힘을 빼고 살면 되잖아" 할지 모르겠다. 지당한 말씀이다. 나도 그렇게 살고 싶다. 그런데 그게 잘 안 되서 걱정인 것이다. 긴장을 한다는 것은 외부의 환경변화에 적절히 대응하기 위한 생리학적인 준비태세일테고 그것은 아마도 인간이 발전시킨 문명의 진화론적인 산물이기도 할 것이다. 긴장을 하지 않으려면 삶의 환경이 급격하게 변하지 않고 안정적이어야 하며, 나를 몰아 부치는 그 어떤 것도 주변에 없어야 할 것이다. 그런데 컴퓨터 앞에 앉아 글자판을 두드리고 있는 지금도 나는 모니터에서 깜박이며 빨리 명령을 내리라는 프롬프트에 의해 쫓기고 있다.

내가 긴장을 늦추지 못하고 사는 이유는 아마도 나의 의지와는 무관하게 근대적인 삶의 환경이 만들어낸 경쟁시스템 속에서 살고 있기 때문이 아닐까 생각해 본다. 근대적인 삶이란 효율적이고 합리적인 삶을 뜻한다. 효율성과 합리성은 달성하고자 하는 목적을 위해서 가장 적합한 수단을 찾는 것, 곧 최소의 노력과 비용으로 최대의 효과를 얻어내는 것을 뜻한다. 효율성과 합리성이 미덕인 세계에 적응하기 위해서는 항상 빠르게 대응할 태세가 되어 있어야 하고 그래서 긴장을 풀 수가 없는 것이다.

　효율성과 합리성을 추켜세운 사람들은 우리의 삶이 더 효율적이고 합리적으로 될수록 우리는 더 행복해 질 것이라고 믿었을 것이다. 그런 미덕이 오로지 일의 공간, 생산력을 향상시키고, 생산량을 증대시키는 영역에서만 지배적인 것이 되었다면, 그런 믿음에 대해서 시비를 걸 필요는 없을 것이다. 그런데 삶이란 것이 대체로 그렇듯이 마음대로 되지만은 않는다. 일을 효율적으로 빨리 끝내고 나머지 시간을 느긋하게 여가를 즐기는 것이 효율성과 합리성의 찬미자들인 근대인들의 생각이었다면, 그 결과는 유감스럽게도 엉뚱한 방향으로 흘러가는 것 같다. 일만 빨리하는 것이 아니라 여가까지도 우리는 빨리 끝내게 되었다.

　소위 패키지 여행을 해 본 사람들은 합리적이고 효율적인 여가가 얼마나 공허한 것인지 잘 알 것이다. 최소한의 시간과 비용으로 최대한의 관광을 한다는 것이 패키지 여행의 기본이다. 가이드를 따라서 아침부터 저녁까지 정신없이 며칠을 쫓아다니다 보면 여행이 끝난다. 본 것은 많은 것 같은데 사실은 아무것도 보지 못하는 것이 근대적인 패키지 여행의 결과이다.

내 주변에는 빠른 컴퓨터를 이용해야할 일이 없는 사람들이 대부분인데도 그들은 주기적으로 컴퓨터를 교체한다. 워드프로세서를 사용하는 데 최신 기종의 컴퓨터가 필요하지 않다는 것은 그들도 잘 안다. 그러나 그들은 '펜티엄3' 니 '펜티엄4' 니 하는 기호 또는 '800Mhz' 니 '2Ghz' 니 하는 식의 의미를 전혀 알 수 없는 기표의 공격을 당해내지 못한다. 보드리야르의 말대로 우리는 이미 사물을 사용하기 위해 소비하는 것이 아니라 기표의 차이를 향유하기 위해 소비하고 있는지도 모른다.

속도경쟁에서 이기는 자가 승리하리라는 근대의 복음은 우리를 이제 속도에 목을 매는 속도광으로 몰아가고 있다는 생각이 든다. 세계화와 정보화는 그런 근대성의 정점에 놓여 있다고 할 수 있다. 세계화론자들은 최신 과학기술에 의해 발달한 교통 및 정보통신기술이 시간과 공간을 압축시키는 효과를 가지고 왔다고 말한다. 먼 거리는 가까워졌고, 오래 걸리던 시간은 단축되었다. 지구 반대편에서 일어나는 일이라고 하더라도 우리는 실시간으로 모니터를 통해서 바라볼 수가 있다.

시간과 공간이 압축되었다는 것은 일을 더 효율적으로 빠르게 처리할 수 있게 되었다는 것을 의미한다. 사람들은 그리하여 세계화와 정보화의 시대에 일을 빨리 끝내고 더 많은 여가를 즐기게 되었는가? 전혀 그렇지 않다는 데 대부분 동의할 것이다. 여기에는 아이러니가 있다. 이것은 마치 시간을 벌기 위해 자동차를 타고 출퇴근하는 직장인들이 자동차 때문에 망가진 몸을 위해서 다시 헬스클럽에서 시간을 보내야 하는 것과 같은 아이러니이다.

이런 아이러니는 어디에서 연유한 것일까? 이 물음에 대한 해답을 얻으려면 효율성과 합리성을 미덕으로 삼았던 근대 지성인들이 그런 개념들을 통해서 얻고자 했던 것이 무엇이었는지를 생각해 보아야 할 것 같다. 그것은 두말할 나위 없이 '행복'이다. 행복은 편리하고 안락한 생활환경에서 얻을 수 있다. 그런 편리하고 안락한 환경을 만들어가기 위해서는 더 많은 재화를 더 빠르게 생산할 필요가 있다. 이리하여 생산성과 발전의 신화는 계속된다. 우리는 점차 최첨단 과학기술의 생산물에 둘러싸이게 되고, 그 속에서 일을 더 빨리 하는 방법을 찾아 헤맨다. 속도 경쟁에서 승리하는 법은 계속해서 행복의 전제조건이라고 여겨지지만, 근대의 패키지 여행에서와 같이 우리에게 남는 것은 긴장뿐이다.

일이 여가가 된 것이 아니라, 여가가 일이 되어버린 상황은 우리가 행복을 느낄만한 여유를 상실했음을 의미한다. 속도경쟁의 논리가 여가에 적용되는 상황을 상상해 보면 그런 여가는 차라리 없는 편이 낫겠다고 생각할 것이다. 누구나 즐거운 일은 천천히 오래 지속되기를 원한다.

II

효율성의 아이러니는, 즐거움을 향유하는 데서 행복을 찾는 것이 아니라, 즐거움을 얻기 위한 수단을 내 것으로 만들고자 하는 정복욕구가 만들어내고 있는 것은 아닐까? 인간은 누구나 행복하게 살고자 욕구한다. 그러나 욕망은 예기치 않은 고통을 동반하기도 한다. 쾌락주의자라고 알려진 에피쿠로스(Epicuros)는 이 문제에 대해서 깊이 있는 성찰을 남겼다.

에피쿠로스 같은 인물을 쾌락주의자라고 말하는 것은 사실은 옳지 않다. 그는 원자론자였던 데모크리토스의 사상적인 계보를 잇는 유물론자다. 그가 쾌락주의자라고 불린 것은 그가 파르메니데스와 플라톤의 관념론적인 성향을 철저히 거부하면서 정신적인 쾌락도 육체적인 쾌락에서 비롯되는 것이라고 보았기 때문이다. 그런데 그가 말하는 육체적 쾌락이란 소위 주지육림에 빠져서 허우적대는 것과는 너무나도 거리가 멀다. 그는 평생을 빵과 물만으로 이루어진 식사에 만족했으며, 부족한 것을 채우는 것이야말로 진정한 쾌락이라고 보았다. 그에게 있어서 식사란 허기를 가시게 하는 것이면 되었던 것이다. 그는 욕망이 우리에게 가져다주는 공허함과 고통에 대해서 잘 알고 있었으며, 그것이 정신적인 것이든, 육체적인 것이든 간에 과도한 욕망에 빠져서 마음의 평형을 상실하게 되는 것을 우려했다.

절제되지 않은 욕망은 끊임없이 대상을 갈구하게 마련이다. 욕망의 충족은 또 다른 욕망을 낳는다. 그 끝에서는 공허감과 고통만이 우리를 기다릴 뿐이다. 에피쿠로스는 그래서 그 명칭과는 정반대로 욕망을 절제할 수 있는 마음의 상태를 쾌락주의자들이 추구해야 할 참된 목표라고 보았다. 이것은 하나의 수수께끼를 던져준다. 그는 그렇다면 쾌락을 추구하길 포기하고 금욕주의자가 되기로 했다는 것인가? 그러면 우리는 그를 마땅히 금욕주의자라고 불러야 할 것이다. 그러나 여전히 그는 쾌락주의자이고 또 그렇게 불린다. 나의 짧은 생각으로는 그는 욕망의 그물에서 벗어남으로써 향유할 수 있는 쾌락의 경지를 찾아낸 것 같다. 그는 몸을 떠난 정신의 세계를 인정하고 있지 않으므로 그것을 어떤 정신적인 충족감이라고 부른다는 것도 올바른 일이 아닐 것 같다. 그는 정신적인 쾌락은 육체적인 쾌락에 대한 생각에서 온다고 말했다. 눈앞에 있는 것에 만족하지 않고 그 이상의 것을 정신적으로 추구하는 데서 과도한 욕망이 비롯된다면, 그가 말하는 육체적인 쾌락이란 그러한 욕망에 휘둘리지 않으며 육체의 즐거움 자체를 느긋하게 즐기는 것이 아닐까?

오늘날의 과학기술이 강요하는 속도경쟁은 우리에게 가해진 물리적인 제약을 받아들이지 않고 극복해 보고자 하는 욕망의 산물이다. 사람들은 더 빠른 컴퓨터, 더 빠른 인터넷, 더 빠른 교통수단을 원한다. 그러나 에피쿠로스의 관점에서 보자면 이 모든 것은 과도한 욕망에 스스로를 내맡기는 것이며, 따라서 진정한 행복인 쾌락으로부터 멀어지는 것이다.

행복을 얻기 위한 길을 찾으려면 우리는 오늘날 미덕으로 여겨지는 개념들에 대해 다음과 같은 대립항을 내세워야 할 것이다. 경쟁을 통한 성공에 대해서 경쟁으로부터의 일탈을, 체계적이고 중심적인 것에 대해서 흐트러지고 주변적인 것을, 그리고 빠른 속도에 대해서 느림을.

Ⅲ

나는 밀란 쿤데라의 소설 《느림》이 느림에 관한 성찰을 담고 있는 줄 알고 읽었다. 과연 처음의 몇 페이지는 나의 기대를 저버리지 않았다. 주인공은 아내와 함께 지금은 호텔로 사용되고 있는 프랑스의 고성을 향해 운전을 하고 있다. 뒤에서는 그를 추월하지 못해 안달하는 운전자가 있고, 주인공은 여전히 천천히 운전을 하면서 '기술 혁명이 인간에게 선사한 엑스터시의 형태'로서의 속도에 대해 생각하며, "어찌하여 느림의 즐거움은 사라져버렸는가?"라고 한탄하기까지 한다.

그런데 이 노회한 작가는 책이 끝날 때까지 속도와 느림에 관한 이야기를 전면에 내세우지 않는다. 그가 풀어놓는 이야기는 중세와 현시점을 오가면서 전개되는 정사에 관한 것이다. 머리가 좋지 않은 나로서는 시대배경이 자꾸만 바뀌면서 전개되는 산만한 이야기의 줄거리를 잡기가 힘들 뿐 아니라 등장하는 인물들의 이름을 확인하기도 지칠 지경이었는데, 그런 머리를 탓하면서 읽다보니 어느새 책이 끝나 버렸다.

내가 읽은 것은 중세의 기사와 그 기사를 하룻밤의 정부로서 희롱하는 T부인 사이에 벌어지는 꿈 같은 연애담과, 주인공과 같은 시대를 사는 뱅상과 쥘리라는 인물 사이에 벌어지는 섹스신이다. 그런데 이들의 섹스가 도대체 느림과 무슨 관련이 있다는 말인가?

만일 책을 다시 앞으로 돌려 다음과 같은 구절을 찾지 못했다면 나는 아마도 이 책을 운전자의 조급함을 탓하는 책으로 읽었을 것이다.

그의 등장인물들은 오직 쾌락의 정복뿐 그밖의 다른 무엇에도 신경쓰지 않는다. 한데, 차츰 독자는 그들을 유혹하는 것이 쾌락보다는 정복임을 이해하게 된다. 쾌락 욕망이 아니라, 정복 욕망이 춤추고 있음을. 처음에는 즐거운 외설적 유희로 보이던 것이 어느 사이엔가 불가피하게 생사를 건 투쟁으로 탈바꿈하는 것을. 한데 이 투쟁, 이것이 쾌락주의와 어떤 공통점이 있는가? 에피쿠로스는 이렇게 적었다. "현명한 자는 투쟁과 관계된 어떤 행위도 추구하지 않는다." (밀란 쿤데라, 《느림》, 민음사, 1995)

에피쿠로스적인 의미에서 쾌락을 탐닉하고자 한다면 우리는 그 쾌락의 배후에 다른 욕망이 감추어져 있지 않은지 조심해서 살펴야 한다. 잘못하면 우리의 쾌락은 생사를 건 투쟁이 될 수도 있기 때문이다.

《느림》에 등장하는 두 건의 정사는 쾌락을 둘러싼 욕망과 행복의 조건과 관련되어 있다고 나는 생각한다. 에피쿠로스는 자식을 갖는 것도 금해야 할 일이라고 말하긴 했지만, 그런 경지에 있지 못한 범인들로서는 육체적인 쾌락을 생각할 때 섹스를 배제하기는 힘들 것이다. 쿤데라가 말하는 쾌락으로서의 정사가 에피쿠로스의 심기를 건드리지 않기 위해서는 거기에 어떤 다른 욕망이 들어가 있지 않다는 것을 보여주어야 하며, 그렇지 않을 경우 그 정사는 쾌락과 무관함을 입증해야 할 것이다.

정복의 욕구가 배제된 쾌락은 느림을 필요로 한다. 작가는 소설의 앞부분에서 성의 해방에 대해 설교를 늘어놓은 미국여인이 오르가슴에 관한 이야기만 늘어놓은 것에 대해 '성생활에 투영된 실리주의' 및 '한가로움을 적대하는 효율성'이라고 이름 붙인다. 이 경우 성교는 엑스터시의 폭발에 이르기 위해 빨리 뛰어넘어야 할 하나의 장애로 좁아든다고 말하는 그는 이 소설을 통해서 온전한 쾌락은 쾌락 이외의 어떠한 욕구도 개입되어서는 안 되는 느림 자체이어야 함을 보여주겠다고 선포하고 있는 것으로 여겨진다.

18세기의 고성에서 이루어진 하룻밤의 정사는 느림의 문법을 철저하게 준수하고 있는 것으로 보인다. 백작부인은 극장에서 만난 젊은 기사에게 집까지 바래다 줄 것을 요청한다. 그 기사는 백작부인이 어느 후작을 애인으로 두고 있다는 것을 알지만 어리둥절한 채 백작부인의 요청에 응하게 되고, 1시간 안에 모든 것을 끝내야 하는 오늘날 러브호텔의 정사와는 전혀 다른 3단계 사랑의 여정을 시작한다. 그들은 먼저 정원을 산책하며 대화를 나누고, 입맞춤의 단계까지 나아간다. 이 단계는 전체과정에서 보면 그 다음에 이어질 자신들의 행위에 대한 실천철학을 공유하는 단계이다. 이 느린 과정은 전혀 시간의 낭비가 아니라 잘 계획되고 조직된 하나의 예술, 가장 오랫동안 흥분상태를 연장시킬 수 있는 예술로서 묘사된다.

그 다음 단계는 정자에서의 정사이다. 백작부인은 젊은 기사와의 쾌락이 둘째 단계에서 끝나기를 원하지 않는다. 그래서 그는 감속의 기법을 발휘하여 정사를 중단시키고 다시 정원으로 나온다. 거기서 기사와 함께 산책을 하며 대화를 나누다가 성 안의 한 밀실로 기사를 이끈다. 이제 셋째 단계이다. 사면이 거울로 장식된 밀실에서 기사와 백작부인은 새벽까지 정사를 나눈다.

소설 속의 소설로서 전개되고 있는 이 소설의 제목은 '내일은 없다'이다. 쿤데라는 느리게 전개되는 하룻밤의 정사에 관한 이야기를 마치고 다음과 같은 말을 덧붙인다.

느림의 정도는 기억의 강도에 정비례하고, 빠름의 정도는 망각의 강도에 정비례한다. (밀란 쿤데라, 위의 책, 48쪽)

만약에 정신적인 쾌락이 육체적인 쾌락에 대한 생각이라는 에피쿠로스의 말을 받아들인다면, 우리는 이 소설의 제목이 왜 '내일은 없다' 인지 이해할 수 있다. 기사와 백작부인의 하룻밤의 사랑에는 내일이 없다. 그들은 다시 만날 수 있는 관계가 아니기 때문이다. 그러나 그들의 느린 정사는 그들에게 내일을 필요 없게 만들지도 모른다. 그들의 쾌락은 그들의 기억에 강하게 각인되어 있을 터이기 때문이다. 백작부인과 그 애인인 후작이 백작부인의 남편으로 하여금 그 둘 사이의 관계를 의심하지 못하게 만들려는 음모의 희생물로서 젊은 기사는 그려지지만, 쾌락주의자의 눈으로 볼 때에 다른 욕망(소유욕과 같은)을 갖지 않는다면 그는 행복한 시간을 보냈다고 할 수 있다.

《느림》에서 벌어지는 또 다른 정사는 주인공과 동시대인물인 뱅상이 벌이는 일종의 해프닝이다. 뱅상은 곤충학회에 참석하기 위해 역사학자인 그의 스승 퐁트뱅과 함께 고성에 와 있다. 뱅상은 어느 자리에서나 청중의 관심을 끄는 화술을 자랑하는 퐁트뱅에게 일종의 열등감을 가지고 있는 인물이다. 그는 퐁트뱅의 성적인 농담을 흉내내려고 시도하지만 결국 망신하고 만다. 그는 자신의 열등감을 젊은 아가씨를 유혹해서 정사를 벌이는 일로 극복하고자 한다. 뱅상의 눈에 들어온 아가씨는 마침 곤충학자들로부터 철저히 무시당하고 소외당함으로써 어떤 형태로든 그들에게 앙갚음을 했으면 좋겠다고 생각하는 쥘리라는 아가씨이다. 이들의 정사는 18세기의 정사와는 달리 전혀 로맨틱하지도 않고 느리지도 않다. 이들은 상대방의 육체로부터 쾌락을 느끼고자 하는 것이 아니라 자신들의 충족되지 않은 욕망, 즉 타인들로부터 인정받고자 하나 인정받지 못한 좌절된 욕망을 섹스라는 일종의 일탈행위를 통해서 보상받고자 하는 것으로 보인다.

다시 에피쿠로스의 관점에서 보자면, 이들의 정사가 쾌락과 관련이 있을리는 없다. 이들은 처음부터 쾌락 그 자체를 원하고 있는 것이 아니기 때문이다. 수영장 옆에서 정사를 벌이면서 벵상은 심지어 발기하지도 않은 채 쥘리 위에서 섹스하는 흉내를 낸다. 쥘리는 이에 화답하는 척한다.

> 그가 으르릉거리고 소 울음을 울어대는 동안 쥘리도 신음과 흐느낌을 터뜨려대는데, 한편으론 벵상의 젖은 육체가 끊임없이 그녀의 몸 위로 되떨어지면서 아프게 하는 까닭이요, 다른 한편으론 그의 울부짖음에 그녀도 그렇게 맞장구치고 싶은 까닭이다. (밀란 쿤데라, 위의 책, 142쪽)

우리는 여기서 에피쿠로스가 말하는 욕망의 결과로서의 고통이 어떤 것인지를 본다. 쥘리는 실제로 몸도 아프다. 이들을 고통에 빠뜨린 것은 무엇일까? 내 생각에 쿤데라는 그것은 느림의 묘미를 터득하지 못한 대가라고 말하고 싶어 하는 듯하다.

느림의 묘미란 무엇일까? 쿤데라가 에피쿠로스의 입을 빌어 말하고 있는 바, '투쟁과 관계된 어떤 행위도 추구하지 않는' 것이 아닐까? 만일 그렇다면, 우리가 익숙하게 여기고 있는 모든 속도경쟁은 포기되어야 할 것이다. 모든 효율성은 재고되어야 할 것이다. 잠을 잘 때조차도 힘을 빼지 못하는 내 자신이 마치 벵상처럼 여겨진다.

공동체의
삶

사회정의의 요건

존 롤스《정치적 자유주의》

박민규《삼미슈퍼스타즈의 마지막 팬클럽》

I

모두들 재미있다고 권해서 《삼미슈퍼스타즈의 마지막 팬클럽》을 읽었다. 역시 재미있었다. 경쟁적인 삶보다는 경쟁에서 벗어난 삶을, 합리적인 계산에 입각한 이익보다는 감성적인 여유와 쾌락을 권한다는 점에서 밀란 쿤데라의《느림》과 비슷한 메시지를 담고 있는 소설이었다.

소위 출세를 하지 않았으면 스스로 실패자임을 고백하라고 강요받으며 사는 현대인들에게 이런 소설은 아무리 많아도 괜찮을 거라는 생각이다. 그렇지 않아도 세상 살기 바쁘고 경쟁에 지쳐있는데 머리나 식혀볼까 하고 손에 든 소설마저 '아침형 인간'으로 변신해서 '부자 아빠'가 되라고 외쳐댄다면 인생이 얼마나 피곤하겠는가.

사회적으로 성공하지도 못하고, 집안에서도 별로 능력 있는 가장으로 인정받지 못하는 나로서는 그래서 경쟁사회를 공격하고 인생의 참모습이 그런 것이 아니라고 가르치는 소설이 여간 반갑지 않을 수 없다. 그래서 나는 틈만 나면 인생의 덧없음을 직시하고 어떤 상황에서도 욕망에 사로잡히지 않는 쾌락주의적인 삶을 살라고 설파해 왔다. 물론 이런 말을 들은 청중은 나의 아내와, 나를 스승이라고 부르며 한 학기에 한 번 정도 내가 사는 술을 먹어주는 두

세 명의 제자 그리고 나더러 자신보다 행복하니(단지 내가 아내와 자식이 있다는, 다소 억울한 이유지만) 밥값을 내라고 강요하는 후배밖에는 없지만, 이들은 모두 내가 열변을 토하는 순간에 어처구니가 없다는 표정을 감추지 않았다.

아마도 나의 열변에 뭔가 빠져 있었거나 스스로 확신하지 못하는 점이 남아 있었던 모양이다. 얼마 전에 모 신문사에서 갓 번역되어 출간된 철학책에 대한 서평을 써달라고 해서 밤을 새워서 그 책을 읽던 중에 전혀 새롭다고 할 수 없는 뻔한 구절이 눈에 들어와 계속 밟혔다. 그 구절은 다음과 같다.

> 그러나 로마 상류층의 사상은 한 가지 결정적인 측면에서 취약점을 보인다. 아파테이아와 평정심은 이미 가진 재산이 없어서 쾌락주의자가 될 수 없는 입장에 있는 사람들에게는 아무 쓸모없는 충고이다. 그들은 가난과 질병, 죽음에 노출되어 있으며, 자신들의 통치자들과 소유주들의 의지에 따라 좌지우지되고 있기 때문에 여전히 어떻게 살아야 하고 자신들에게 어떠한 덕과 어떤 행복이 있을 수 있는지에 대해 의문을 가지고 있었다. 이들 중 몇몇 사람들에게는 신비적인 종교가 그 대답을 제공했다. 하지만 훨씬 많은 대다수의 사람들에게 있어서 그 대답은 기독교의 도래를 기다려야 했다. (매킨타이어, 《윤리의 역사, 도덕의 이론》, 철학과 현실사, 2004, 203쪽)

아마도 철학사를 읽어 본 적이 있는 사람에게는 진부하게 여겨지는 대목일 것이다. 나를 괴롭힌 것은 "재산이 없어서 쾌락주의자가 될 수 없는 입장에 있는 사람들"이라는 구절이다. 나의 주장을 어처구니없게 생각한 사람들은 속으로 "돈도 없으면서 헛소리하고 있네"라고 생각했을 것이 틀림없다. 나는 진정한 쾌락주의자란 모든 종류의 욕망을 던져버리고 경쟁에 휩쓸리지 않고, 덧없는 것들에서 의미를 찾으며 사는 사람이라고 생각했다. 그런데 매킨타이어는 너무나도 당연하다는 듯이 지나가는 어투로 재산이 없는 사람은 쾌락주의자가 될 수 없다고 말하고 있다. 평생 먹고 살아갈 수 있는 대책을 세워놓지 않은 사람은 경쟁에서 벗어날 수 없으며, 진정한 쾌락주의자가 될 수 없다는 진부한 사실을 그렇다면 나만 모르고 있었단 말인가?《느림》은 뭐고《삼미슈퍼스타즈의 마지막 팬클럽》은 뭐란 말인가? 비현실적인 이야기를 쓰더라도 전혀 책임을 지지 않아도 되는 소설가들의 이야기를 내가 너무나도 진지하게 받아들인 것은 아닐까? 나는 이 작가들이 농담삼아 비현실적인 이야기를 했다고 믿고 싶지는 않다. 소설가들은 자신들이 지어낸 이야기의 실현가능성에 대해 책임을 질 필요가 없다. 만약 그래야 한다면 우리가 소설을 읽기는 대단히 어려워질 것이다. 어떤 주의나 주장이 실현가능성이 있느냐 혹은 현실성이 있느냐의 여부를 따지는 일은 소설가보다는 철학자의 몫이다.

Ⅱ

《삼미슈퍼스타즈의 마지막 팬클럽》은 경쟁을 고의로 회피하거나 경쟁에서 지는 데에서 삶의 의미를 찾는 주인공의 이야기를 담고 있다. 주인공과 그 친구는 한국에 프로야구가 생겨나게 된 것은 전 세계를 자신의 프랜차이즈로 만들려는 미국의 음모라고 생각한다.

"물론이지. 우리는 미국의 프랜차이즈니까. 언제나 이 점을 잊어선 안 돼. '착취' 는 우리가 알고 있는 것처럼 고통스럽게 행해진 게 아니었어. 실제의 착취는 당당한 모습으로, 프라이드를 키워주며, 작은 성취감과 행복을 느끼게 해주며, 요란한 박수 소리 속에서 우리가 생각한 것보다 훨씬 형이상학적으로 이뤄지고 있었던 거야. (…) 나는 지금도 삼미가 그 불가능에 가까운 '야구'를 완성한 것이 믿어지지가 않을 정도야. 말 그대로, 아! 신은 아직 우리를 버리지 않았구나, 지. (…) 누구나 그 '야구'를 통해 구원받을 수는 있지 않을까?" (박민규,《삼미슈퍼스타즈의 마지막 팬클럽》, 한겨레 신문사, 2003, 253쪽)

세계화의 시대를 사는 우리 모두는 경쟁을 강요당하고, 획일적인 삶을 강요당하고 있다는 점에서 나는 이런 진단에 동의한다. 아마도 매킨타이어를 읽지 않았거나 어처구니 없어하는 내 청중들의 표정이 없었다면, 나는 삼미슈퍼스타즈의 야구가 우리를 구원할 수 있다는 주장에 대해서도 흔쾌히 동의했을 것이다. 그런데 그런 일들은 이미 일어나 버렸기 때문에 나는 '구원' 이라는 지극히 사적이고, 그야말로 형이상학적인 문제에 대한 작가의 주장에 동의하기 위해서 고려해야 할 것은 없는지를 생각하지 않을 수가 없게 되었다.

내친 김에《삼미슈퍼스타즈의 마지막 팬클럽》이 제시하는 인생해법을 좀 더 살펴보자. 작가는 인생이 그리 대단한 의미를 갖는 것이 아니기 때문에 오히려 대단한 것이라는 지극히 니체적인 관점을 피력하고 있다.

"인생은 결국, 결코 잘하리라는 보장도 없이—거듭 버틸 수 있는 데까지 버티다가 몇 가지의 단순한 항목으로 요약되고 정리되는 것이라고, 나는 생각했다. 지금도 버티고 있는, 그래서 아무 일 없이 흘러가고 있는 우리의 삶은—실은 그래서 기적이다." (박민규, 위의 책, 199쪽)

인생은 대단한 성취를 이루는 데서 의미를 찾아야 하거나, 승부를 걸어서 지게 되면 장렬히 산화해야 하는 그런 것이라기보다는 그냥 아무 일 없이 흘러가고 있는 것이며 잘 하든 못 하든 버틸 때까지 버티다가 어느 날 다소 허탈하게 정리되는 것이다. 그래서 남들보다 잘 하려고 기를 쓰고 덤빌 필요도 없고, 실패에 대한 두려움으로 안달복달할 필요도 없다. 어떤 목표를 향해서 매진하기보다는 그냥 흘러가다가 삼천포로 빠지는 것도 괜찮다. 아니 작가에 의하면 오히려 진짜 인생은 삼천포에 있다.

"나는 비로소 그 숙제가 어떤 것인지를 어렴풋이 느낄 수 있었고, 남아 있는 내 삶이 어떤 방향으로 흘러가야 할지를 희미하게나마 짐작할 수 있었다. 그것은 어떤 공을 치고 던질 것인가와도 같은 문제였고, 어떤 야구를 할 것인가와도 같은 문제였다. 필요 이상으로 바쁘고, 필요 이상으로 일하고, 필요 이상으로 크고, 필요 이상으로 빠르고, 필요 이상으로 모으고, 필요 이상으로 몰려 있는 세계에 인생은 존재하지 않는다. 진짜 인생은 삼천포에 있다." (박민규, 위의 책, 279쪽)

필요 이상으로 뭔가를 할 필요가 없다는 작가의 주장에 동의하면서도 나는 몇 가지 의문을 떨칠 수가 없었다. 물론 문학적인 레토릭이겠지만 '진짜 인생'이라는 표현의 '진짜'란 있는 것인가 하는 것과 필요 이상으로 무엇을 하지 않는다고 할 때 그 기준을 어떻게 설정할 것인가 하는 것이다. 작가의 인생관이나 세계관에 동의하는 것과 인생의 문제에 대한 해법을 찾는 관점에 동의하는 것은 서로 다른 문제이다. 현실진단에 대해 동의하더라도 해법은 다를 수 있다. 인생관이나 세계관은 사적인 것이고 해법은 공적인 것을 포함하지 않을 수 없기 때문이다.

《삼미슈퍼스타즈의 마지막 팬클럽》에는 드디어 이 팬클럽이 다른 야구팀과 경기를 벌이는 장면이 나온다. 이 대목은 사실 너무나도 동화적이어서 현실적으로 느껴지지가 않았다. 상대방이 친 타구를 잡다가 꽃이 너무 아름다워서 감상하느라고 공을 쫓아가지 않거나, 하늘을 바라보느라고 수비를 열심히 하지 않는 사람들을 상대로 7회 콜드게임승을 거두기까지 인내하면서 경기를 성실하게 치러줄 사람들이 현실에 존재할 수 있을까? 내게는 삼미슈퍼스타즈의 마지막 팬클럽보다 그런 사람들과 끝까지 시합을 한 사람들이 더 비현실적이라고 여겨졌다.

내가 옳다고 믿는 삶의 방식이 있다고 할 때, 그것을 실천에 옮기는 일은 사적인 영역에서만 이루어지지 않는다. 야구 시합이 다른 팀과의 대결에서 이루어지듯이 어떤 가치관을 실현하려고 하는 일도 다른 가치관을 가진 사람과의 관계를 배제하고 생각하기 힘들다. '삼미슈퍼스타즈의 마지막 팬클럽'은 그런 의미에서 사람들을 잘 만났다. 소위 '임자'를 만났다면 야구를 가지고 장난한다고 혼쭐이 났을지도 모를 일이다.

Ⅲ

다양한 가치관을 가진 사람들이 저마다의 삶의 방식으로 살아가려고 하는 사회가 어떻게 안정적으로 유지될 수 있을까? 사회정의론으로 유명한 존 롤스의 《정치적 자유주의》는 기본적으로 이런 물음에 대해 해답을 제시하려는 시도를 하고 있다. 롤스는 자신의 철학적인 문제를 다음과 같이 설정하고 있다.

합당한 종교적·철학적 그리고 교리적 교리들로 심각히 분열되어 있는 자유롭고 평등한 시민들 상호 간에 상당 기간 동안 안정되고 정의로운 사회를 존속시키는 것이 어떻게 가능한가? 이것은 바로 정치적 정의의 문제이지, 최고선에 관한 문제는 아니다. (존 롤스, 《정치적 자유주의》, 동명사, 1998, xxxii쪽)

《삼미슈퍼스타즈의 마지막 팬클럽》이 제시하는 해법과 관련하여 내가 주목하고자 하는 대목은, 다양한 교리들로 분열되어 있는 시민들이 안정된 사회를 존속시키는 문제가 정치적인 문제이며 최고선과 같은 궁극적인 진리의 문제가 아니라고 롤스가 지적한 부분이다. 사람들은 저마다의 철학, 종교, 도덕의 교리들을 가지고 살아간다. 그 중에 어느 것이 옳은 것인지에 대해서는 아무도 판단할 수가 없다. 모든 철학, 종교, 도덕의 교리는 그것을 가지고 살아가는 사람들 각자에게 있어서 나름대로 옳다. 롤스가 안정된 사회를 존속시키는 문제가 정치적이라고 말한 이유는 모든 사람이 수긍하는 합당한 종교, 철학, 도덕의 교리란 있을 수 없다는 것을 잘 알고 있기 때문이다.

우리가 이런 롤스의 지적을 받아들인다면, "진짜 인생은 삼천포에 있다"는 말의 의미를 한정시켜야 할 것이다. 사적인 인생관이나 세계관의 문제가 모든 사람이 동일하게 합의할 수 없는 문제라면, 우리는 어떤 인생에 대해서도 가짜라거나 진짜라고 하는 꼬리표를 달 수 없을 것이다. 작가의 말대로 인생이란 대단한 의미를 갖는 것이 아니라 그저 버티면서 흘러가는 것이라면, 자신이 옳다고 생각하는 인생살이에 대해서조차도 우리는 이게 '진짜'라고 말해서도 안 될 것이다. 그런 표현을 사용하는 순간 우리는 우리가 부정하려고 했던 '열심히 쟁취해야 하는 어떤 것'을 되살릴 위험이 있기 때문이다.

그런 의미에서 '진짜 인생'을 가려내는 판단은 철저하게 사적인 영역에서 이루어져야 한다. 그런데 그러한 '진짜 인생'을 추구하는 행위를 통해서 우리가 '구원'에 도달한다고 할 때, 우리의 사적인 판단과 구원을 위한 사적인 행위가 이루어질 수 있는 사회적 조건이 문제되지 않을 수 없다. 《삼미슈퍼스타즈의 마지막 팬클럽》은 그저 삼천포로 빠질 것을 요구하고 있지만, 그것만 가지고서는 충분하지가 않다. 삼천포로 빠지기 위해서는 우리가 '필요 이상의 것'이기 때문에 어떤 것을 할 수 없다고 하는 우리의 판단과 행위를 우리와는 전혀 다른 교리를 가지고 있는 사람들이 용인해 주어야 한다. 이 작품의 주인공인 '내'가 회상하듯이 전국의 모든 어린이가 국민교육헌장을 외워야 하는 상황에서 삼천포로 빠지는 것은 불가능하며 그런 정치적 상황에서 개인의 구원은 이루어질 수 없다.

롤스는 다른 교리를 가지고 있는 사람들을 인정하고 그들과 협력하는 정치적 태도를 '합당성'이라는 개념을 통해서 설명하고 있다. 롤스가 말하는 합당성이란 서로 다른 교리를 가지고 살아가는 사람들이 협력의 공정한 조건으로서 원칙과 기준을 제시하고 그것을 기꺼이 준수할 태도가 되어 있을 때 성립하는 것이다. 이러한 합당성은 합리성과는 구별된다. 전자가 공적인 것이라면 후자는 철저하게 사적인 것이다. 합당성이 일종의 도덕적 태도를 일컫는다면 합리성은 사적인 목적을 위해서만 작동된다. 롤스는 합리적 행위자란 그들의 이익이 그들 자신에게만 이익이 될 때 거의 정신병 환자에 가깝게 되는 사람이라고 규정하고 있다.

여기서 말하는 이익이란 물론 세속적이며 물질적인 이익만을 일컫는 것은 아닐 것이다. 자기가 발견한 '진짜 인생'을 위해서 다른 모든 것을 포기하는 행위도 일종의 합리적인 행위라고 할 수 있다. 자신의 '진짜 인생'을 찾기 위해 노숙자가 된 일본인 사키에나, 야구를 위해 '필요한 것' 이상의 어떤 일도 하지 않는 삼미슈퍼스타즈의 조성훈 같은 인물은 정신병 환자에 가까운 합리적인 인간이라고 할 수 있을 것이다.

이들의 합리적인 태도가 정신병적인 것에 머무르지 않기 위해서 필요한 것은 무엇일까? 롤스에 의하면 여기서 요구되는 것은 종교적·철학적·도덕적 진리가 아니라 '정치적인 것의 영역'에서 작동하는 사회정의의 요건이며 그것은 바로 위에서 언급한 합당성의 개념이다. '진짜 인생'을 추구하는 합리적인 행위는 동시에 합당한 행위일 경우에만 정의로운 사회의 안정된 틀 안에 머무를 수 있다.

상호보완적인 개념으로서, 합당한 것과 합리적인 것은 어느 쪽도 상대편이 없이 홀로 존재할 수 없다. 단순히 합당하기만한 행위자는 공정한 협력에 의하여 추진하고자 하는 자신만의 목적을 가지지 못할 것이다. 또 단순히 합리적이기만 한 행위자는 정의감을 결여하고 있고, 타인의 주장의 독립적 타당성을 인정하지 못할 것이다. (존 롤스, 위의 책, 65쪽)

요컨대 개인의 구원은 사회적인 공간, 곧 정치적인 영역의 밖에서 이루어질 수가 없다. '진짜 인생'을 추구하는 개인의 합리적인 행위는 그렇기 때문에 반드시 합당성의 요건을 갖추어야 한다. 다양한 교리들 간의 중첩적 합의가 이루어지는 사회를 정의로운 사회라고 보고 있는 롤스는 그러한 사회가 성립하기 위한 조건을 탐색하는 것에 초점을 맞추고 있다. 결국 그의 관심은 정치적 다원주의가 성립할 수 있는 조건을 찾는 것이라고 할 수 있을 것이다.

이제 다시 되돌아가서 나의 쾌락주의에 대한 역설이 냉소를 받은 이유, 그리고 '삼미슈퍼스타즈의 마지막 팬클럽'과 직장인 야구단의 시합이 비현실적으로 여겨지는 이유에 대해 생각해 보아야겠다. 양자에서 공통적인 것을 지적하라면 아마도 롤스가 말하는 합당성에 대한 성찰이 부족한 것이 아닌가 싶다. 이것은 바꿔 말하면 '다양한 교리들 간의 중첩적 합의'라는 것을 찾아볼 수 없는 척박한 한국의 정치적 상황에 대한 무지라고도 할 수 있을 것이다. 롤스가 옳다면 저 혼자 좋아서 쾌락주의적인 삶을 살겠다고 발버둥쳐봐야 정치적 상황이 받쳐주지 않는 한 어처구니없는 헛소리를 하는 것이거나 동화적인 환상을 그려내는 것일 뿐이다. 쾌락주의의 길은 실로 멀고도 험하다.

진리가 우리를 자유케 할까

버나드 윌리엄스 《Truth & Truthfulness》

조지 오웰 《1984》

I

보통은 학교에서 강의가 끝나면 교내 셔틀버스를 타고 연구실로 이동한다. 그런데 이 셔틀버스라는 게 영 편하지가 않다. 셔틀버스가 낡았다거나 운전기사가 불친절해서가 아니다. 버스는 최신형이고 운전기사는 친절하다. 문제는 발육상태가 좋은 학생들과 같이 타고 가야 한다는 데 있다. 좌석이 둘씩 붙어있는데 대체로 학생이 타고 있는 좌석 옆의 빈 좌석에 앉게 된다. 이때 옆자리에 앉으면서 무슨 말을 해야 할지 난감하다. 왜냐하면 대개 미리 앉아 있는 학생이 다리를 쩍 벌리고 옆의 좌석까지 자리를 차지하고서 비켜줄 태세를 보이지 않기 때문이다. "미안하지만 다리 좀 치워주세요" 하자니, 명색이 선생인데 좀 비굴한 느낌이다. 그렇다고 "어이 좀 비켜주지" 했는데 무시당하면 체면이 말이 아니다. 그래서 조용히 엉덩이를 들이밀고 슬금슬금 자리를 확보하는 편을 택한다. 이 역시 모양새는 좋지 않다.

이런 에피소드를 소개하는 이유는 이것이 최근 우연한 기회에 다시 읽게 된 조지 오웰의 《1984》와 관련이 있다고 생각해서이다. 철학자들이 다루기 좋아하는 고전적인 문학작품들이 꽤 많지만, 그 중에서도 《1984》는 자유주의의 문제를 다루는 데 빼놓을 수 없는 고전이다.

억지춘향식으로 들릴 수도 있겠지만 나는 '자유주의'라는 것이 자기 자리를 편하게 차지하는 문제라고 생각한다. 대부분의 사람들이 스스로를 자유주의자라고 자처하고 있는 한국사회에서 이런 '자리차지하기형' 자유주의자가 하나 보태진다고 해서 더 혼란스러울 일은 아마도 없을 것이다. 내가 생각하는 자유주의는 '천부인권'이나 '보이지 않는 손'이나 역사적 필연성이나 선험적 진리 같은 것에 기초한 자유주의가 아니라, 옆에 누가 앉으려고 하면 그에게 피해를 주지 않기 위해서 비켜주는 몸짓이라도 해야 한다는 것을 규범화한 자유주의이다.

오늘날 서구의 입헌민주주의 또는 자유민주주의는 계몽주의가 가져온 역사적 산물이다. 우리가 머리에 떠올릴 수 있는 서구의 지식인치고 자유(민주)주의의 옹호자가 아닌 사람이 별로 없다. 대체로 그들이 자유주의를 놓고 서로 싸울 때에는 자유주의가 좋으냐 나쁘냐보다는 자유주의가 어떤 근거에서 다른 정치 체제보다 우월하냐를 가지고 싸우는 것이다.

여러 가지 논거가 동원이 되겠지만, 가장 고전적인 논거는 "진리가 너희를 자유케 하리라"는 것이다. 암울한 청소년기를 보내면서 세상을 저주하던 내게 이 말씀은 참으로 세상을 부정할 힘을 주었던 생명의 말씀이었다. 나는 나의 정신적인 방황과 고통이 세상의 거짓들 때문이라고 생각하고 언젠가는 진리의 말씀을 통해 자유롭게 되리라는 희망을 가졌다. 그런데 세상을 살다보니 진리가 너무 많아서 그 중에 어떤 것이 진짜 진리인지 가릴 수가 없게 되었다. 진리가 나를 자유롭게 할 것 같은데 그 놈의 진리가 도대체 어떤 놈인지 알 수가 없는 것이다. 짧은 인생 경험을 통해서 깨달은 바로는 이런 와중에 내 말이 진짜 진리요 하고 나서는 놈들은 대개는 목소리만 큰 사기꾼이거나 주먹 센 깡패라는 것이다.

이라크를 침공하면서 성전을 표방한 미국의 부시 대통령이 그 대표적인 경우다. 그 역시 오늘날 대부분의 서구 지식인들과 마찬가지로 서구의 자유민주주의가 최상의 정치체제라고 굳게 믿고 있다. 자유민주주의는 인류의 역사가 꽃피운 아름다운 결실이며, 모든 인류의 문명은 그것을 향해 발전해 나아가야 한다. 그렇기 때문에 영화도 자유롭게 볼 수 없고, 여자들은 얼굴을 내놓고 다니지 못할 뿐 아니라 부정을 저지른 여자는 명예살인을 당해도 좋다는 관습을 가지고 있는 반문명적이고 반계몽적인 이라크인들은 전쟁을 통해서라도 해방되어야 할 자유롭지 못한 국민으로 여겨진다. 부시는 부패한 정권을 타도하고 자유민주주의를 전파하는 것이 역사적인 필연이라고 믿었을 것이다. 독재자의 거짓 이데올로기에 속아 넘어가고 있는 이라크 국민들에게 진리의 말씀을 전함으로써 자유롭게 한다는 것이 부시의 신념이라면, 이런 식의 신념은 '진리'란 때때로 얼마나 야만적인 폭력이 될 수 있는가를 반성하게 할 뿐이다.

그런데 전쟁이 진행될수록 필연적인 역사법칙의 구현자를 자처한 부시가 그런 신념이나마 가지고 있었는지가 의심스러워진다. 전쟁의 구실이었던 대량살상 무기는 끝내 발견되지 않았고, 9·11테러의 배후를 명확하게 밝히지도 못했으며, 해방군으로 맞아 주리라고 생각했던 '자유스럽지 못한' 이라크 국민들은 너도나도 미군에게 돌팔매질을 하고 있는 실정이다. 부시가 석유를 탐냈다느니, 군수산업자들과 뒷거래가 있었다느니 하는, 루머 아닌 루

머도 사그러들지를 않는다. 이 전쟁에서 드러난 '진리'는 아무것도 없다.

부시는 대통령 유세 도중 이라크와의 전쟁을 통해서 미국과 세계가 더 안전해졌다는 것을 끊임없이 강조했다. 자유민주주의사회의 안전을 위한 불가피한 전쟁이었다는 것이다. 이런 구호는 전혀 낯설지가 않다. 조지 오웰의 《1984》에서 우리는 이미 '전쟁은 평화'라는 구호를 오래 전에 보았기 때문이다.

Ⅱ

《1984》는 자유주의사회에 바치는 조지 오웰의 헌시이다. 오웰은 반어법을 절묘하게 사용함으로써 자유주의사회의 미덕이 무엇인지를 보여준다. 사실 이 책의 내용은 너무나도 잘 알려져 있기 때문에 여기서 다시 줄거리를 늘어놓을 필요는 없을 것이다. 이 책의 교훈을 말하라면 당연히 전체주의는 나쁘고 자유(민주)주의는 좋다는 것이다. 그런데 왜 그렇게 당연하게 자유주의가 좋은 걸까? 여기에 대해 의견이 엇갈리는 철학자들이 있어서 그들의 입장을 간단히 소개해 보고자 한다. 그러기 위해서 오브라이언이 윈스턴을 고문하는 대목을 먼저 살펴 볼 필요가 있다.

《1984》에 등장하는 고문 장면의 압권은 윈스턴이 언젠가 일기에 "자유란 둘 더하기 둘은 넷이라고 말하는 자유이다. 그 자유가 용납된다면 여타의 것은 이에 따르기 마련이다"라고 쓴 것을 빌미로 하여 오브라이언이 윈스턴에게 고통을 가하는 대목이다.

오브라이언은 왼손을 들어 윈스턴에게 엄지손가락을 감추고 네 손가락을 펴며 물었다.

"지금 손가락이 몇 개인가?"

"네 개입니다."

"그럼 당이 네 개가 아니라 다섯 개라고 말하면, 그럼 몇 개가 되나?"

"네 개입니다."

그 말이 채 끝나기도 전에 고통이 엄습해 왔다. 다이얼의 바늘이 55를 가리켰다. 윈스턴의 온몸에 땀이 솟구쳤다. 숨이 가빠지고 이를 악물어도 신음소리가 그치지 않았다. 오브라이언은 여전히 손가락 네 개를 펴 보이며 그를 지켜보았다. 그는 손잡이를 늦추었다. 그러자 고통이 좀 누그러졌다.

"손가락이 몇 갠가, 윈스턴?"

"넷."

바늘이 60으로 올라갔다.(조지 오웰, 《1984》, 청목, 1994, 274-275쪽)

윈스턴은 둘 더하기 둘은 넷이라고 말할 수 있는 자유를 고문에 의해 박탈당한다. 윈스턴은 아마도 둘 더하기 둘은 넷이라는 사실은 기본적인 진리이며 그 진리를 말할 수 있는 자유가 보장되는 한, 자신은 자유로운 인간으로 살 수 있을 것이라고 생각했을 것이다. 오브라이언은 고문을 통해서 윈스턴으로 하여금 네 개의 손가락을 다섯 개라고 믿게 만든다.

이 이야기는 두 개의 축으로 이루어져 있다. 하나는 진리와 자유의 내적인 관련성이고 다른 하나는 고통에 대한 감수성이다. 계몽주의가 발전시킨 오늘날의 자유주의가 역사적인 필연성에 의한 것이며 진리를 발견해 내는 인간의 본성과 관련이 있는 것이라고 믿는 철학자들은 아마도 전자의 축에 관심을 가질 것이고, 자유주의의 철학적 정당화는 불가능할 뿐 아니라 불필요하다고 생각하는 철학자는 윈스턴의 고통에 대해 관심을 가질 것이다.

III

리처드 로티의 경우에는 이 이야기에서 '진리'는 전혀 문제가 되지 않는다고 쓴 적이 있다. 다음은 오웰의 《1984》에 대한 로티의 언급이다.

> 이 두 구절은 모두 '2 더하기 2는 4'가 참이냐 아니냐 하는 것은 문제되지 않으며, 더군다나 이 진리가 '주관적'이냐 아니면 '외적인 실재에 대응'하느냐 하는 것은 문제되지 않는다고 말하는 것으로 볼 수 있다. 중요한 것은 그것을 믿을 경우 해를 당하지 않고서 그렇다고 말할 수 있느냐 하는 것이다. 바꾸어 말해서, 문제되는 것은 당신에게 참인 것으로 보이는 것에 관해서 다른 사람에게 말할 수 있느냐 하는 것이지, 그것이 실제로 참이냐 하는 것은 아니다. 우리가 자유를 돌본다면, 진리는 스스로를 돌볼 수 있을 것이다. (리처드 로티, 《우연성 아이러니 연대성》, 민음사, 1996, 321쪽)

로티는 여기서 진리와 자유의 문제를 명확히 구분하고 있다. 인간을 자유롭게 만드는 것은 진리가 아니라 단지 그에게 참이라고 여겨지는 것을 말할 수 있는 환경이다. 그런 자유로운 환경이 보장될 때 비로소 진리에 대해 말할 수 있을 것이라는 것이 로티의 생각이다. 로티가 생각하는 자유주의 또는 민주주의의 미덕은 진리와 관련된 것이라기보다는 잔인성의 회피, 즉 그것이 인간에 대한 인간의 고통과 굴욕을 최소화하는 정치체제라는 데 있다.

> 요약하자면, 나는 '인간성 자체'와 동일시된 것으로서의 인간의 연대성과, 지난 수세기 동안 민주주의 국가에 사는 사람들에게 차츰차츰 고취되어 온 자기-의심으로서의 인간의 연대성을 구분하고 싶다. 이 의심은 타자의 고통과 굴욕에 대한 자신의 감수성에 관한 것이며, 현재의 사회 제도들이 이런 고통과 굴욕을 다루기에 적합한 것이냐에 대한 의심이며, 가능한 대안에 관한 호기심이다. 인간성 자체와 인간의 연대성을 동일시하는 것은 내가 보기엔 불가능하다. 이것은 철학자의 고안물이며, 신과 같이 된다는 생각을 세속화하려는 조야한 시도이다. (리처드 로티, 위의 책, 359쪽)

여기서 로티가 말하는 인간성 자체와 인간의 연대성을 동일시한다는 것은 자유민주주의체제의 우월성을 인간의 본성에서 찾으려는 철학적 시도를 뜻한다. 한편 자기-의심으로서의 인간의 연대성이란 타자의 고통에 대한 감성을 키워 온 자유민주주의사회 구성원들의 '우리-의식'의 확대와 관련이 있다. 로티는 자유주의는 후자에 의해서만 정당화되며 보편적인 인간의 본성이라든가 초역사적인 진리 같은 것에 의해 그 우월성을 주장할 수 있는 것은 아니라고 보고 있는 것이다.

이에 대해서 버나드 윌리엄스는 자유주의는 내용적으로 진리에 관한 담론에 기초해야 한다고 정면으로 반박하고 있다. 그가 이런 반박의 논거로 삼고 있는 것은 오웰에 대한 로티의 해석이 잘못되었다는 것이다.

어떤 의미에서 로티가 말하는 것은 옳다. 고문은 신념을 이끌어내는 방법이 아니다. 그러나 여기서 로티처럼 "진리와 거짓은 배제된다"고 말하는 것은 옳지 않다. 그는 여기 포함된 가치와 관련해서 설명할 때, 우리가 진리와 오류를 구분할 필요가 없다고 말하는데 이것 역시 틀린 것이다. (Bernard Williams, *Truth & Truthfulness*, Princeton University Press, 2002, p. 147)

윌리엄스는 로티가 고문을 통해 신념을 바꾸는 과정에서 일어나는 고통과 모욕에 대해서 이야기하면서 그 신념의 내용에 대해 말하지 않는 것은 자유주의 사상에 핵심적인 진리의 가치 자체를 거부하는 것이며, 이것은 요점을 놓치고 있는 것이라고 주장한다. 간단히 말해서 윌리엄스는 참인 신념을 거짓된 신념으로 강제로 바꾸는 상황에서만 고통과 모욕에 대해서 말할 수 있다는 것이다. 예를 들면 우리는 학교에서 교육을 통해 참인 신념을 어떤 의미에서는 강제로 습득하지만 모욕감을 갖지는 않는다는 것이다.

윌리엄스의 기본적인 아이디어는 진리(Truth)의 문제와 진실성(Truthfulness)의 문제가 뗄 수 없는 관계에 있으며 진리를 부정하면서 진실한 태도를 취할 수는 없다는 것이다. 진실하지 않은 사람들끼리 대화를 하면서 서로를 이해한다는 것은 불가능할 것이다. 윌리엄스는 그 이유가 진리의 개념이 갖는 본질적인 역할을 부정하기 때문이라고 본다. 윌리엄스가 말하는 진실성은 진리에 대한 존경을 함의한다. 그리고 이 진실성은 윌리엄스가 진리의 기본적인 두 가지 덕(virtue)이라고 부르고 있는 '정확성(Accuracy)'과 '성실성(Sincerity)'이라는 두 개념과 관련되어 있다.

윌리엄스에 의하면 상대방에게 어떤 신념을 갖게 하기 위해서 우리는 먼저 스스로 자신이 믿는 것에 대해 확신할 필요가 있다. 이런 확신을 가진 사람에 의해 이루어진 주장을 성실한 주장이라고 할 수 있다. 윌리엄스에 의하면 이렇게 성실한 주장이 이루어질 경우 청자에게 진리에 대해 알려주려는 화자의 의도와 스스로의 신념을 알려주려는 화자의 의도가 자연적으로 들어 맞게 된다. 여기서 진리와 신념은 동일한 의도의 두 측면이라는 것이 드러난다. 그런데 여기서 윌리엄스가 강조하고 있는 것은 무엇을 주장하고자 하는 사람이 자신의 신념을 자신의 의지나 욕구에 따라 바꿀 수는 없다는 것이다. 그에 의하면 내가 나의 신념을 바꿀 수 있는 경우는 오로지 내가 더 잘 알게 되었을 때뿐이다. 신념과 진리는 이렇게 내적인 연관을 가지고 있으며, 성실한 주장에 의해 우리는 명백하게 참인 언명을 소통함으로써 우리가 동일한 세계를 공유하고 있음을 확인하게 된다.

나는 윌리엄스의 주장이 두 가지 점에서 미심쩍다. 먼저, 우리가 과연 고문과 같은 용인할 수 없는 방법이 아닌, 정당한 수단(예를 들면 학교 교육 같은)을 통해서 참되다고 여겨지는 것을 습득할 때 아무런 모욕감도 느끼지 않는다고 말할 수 있을까? 기독교 계통의 미션스쿨에 다니던 학생이 학교 교육의 일환으로 진행된 학교예배에 참석하는 것을 거부하고 학칙개정을 요구하며 단식투쟁을 한 적이 있다. 윌리엄스의 말이 옳다면 미션스쿨의 예배는 결코 고문과는 다르며 어떤 신념을 갖게 하기에 정당하다고 인정할 수 있는 수단이다. 아마도 수십 년 동안 이의제기를 하는 학생이 없었기 때문에 더더욱 그렇게 볼 수도 있을 것이다. 그러나 그 정당하게 보이는 수단조차 어떤 학생에게는 목숨을 걸어야 할 정도로 잔인한 것이었다. 그 예배는 참된 신념을 갖게 하는 정당한 수단이기 때문에 극소수의 학생이 고통을 느낀다는 이유로 중단되어서는 안 되는 것인가?

둘째로는, 스스로 확신을 가진 성실한 화자의 주장을 통해서 윌리엄스가 말하는 참된 세계에 대한 참된 신념을 갖는 것이 가능할까 하는 것이다. 윌리엄스는 신념을 갖게 되는 데에는 정당한 이유가 있기 때문이고, 일단 신념을 획득하면 사적인 원망(願望)에 의해 자의적으로 그 신념을 바꾸는 일은 불가능하다고 말한다. 그런데 조지 오웰은 오브라이언이라는 인물을 통해서 성실한 화자의 주장이 진리와 연결되어 있다고 믿을 이유가 없다는 것, 그리고 어떤 원망(《1984》에서는 당의 원망)에 의해서 신념은 쉽게 바뀔 수도 있다는 것을 보여주었다. 오브라이언은 당이 주장하는 진실을 받아들이기 위해서 "자기파괴 행위와 의지의 노력이 필요"하다고 말한다. 윌리엄스는 진리에 대한 참된 신념을 지키기 위해 사적인 원망에 의해 휘둘리지 않아야 한다고 주장한다. 이렇게 대조해 보면 윌리엄스가 말하는 내재적인 가치로서의 진리가 얼마나 공허한 것인가 하는 것이 드러난다.

모든 학생이 예배에 참석하는 상황보다는 그것을 고통스러워하는 소수의 학생이 예배에 참석하지 않으면서도 학교를 함께 다닐 수 있는 상황이 '고통의 회피'라는 측면에서 더 자유주의적인 상황이라고 할 수 있을 것이다. 예배에서 행해지는 설교말씀이 진리냐 아니냐 하는 것은 여기서 전혀 문제가 되지 않는다. 내가 처음에 말한 '자리차지하기형' 자유주의는 이를테면 진리가 무엇이냐에 대한 서로 간의 신념이 일치하지 않는 상황에서도 누군가 자신의 자리를 차지하기 위해서 불편한 동작을 수행하지 않아도 되는 자유주의이다.

자유주의 아이러니스트

리처드 로티 《우연성 아이러니 연대성》

최인훈 《광장》

I

어머니의 병세가 점점 좋지 않은 쪽으로 진행되는 것 같아, 더 늦기 전에 모셔야겠다는 생각이 들어 좀더 넓은 집으로 이사를 했다. 우리 식구와 부모님이 함께 살 아파트를 구해 두 집이 동시에 옮겼는데, 아무래도 짐이 많으면 번잡할 것 같아 이사하실 때 가급적이면 짐을 줄이시라고 부탁드렸다. 어머니의 말씀으로는 '아름다운 가게'에서 트럭이 와서 한 짐을 실어갔다고 하는데 짐을 정리하면서 보니 전혀 빈말은 아닌 듯했다. 일평생 사놓고 아까워서 쓰지도 못하던 그릇과 별로 입지 않아 거의 새것과 다름없는 옷가지들을 모두 정리하신 것 같았다.

이사를 하고 나서 짐을 정리하는 데에는 시간이 꽤 걸렸다. 가지고 계시던 물건들을 여러 날 동안 분류해 가면서 하나하나 보따리와 상자에 담아 두었다가 가지고 오셨는데, 일단은 열어봐야 어떻게 정리할 것인지 알 수 있었기 때문이다. 오랜 당뇨로 인해서 한 쪽 눈이 감기고 거동이 불편하신 상태라 지시하는 데 따라서 짐을 풀고 장에 넣고 하는 식으로 정리를 했는데, 그러면서 몇 가지 사실을 발견했다. 그렇게 많은 짐을 버리고 오셨으면서도 작은 손지갑들을 거의 하나도 버리지 않고 챙겨 오셨다는 점이다. 그 중에는 내가 고등학교 때 생신선물로 드렸던 싸구려 비닐 손지갑도 포함되어 있었다. 특이한 점은 그 손지갑들마다 휴지조각들과 동전 몇 개 그리고 간혹 꼬깃꼬깃해진 천 원짜리 지폐들이 들어있다는 것이다. 그런 물건들이 어떤 의미를 갖는지 나로서는 알 수 없다. 다만 그런 물건들에 대한 집착이 어려서 겪은 피난시절의 고통이나 젊은 시절의 생활고와 관련이 있지 않을까 짐작할 뿐이다. 그리고 어머니는 외할아버지가 쓰셨다는 아주 오랜 된 옷솔과 외할머니가 쓰셨다는 참빗을 소중하게 챙겨 오셨다. 그런 물건들은 너무 오래되고 낡아서 생활사 박물관 같은 데에 진열해도 좋을 정도였는데, 당신이 쓰시던 속옷가지들과 손지갑 그리고 당신 부모님의 물건들을 챙기면서 어떤 심정이었을까 생각하니 마음이 아렸다.

복막투석을 하게 된 이후로 이곳저곳에 합병증이 와서 어머니는 혼자서 외출하는 것이 불가능해졌다. 여행을 좋아하시던 분이 집 밖에도 못 나가게 되었으니 갑갑하기가 이루 말할 수 없을 것이다. 몸이 괴로우면 통증을 호소하고, 좀 나으시면 무료함을 호소한다. 언젠가는 내게 "이런 식으로 사는 것이 과연 의미 있는 것인가?"라는 어려운 질문을 던지셨다. 어머니는 소위 철학을 한다고 하는 아들이 이 어려운 질문에 대해 해답을 가지고 있을 거라고 생각하신 것일까?

II

김현은 최인훈의 《광장》이 이데올로기와 사랑의 문제를 다루고 있다고 썼다. 고명한 평론가의 평에 딴지를 걸 생각은 없지만, 나는 이 소설이 내 어머니의 물음에 대한 답을 찾고자 시도한 소설이라고 생각한다. 고통스럽고 지루한 삶을 살아내는 사람들은 어디서 삶의 의미를 찾는가?

최인훈은 1961년판 서문에서 광장과 밀실을 삶의 조건으로 말하고 있다.

> 광장은 대중의 밀실이며 밀실은 개인의 광장이다. 인간을 이 두 가지 공간의 어느 한쪽에 가두어버릴 때, 그는 살 수 없다. 그럴 때 광장에 폭동의 피가 흐르고 밀실에서 광란의 부르짖음이 새어나온다. 우리는 분수가 터지고 밝은 햇빛 아래 뭇 꽃이 피고 영웅과 신들의 동상으로 치장이 된 광장에서 바다처럼 우람한 합창에 한몫 끼기를 원하며 그와 똑같은 진실로 개인의 일기장과 저녁에 벗어 놓은 채 새벽에 잊고 간 애인의 장갑이 얹힌 침대에 걸터 앉아서 광장을 잊어버릴 수 있는 시간을 원한다. (최인훈, 《광장》, 문학과 지성사, 1989, 15-16쪽)

《광장》의 주인공인 이명준은 찬란한 광장과 애틋한 밀실을 꿈꾸었지만 실패한다. 그런데 그런 광장과 밀실을 동시에 소유한 인간이 얼마나 될까? 대부분의 사람들이 그런 광장과 밀실을 꿈꾸다가 인생을 마치는 것이 아닐까?

광장과 밀실의 문제는 여전히 주요한 사회철학적 문제이다. 로티의 표현으로 바꾸어 말하면 광장은 공적인 연대성의 영역이고, 밀실은 사적인 자율성의 공간이다. 많은 철학자들이 이 두 영역을 대립적인 것으로 보거나 통합하려는 시도를 해 왔다. 최인훈의 광장과 밀실에 대한 언급은 철학자들의 그런 시도가 잘못된 것임을 지적해 준다. 니체, 하이데거, 푸코 같이 사적인 자율성의 소망을 가진 철학자들이 인간의 연대성에 대한 욕구를 폄하하거나,

자유로운 공동체를 꿈꾸는 듀이, 하버마스 같은 철학자들이 사적인 완전성에 대한 소망을 '심미주의'로 치부하는 것은 "인간을 이 두 가지 공간의 어느 한 쪽에 가두어" 버리는 것이다.

최인훈이 광장과 밀실의 중요성을 동시에 강조하고 있다는 점에서 이명준은 인간의 연대성에 대한 욕구와 사적인 완전성에 대한 소망을 병렬적으로 추구하는 로티의 '자유주의 아이러니스트'의 한 유형이라고 할 만하다. 로티 역시 최인훈과 마찬가지로 인간에게 있어서 공적인 영역과 사적인 영역, 정치적인 공간과 개인적인 공간, 잔인성을 감소시키기 위한 연대와 자아창조를 위한 자율성, 정의와 미(美)의 두 가지 개념이 모두 중요하다고 생각한다.

형이상학적인 철학자들은 이 두 영역이 서로 어떤 관계를 가지고 있는지 이론적으로 밝히고 그런 지적인 탐색을 통해서 어떤 '합리적'인 실천 방안이 제시될 수 있을 것이라고 믿는다. 예를 들면 잔인성은 왜 나쁜가에 대한 어떤 이론적인 설명을 할 수 있다고 보는 것이다. 로티는 이런 류의 시도를 플라톤과 기독교를 계승하는 낡은 유물이라고 생각한다. 고문이 왜 나쁜가에 대한 이론적인 설명이 고문과 같은 잔인한 행위에 반대하는 사람들의 연대에 도움이 될까? 로티가 자유주의의 가치를 추구하는 사람들에게 '아이러니스트'라는 명칭을 덧붙여 창조하고자 한 새로운 유형의 인물은, 잔인한 행위가 왜 나쁜가에 대한 이론적 합의에 이르지 않더라도 그 행위에 반대하는 연대에 참여함으로써 자유의 폭을 넓혀가려는 실천에 나서는 인물이다. 로티는 폭력과 잔인성에 대한 수많은 철학자들의 서술이 어떤 근본적인 성찰에 도달한 것이라기보다는 하나의 '재서술'에 불과하다고 생각한다. 공적인 영역에서 필요한 것은 보통사람이 접근할 수 없는 심원한 이론적인 성찰보다는 잔인성을 몸으로 느끼는 사람들이 그것을 감소시키기 위해 구체적인 실천에 나서는 일이다. 굳이 그것이 왜 나쁜가에 대한 이유를 대라면 아마도 저마다 다른 이유가 있을 것이다. 조지 오웰의 《1984》에 나오는 주인공이 쥐를 끔찍하게 두려워하는 것처럼, 사람들에게는 다른 사람에게 납득시키기 힘든 이유들이 있을 것이다. 그 이유들을 하나로 묶어서 소위 '진리'라는 이름으로 통합하려는 것은 쓸데없는 시도이다.

로티는 모든 사람들이 자신의 삶에 대해 이야기할 때 사용하는 저마다의 '마지막 어휘(final vocabulary)'가 있다고 했다.

> 모든 인간 존재는 그들의 행위, 그들의 신념, 그들의 인생을 정당화하기 위해 채용하는 일련의 낱말들을 갖고 있다. 그것들은 친구들에 대한 칭찬, 적들에 대한 욕설, 장기적인 프로젝트, 가장 심오한 자기 의심 그리고 가장 고결한 희망 등을 담은 낱말들이다. 그것들은 우리가 때로는 앞을 내다보면서 때로는 뒤를 돌아다보면서 우리의 삶에 대해 이야기하는 낱말들이다. 나는 그러한 낱말들을 '마지막 어휘'라고 부르겠다. (리처드 로티, 《우연성 아이러니 연대성》, 민음사, 1996, 145쪽)

아이러니스트에게 있어서 중요한 것은 자신의 마지막 어휘가 다른 사람에게서 가지고 온 것이 아닌, 온전히 자신만의 것이라는 확신이다. 아이러니스트는 자신의 용어로 자신의 삶을 요약할 수 있기를 원한다. 이것은 무엇보다도 일차적으로는 아이러니스트 자신의 사적인 완성과 관련이 있다. 자신의 인생이 자신을 넘어선 어떤 것에 의해서 좌우되거나 자신보다 큰 힘에 동화되는 것을 거부하고 스스로 자기 삶의 우연성을 긍정하는 것, 곧 삶의 자율성을 획득하는 것이야말로 아이러니스트의 관심사이다.

자유주의는 이러한 아이러니스트의 사적인 완성에 대한 관심을 지켜주는 장치이다. 그렇기 때문에 잔인성에 대해 반대하는 자유주의자의 연대는 아이러니스트의 사적인 완성을 위한 노력보다 앞서야 한다. 플라톤을 계승하는 철학자들은 진리가 우리를 자유롭게 하리라고 외쳐대지만, 사실은 자유가 없다면 진리도 없다. 그래서 로티의 '자유주의 아이러니스트'는 각자가 저마다의 마지막 어휘를 가지고 고민하면서 살아갈 수 있는 '밀실'을 확보하기 위해 실천적인 연대의 '광장'에 나서는 것을 우선적인 과제로 삼는다.

지식인들이 할 일이란 폭력의 이론적 부당성을 입증하는 일이 아니라, 일상적인 폭력에 길들여져 고통에 무감각해져 있거나 지나친 고통으로 인해 자신의 고통스런 상황을 전달할 수 없는 처지에 있거나, 아니면 무관심으로 인해 스스로가 타인에게 고통을 주고 있다는 사실을 깨닫지 못하는 사람들을 일깨우는 일이다. 로티가 로고스 중심주의를 비판하고 새로운 문화적 비전으로서 '문학적인 문화'를 내세운 것은 이런 일을 하는 데 있어서 철학자들보다는 시인과 소설가들이 훨씬 탁월하다고 보기 때문이다.

시인과 소설가들은 다양한 스펙트럼을 통해 잔인성의 문제를 구체적으로 보여준다. 조지 오웰 같은 소설가가 정치적으로 이루어지는 큰 규모의 잔인성의 문제를 다루었다면, 나보코프 같은 소설가는 심미주의적인 지식인들이 저지를 수 있는 무관심에 의한 잔인성의 문제를 미시적으로 다룬다. 최인훈의 《광장》은 고통스럽고 무의미한 삶(파란만장한 삶을 살지 않았느냐고 항변을 들을 수 있겠으나 권투선수, 자전거선수, 교통정리하는 순경, 강냉이 튀기는 아저씨, 심지어 사주쟁이를 보면서 고독해서 그런 일을 하고 있다고 말하는 태식에 대해 공감하는 명준은 분명히 인생의 우연성과 덧없음을 인정하고 있다고 생각한다. 최인훈, 위의 책, 40-41쪽 참조)을 살아내는 명준을 통해 정치와 심미주의가 인간에 대해 어떤 식으로 잔인성을 드러내는지 보여준다.

III

나는 이명준이 로티가 말하는 '자유주의 아이러니스트'라고 생각한다. 그는 '광장'과 '밀실'이라는 낱말을 마지막 어휘로 가진 아이러니스트이다. 그는 자신의 마지막 어휘가 다른 누군가에 의해서 정의되는 것을 원치 않았으며, 아버지나 정부, 혹은 당과 같은 그 자신보다 더 큰 힘에 순응함으로써 자신의 마지막 어휘가 정당화되기를 원치 않았다.

무엇보다도 그는 천재적인 지식인들에게서 흔히 나타나는 내밀한 잔인성을 갖추고 있다는 점에서 심미주의적인 아이러니스트이다. 창조적인 천재들은 심미적인 기쁨을 추구하는 데 관심을 빼앗긴 나머지 다른 사람들의 삶에 대해 무관심하게 되며, 이것은 타자에게 상처를 주는 잔인한 태도로 나타날 수 있다. 로티가 나보코프의 소설에 주목하는 이유는 나보코프가 공헌하고 있는 부분이 바로 이런 천재 괴물—무관심의 괴물—의 가능성을 보여주었다는 점이다. 《로리타》의 주인공인 험버트는 이런 무관심의 괴물이다. 로티는 험버트가 카스빔의 이발사가 30년 전에 죽은 야구선수 아들에 대해 이야기하는 것을 건성으로 듣거나, 샬럿의 청혼 편지 내용에서 로리타에 대해서보다는 어려서 죽은 그의 남동생 이야기를 더 많이 하고 있는 것에 대해 불평하는 것을 예로 들고 있다(로티, 위의 책, 296쪽). 흥미롭게도 이명준 역시 자신의 밀실에 집착하면서 윤애의 대답을 냉소적으로 받는 대목이 나온다.

> "더러운 물건이 갑자기 아름다워 보일 때, 저는 제일 반갑습니다. 눈이 열린다 할까요?"
> "더러운 물건이어야만 하나요?"
> "아름다운 물건이, 아름답게 보이는 건, 뻔한 일입니다. 그러나 그대로는 더럽게밖엔 보이지 않던 물건이 그대로 아름다움 속에 돋아나 보이는 건, 마음이 더 높은 곳으로 옮아갔다는 겁니다."
> "그렇겠지요."
> 오호 그렇겠지요라구. 이 텅 빈 말. 귀밑머리가 구름처럼 나부끼는 그녀의 옆얼굴을 쳐다보며, 명준은 알 수 없는 미움이 쳐 받쳤다. (최인훈, 위의 책, 71-72쪽)

명준은 윤애와의 사랑을 통해 자신의 밀실을 만들고 싶었을 것이다. 그런데 윤애의 대답은 명준의 관심을 전혀 반영하지 못하면서 명준의 낱말들을 튕겨내는 텅 빈 말이다. 명준의 분노는 로리타에게 관심이 집중되어 있는 험버트가 샬럿의 연애편지를 읽고 불쾌해 하며 진부한 문장표현에 대해 비웃는 대목을 생각나게 한다.

명준은 은혜에게 배신당한 후 전쟁터에서 태식의 아내가 되어 있는 윤애와 만나서 자신의 밀실이 그 어디에서도 가능하지 않다는 사실에 대해 절망한다. 그의 밀실은 그에게 가장 사적인 것이어야 하기 때문에 그에게는 그만의 것, 곧 그만의 사랑이 필요하다. 그런데 그의 사랑은 대상을 잃었으며 이 사실이 그를 절망으로 내몬다. 그는 태식과 윤애에게 폭력을 행사함으로써 사랑 대신 잔인성으로 자신의 밀실을 새롭게 만들려 하지만 스스로 그럴 수 없는 인물이라는 것을 자인하며 허망한 웃음을 웃는다. 이렇게 해서 그는 밀실을 확보하는 데 실패한 심미주의적 아이러니스트가 된다.

다른 한편으로 그는 정치적 잔인성의 희생물이 되는 자유주의 아이러니스트이다. 로티의 자유주의 아이러니스트에 대한 정의로 되돌아가 보자.

나는 '아이러니스트'라는 말로써, 자신의 가장 핵심적인 신념과 욕구들의 우연성을 직시하는 사람, 그와 같은 핵심적인 신념과 욕구들이 시간과 기회를 넘어선 무엇을 가리킨다는 관념을 포기해버릴 만큼 충분히 역사주의자이고 명목론자인 사람을 가리키기 위해 사용한다. 자유주의 아이러니스트란 괴로움이 장차 감소될 것이며, 인간들이 다른 인간들에 의해 굴욕당하는 일이 멈추게 되리라는 자신들의 희망을, 그럴듯 근거지을 수 없는 소망 속에 포함시키는 사람이다.
(로티, 위의 책, 22-23쪽)

다른 인간에게 굴욕당하는 일이 없는 사회, 그런 사회야말로 저마다의 밀실이 보호받는 사회일 것이다. 명준은 우선적으로 자신의 밀실을 갖기를 원했다. 남쪽에서는 윤애를 통해서 그리고 북쪽에서는 은혜를 통해서. 그런데 그런 밀실이 확보되려면 무엇보다 광장이 필요하다. 명준은 자신이 희생물이 되어 철저히 파괴당하기까지 자신의 밀실이 만들어질 수 있을 것이라는 근거지을 수 없는 소망을 간직했다.

명준은 책으로 가득 찬 다다밋방에서 철학책을 탐독하며 사랑을 꿈꾼다. 명준은 남한 사회의 기득권층이 유학을 통해 어떻게 기득권을 대물림하는가를 비판하면서 자신과 같은 순진한 철학도들이 뿌리를 내릴 수 없는 현실을 한탄한다.

"이도저도 못 하는 우리 같은 것은, 철학이니 예술이니 하는, 19세기 구라파의 찬란한 옛날 얘기책을 뒤적이면서, 자기 자신을 속이려고 했습니다. 지금도 그러고 있는 사람이 남조선에는 얼마든지 있습니다. 그들이야말로 가장 아름다운 심장의 소유자들입니다. 젊은 사람치고, 이상주의적인 사회 개량의 정열이 없는 사람이 어디 있겠습니까? 다만 그들은, 남조선이라는 이상한, 참으로 이상한 풍토 속에서 움직일 자리를 가지지 못했다는 것뿐입니다." (최인훈, 위의 책, 104쪽)

명준의 표현을 빌면 "서양에 가서 소위 민주주의를 배웠다는 놈들이… 외국에서 맞춘 아른거리는 구둣발로 그들의(인민들의) 배를 걷어차고" 있는 상황이 오늘날 한층 더 심해졌다는 것은 참으로 씁쓸하다. 어쨌거나 명준의 밀실은 형사의 구둣발에 산산조각이 나고, 선택의 여지가 없어진 명준은 우연히 찾아 온 기회를 놓치지 않고 월북을 감행한다.

남한에서 광장은 가진 자들이 자신의 밀실을 치장하기 위해 약탈과 사기를 일삼는 장으로서만 존재한다면, 북한에서 그것은 '당'에 의해 대체된다. 명준이 북한에서 만난 광장은 사적인 자율성마저도 대신하는 절대적인 공간이다. 그것이 전부이기 때문에 밀실은 들어설 틈이 없다. 은혜를 통해 명준은 자신의 밀실을 만들려고 애쓰지만 은혜는 결국 그의 곁을 떠난다.

명준이 최후로 확보한 밀실은 끊임없이 사람이 죽어나가는 전쟁의 최전선에서 우연히 발견한 좁은 동굴이다. 명준은 그에게 돌아온 은혜와 불안한 밀회를 나누지만 은혜가 전사함으로써 그 밀실도 결국은 사라지고 만다. 전쟁의 한가운데에서 그런 공간을 확보하는 것이 현실적으로 가능할 것 같지는 않다. 명준은 그 공간에서 자신이 만약 김일성이었다면 전쟁을 일으키는 대신 누구든 사랑하지 않는 자는 인민의 이름으로 사형에 처하는 공화국을 만들겠다고 말하고 은혜는 그에 대해 '그런 시인을 가진 인민들만 봉변'이라고 화답한다.

이 비현실적인 공간 속에서 이루어지는 비현실적인 대화야말로 실패한 자유주의 아이러니스트로서의 명준이 그리는 유토피아를 대변한다. 사랑이란 그에게 있어서 사적인 완전성, 사적인 자율성, 심미적 황홀함을 뜻한다. 그런 사적인 밀실을 확보하지 못하는 공화국은 존재의 이유가 없는 것이다. 명준은 그 어느 곳에서도 정치적 자유를 위해 사람들과 연대의 손을 잡을 수 있는 광장을 발견하지 못했다. 그런 상황에서 명준의 밀실은 비현실적일 수밖에 없으며 유지되기 어렵다.

명준의 유토피아는 영원히 도래하지 않을지도 모르며 우리들의 불안한 밀실은 언제 형사의 구둣발에 무너질지 모른다. 그런 것을 잘 알면서도 또한 우리는 연대의 손길을 뻗어야 하고, 저마다의 밀실 속에서 자신의 마지막 어휘들을 의심하며 살아가지 않을 수 없을 것이다. 설사 그 타자가 어머니라고 하더라도 우리는 타자의 밀실에 들어갈 수 없고 들어가려고 해서도 안 될 것이다. 모쪼록 어머니의 남은 삶이 고통스럽고 지루하더라도 당신의 마지막 어휘들을 긍정하시길 바랄 뿐이다.

소비와 자유

지그문트 바우만 《자유》

제레미 리프킨 《소유의 종말》

장 보드리야르 《소비의 사회》

정미경 《무언가》

I

일상적인 생활을 하면서 꼭 가야 되는 곳이지만 영 가기 싫은 곳이 몇 군데 있다. 관공서, 병원, 은행, 백화점이나 대형 쇼핑몰 같은 곳이다. 이렇게 많이 써 놓고 보니 몇 군데라는 말이 무색하다. 역시 문제는 내 쪽에 있는 건가? 이런 장소가 모두 인간을 규율하고 통제하는 공간이라고 말한 푸코를 인용해 봤자 내 자신의 게으름과 덜떨어짐을 감추기에는 스스로 생각하기에도 역부족이다. 그렇다고 해도 변명꺼리가 아주 없는 건 아니다.

내가 가본 관공서라고 해봐야 동사무소나 구청이 전부고 어쩌다가 세무서에 한 번 들러 본 적이 있을 뿐이다. 관청의 서식은 사실 아무것도 아닌데도 공란을 채우기가 너무 어렵다. 혹시 뭔가 잘못 기재해서 공무원에게 혼나지나 않을까 전전긍긍하게 된다. 서식을 마주할 때마다 완전히 바보가 된 느낌이다. 창구의 직원과 소리 높여 싸우는 아저씨, 아줌마들을 보면 정말 존경심이 생긴다. 병원은 아마도 다들 가기 싫어할 거라고 생각한다. 가끔 어머니를 모시고 병원을 가게 되면 막상 진료시간은 3분도 안 되는 것 같은데, 기다리고, 수납하고 접수하고, 약을 타다 보면 한나절이 다 간다. 은행이라는 곳도 마음이 불편하기는 마찬가지다. 숫자에 약한 나로서는 '0' 자가 많아질 경우

어디에다가 쉼표를 찍어야 할지 난감할 뿐만 아니라 평생 월급이라는 걸 변변히 받아 본 적이 없는 입장에서는 돈거래 때문에 번호표를 뽑아 기다리고 뭔가를 쓰고 누군가와 이야기한다는 것 자체가 내 일 같지가 않고 항상 어색하다. 그러나 뭐니뭐니 해도 가장 진땀나는 곳은 백화점이나 대형 쇼핑몰이다. 가끔 어머니나 아내의 운전기사 겸 짐꾼으로 쇼핑에 따라나설 때가 있는데, 그 많은 물건들을 한꺼번에 보게 되면 이상하게 몸이 아프다. 다리는 기본이고, 배가 아플 때도 있고, 머리가 아프기도 한다. 그런 곳에서 뭔가를 '즐긴다'는 것은 나로서는 도달 불가능한 경지다.

이렇게 대인, 대물 공포증이 있는 내게, 그래서 정보사회는 축복이다. 인터넷 뱅킹이라는 걸 이용하게 된 이후로는 은행에 가본 적이 거의 없다. 각종 증명서도 인터넷으로 서비스가 된다고 하니 앞으로는 관공서에도 직접 갈 일이 없을 것이다. 병원에 가지 않기 위해서 얼마 전부터 태극권도 열심히 연마하고 있다. 별로 효과가 없는지 요즘 감기로 고생이지만 어쨌든 병원 같은 데는 안 가려고 노력한다. 가장 좋은 것은 꼭 필요한 물건이 있을 경우 집에서 쇼핑을 할 수 있다는 것이다. 인터넷에는 발품을 팔지 않아도 어디에서 어떤 물건을 제일 싸게 파는지 일목요연하게 보여주는 사이트도 있고, 물건을 무료로 배송해 주는 가게도 많다. 한국이 IT강국이라는 것이 참 다행이다.

그렇다고 해서 내가 인터넷을 이용해서 이런 저런 물건들을 열심히 사들이느냐 하면 결코 그렇지는 않다. 인터넷 서점을 통해서 가끔 책을 사는 경우를 제외하면 사실 인터넷 쇼핑몰을 통해서 물건을 산 것은 손꼽을 정도이다. 이유는 매우 간단하다. 돈이 없어서다. 얼마 전에 집에 있는 미니 오디오가 고장이 나서 이번 기회에 오디오나 장만해 볼까 하고 인터넷 쇼핑몰을 돌아다닌 적이 있다. 처음에는 값싼 미니 오디오들을 구경하다가 이런 저런 기능이나 성능을 비교하다 보니 점점 값비싼 물건들에 눈이 갔다. 오디오 마니아들이 있다는 것도 그래서 처음 알았다. 소위 오디오 명품들이 상상할 수 없는 가격에 거래되고 있다는 것을 안 다음부터는 싸구려 오디오들을 찾아 헤맨 내 자신이 초라하게 여겨져서 전략을 바꾸기로 했다. 이를테면 지고도 이겼다고 생각하는 아큐(阿Q)식 전법을 쓰는 것이다. 인터넷으로 실컷 구경을 하고는 산 셈 치는 것이다. 내게는 십만 원짜리 오디오에서 나오는 소리와 천만 원짜리 오디오에서 나오는 소리를 질적으로 구분할 만한 고급스런 귀가 없는 것이 다행이다.

따져 보면 이렇게 사지 않고도 샀다고 생각하면서 버티는 것이 비단 오디오만이 아니다. 주말마다 산행을 하면서도, 모든 사람들이 요즘은 유니폼처럼 입고 오는 일명 고어텍스 등산복과 등산화를 사지 않고 버티고 있다. 면바지에 8년 된 흰 운동화를 신어도 산행에는 아무 문제가 없다.

물론 이런 식의 행태는 궁상맞다. 게다가 우리 사회의 경제적인 발전에도 도움이 되지 않는다. 나 같은 인간은 소위 소비사회의 부적격자인 셈이다. 누군가가 내게 "너는 이 시대를 살기에는 부적합한 인간이야"라고 말해도 별로 부정할 생각은 없다. 다시 아큐식으로 말하자면, 나 역시 이 시대가 내게는 별로 적합하지 않다고 느끼고 있다. 내가 가고 싶지 않은 곳을 가지 않을 자유, 꼭 필요한 물건이 아니라면 그것을 사지 않아도 적당히 살아갈 수 있는 자유만이라도 느끼고 싶은 것이 사회부적응자의 변이라면 변이다.

II

오늘날 사회학자나 철학자들이 현대사회를 진단하는 것을 보면 나 같은 사람의 입장에서는 점점 세상살기가 어려워진다고 말할 수밖에 없을 것 같다. 포스트 자본주의, 탈조직 자본주의 등이 운위되는 오늘날, 바우만의 다음과 같은 지적은 자유의 문제를 논할 수 있는 현 상황에 대한 적절한 언급이라고 생각된다.

우리 사회에서 개인의 자유는 무엇보다도 먼저 소비자의 자유다. 그 자유는 효율적인 시장의 현존에 달려 있으며, 또 거꾸로 그런 시장이 현존할 수 있는 조건을 보장해 준다. (지그문트 바우만, 《자유》, 이후, 2002, 22쪽)

오늘날의 현 상황을 많은 논자들은 '소비사회'라고 부르기를 주저하지 않는다. 그만큼 소비는 오늘날 삶의 주요한 생활양식으로 자리잡았으며, 자유의 문제를 소비의 문제와 떼어서 생각하기 힘든 상황이 되었다. 바우만이 지적하듯이 오늘날 자유의 양상은 소비의 가능성과 결부되어 있기 때문이다. 한편, 《소유의 종말》의 저자인 리프킨은 자본주의가 교묘하게 삶의 구석구석에 파고듦으로써 마르크스가 꿈꾸었던 해방의 가능성이 뒤틀린 형태로 구현되고 있는 것이 오늘날의 현 상황임을 보여준다. 리프킨은 다음과 같이 말한다.

공간과 재료의 상품화에서 시작된 자본주의의 여정은 인간의 경험과 생활을 상품화하는 것으로 끝난다. 돈을 주어야만 접할 수 있는 인간활동의 형태로 문화를 파는 것이 일반화되면서 금전에 바탕을 둔 인간관계가 전통적 사회관계를 밀어낸다. 그런 세계에서는 믿음, 공감, 연대의 감정에 기반을 둔 전통적 상호 의무와 기대가 회원, 등록, 입회, 수임료, 요금에 기반을 둔 계약관계로 바뀐다.
(제레미 리프킨, 《소유의 종말》, 민음사, 2001, 17-18쪽)

리프킨이 말하는 소유의 종말은 마르크스가 없애고자 했던 사적 소유의 종말이 아니라, 물리적인 형태의 재화의 소유가 의미를 잃게 된다는 것을 뜻한다. 이전에는 돈을 주지 않아도 되었던 것에까지 이제는 돈을 지불해야 한다는 것이다. 인간의 연대와 문화적 체험 같은 소유할 수 없는 무형의 것에 대해서까지도 우리는 돈을 지불해야 하는 상황에 놓이게 되었다. 이것은 역설적으로 우리가 돈만 지불하면 모든 것을 체험할 수 있다는 이야기가 된다. 마르크스의 전인적인 인간은 오늘날에는 '소비하는 인간'이 된 셈이다.

경제적인 여유가 없어서 소비하지 못하는 사람은 스스로 자유롭지 못하다고 생각할 것이다. 그가 휴일에 자유롭게 여행을 하거나, 먹고 싶은 것을 사 먹는 데 있어서 제약을 당한다는 것은 쉽게 예상할 수 있다. 그는 아마도 소득의 대부분을 생계를 유지하는 데 지출할 수밖에 없으며, 사적인 취미활동에 돈을 지불하는 것은 현실적으로 불가능할 것이다. 정반대로, 고급백화점에서 한 달에 평균 2천만 원 정도를 지출해도 가계에 전혀 부담이 없는 고소득자를 생각해 보자. 그는 적어도 소비에 관한 한은 거의 무한한 자유를 누릴 것이다. 오늘날 자유의 문제를 소비와 떼어서 생각할 수 없다면, 소비자의 자유를 확대하는 것이 중요한 과제가 될 것이다. 그러나 그런 자유의 확대가 우리를 행복하게 만드는가 하는 것은 별개의 문제이다.

　마일스는 현대 사회를 "소비능력이 모든 것처럼 보이는 탈근대적 세계"라고 말하면서 다음과 같이 묻는다. "소비는 실제로 소비자들에게 그들이 원하는 것을 제공해주는가 아니면 사실 소비자들을 여전히 소비자의 자리에 머무르게 하는 데 기여할 뿐인 사회를 분열하는 힘인가?"(스티븐 마일스, 《현실세계와 사회이론》, 일신사, 2003, 100쪽). 마일스의 이런 물음에 대해서는 소비자가 능동적으로 소비의 선택권을 가질 때, 그리고 더 나아가 소비하지 않을 자유를 실질적으로 가질 때에만 긍정적인 답을 할 수 있을 것이다. 그러나 오늘날의 상황은 소비자의 '소비 능력'이 주체적이고 능동적인 것이기보다는 자본주의 시스템이 부여한 불가피한 능력이라고 여겨진다.

　자유가 사회적 관계인 한에 있어서, 나의 자유는 누군가의 부자유를 내포한다. 적어도 사회적인 차원에서 내가 무엇인가를 할 수 있다는 것은, 누군가가 그것을 할 수 없다는 것을, 그리고 내가 욕구를 충족시킬 수 있다는 것은 누군가가 실현할 수 없는 욕구를 가지고 있다는 것을 의미한다. 바우만이 볼 때 자유는 그런 의미에서 "특권이자 권력이다"(지그문트 바우만, 《자유》, 이후, 2002, 56쪽).

　소비과정을 기호를 흡수하고 기호에 의해 흡수되는 과정이라고 정의하는 보드리야르는 "개인으로서의 존재는 기호의 조작과 계산 속에서 소멸한다"(장 보드리야르, 《소비의 사회》, 문예출판사, 1996, 298쪽)고 말한다. 소비사회에서 사람들은 더이상 상품을 소비하는 것이 아니라 기호를 소비한다. 소비자는 단지 자신이 늘어놓는 기호의 내부에 존재할 뿐이며, 자기 자신에 대한 시각을 상실하기 때문에 스스로에 대한 반성을 할 수 없는 존재가 된다.

주체의 소멸에 대한 이런 보드리야르의 평가는 인간이 이성적인 주체라는 데카르트적인 근대적 인간관이나, 실현되어야 할 본질 또는 소외된 본질이라고 하는 마르크스적인 인간관만을 부정하고 있는 것이 아니다. 그에게 있어서 소비의 주체는 개인이 아니라 기호의 질서이며, 개인은 단지 소비모델의 세트에 대한 선택방식에 의해 규정될 뿐이다. 예를 들어, 인간의 육체는 오늘날 더이상 물질적인 것으로 취급되지 않는다. 보드리야르에 의하면 모든 것을 상품화하는 소비사회는 육체를 소위 가장 아름다운 소비의 대상으로 만들었다. 육체는 소비의 대상이 됨으로써 경제적인 투자의 대상이 됨과 동시에 심리적인 물신숭배의 대상으로 변한다. 플라톤 이래로 서구의 형이상학 전통이 정신적인 것, 이성적인 것을 절대화하고 성스러운 것으로 만들었다면, 육체의 발견은 그러한 형이상학 전통에 대한 도전이요, 어떤 의미에서는 현실을 사는 인간에 대한 긍정이자, 인간의 해방을 함의하는 것으로 볼 수 있을 것이다. 그런데 보드리야르는 소비사회에서 이루어지고 있는 육체에 대한 담론들, 소비의 과정에서 이루어지는 육체에 대한 숭배 속에서 오히려 전통 형이상학의 영혼숭배의 변형된 형태를 발견하고 있다. 그는 오늘날 소비의 대상으로서의 육체는 물리적인 신체가 아니라 영혼과 마찬가지로 이미 하나의 관념이며, 소비의 윤리를 이끄는 하나의 신화가 되었다고 평가한다.

보드리야르에 이르러 소비사회를 사는 우리는 정신뿐만 아니라 우리의 개별적인 육체마저도 상실한 탈중심화된 존재가 되고 만다. 이렇게 주체없는 주체에게 있어서 자유롭다는 것은 무엇을 뜻할 수 있을까?

Ⅲ

정미경의 《무언가無言歌》(〈세계의 문학〉, 2004, 겨울)는 소비사회의 물신성이 끈끈하게 묻어나오는 듯한 느낌을 주는 소설이다. 이 소설 속 주인공들은 그 누구도 이 시대가 자신에게 적합하다고 생각하지 않는다. 삶은 피곤하고 등장인물들이 맺고 있는 관계는 서로를 자유롭지 못하게 옭아맨다. 이 소설은 소비로 얽혀있는 인간관계는 삶을 피폐하게 하고, 아무도 자기자신의 삶을 살지 못하게 한다고 말하는 듯하다. 보드리야르가 말하는 주체의 소멸이란 이런 것일까?

이 소설의 주인공은 자신이 별로 가고 싶지 않은 곳만 간다. 쇼핑몰이나 은행 같은 데를 가고 싶지 않다는 나의 넋두리를 이 소설의 주인공이 들었다면 무척이나 어이없어 했을 것이다. 주인공인 '나'는 악덕 채무자로 구치소에 갇혀 있는 어머니를 면회하러 가기도 하고, 하루종일 전화통에 뻔한 거짓말을 해대야 하는 부동산 개발 회사에 매일 출근해야 한다. 게다가 밤이면 '나'의 목소리를 돈 주고 산 K의 사무실에 가야하며, 어머니를 대신해서 채권자들을 회유하거나 협박하기 위해 몇 푼의 돈을 마련해서 그들을 만나러 가기도 해야한다. '나'에게 있어서는 가야 하는 모든 곳이 가고 싶지 않은 곳인 셈이다. '나'에게는 가고 싶은 데 갈 자유, 있고 싶은 데 있을 자유가 없다. '나'는 그곳에 가야하기 때문에 갈 뿐이다.

주인공이 이렇게 부자유스러운 데에는 이유가 있다. 소비벽에 시달리는 주인공의 철없는 어머니가 너무 자유롭기 때문이다. 어머니의 대책 없는 자유는 주인공의 고통스런 부자유와 직결되어 있다. 어머니는 소비를 함으로써 남편을 잃고 두 아이를 길러내야 했던 자신의 운명으로부터 자유롭고자 하지만, 결과적으로는 스스로를 감옥에 갇히게 하고, 자신의 아이들을 채무에 시달리게 만든다.

　이 소설은 온통 돈을 빌리거나 갚고, 물건을 사거나 파는 이야기로 가득하다. 그와 같은 행위를 벗어나서 이루어지는 인간관계는 없다. 주인공과 그 어머니는 채무문제를 매개로 해서만 만난다. 부동산 투자를 권유하는 전화를 하지 않았다면 주인공은 K와 만나지 않았을 것이다. 변호사인 친구 남편 역시 어머니의 채무문제가 아니었다면 주인공이 만날 이유가 없다. 주인공의 동생은 빚 갚을 돈을 가져다주기 위해서만 주인공과 만난다.

　돈이란 이렇게 모든 관계의 중심에 있지만, 결코 욕망을 충족시켜주는 유쾌한 수단이 되지 못한다. 구체적으로 소비가 이루어지는 장면이 몇 군데 있다. 주인공은 구치소에서 뛰쳐나와 답답한 심정을 가라앉히기 위해 매운 짬뽕라면을 사먹는다. 아마도 이 소설 속에서 돈이 가장 유용하게 사용된 대목일지도 모르겠다. 반면에 K가 사주는 로브스터를 먹는 주인공은 기분이 좋지 않다. 소비가 유쾌한 행위가 아니라는 것은 주인공이 K가 준 돈 봉투를 들고 테헤란로에 나가 실크 슬립, 가터벨트, 스틸레토 힐, 스타킹 등을 사는 데서도 드러난다. 주인공은 무언가를 소비함으로써 공허함을 메우고 싶어 했지만, 결국 그는 '외곽으로 가는 버스 번호판 아래 사람들의 줄 끝에 서서' 외로움을 느낄 뿐이다.

　소비가 인간의 욕구를 충족시키거나 무엇인가를 할 수 있는 자유를 가져다주는 것이 아니라는 것은 K의 소비, 즉 주인공의 목소리를 산, 아니 정확히 말하면 정사를 하면서 주인공으로 하여금 끊임없이 말하게 함으로써 자신의 욕구를 충족시킨 대가로 돈을 지불하는 K의 소비행위에서 극명하게 드러난다. K가 정사중의 주인공의 목소리에 집착하는 이유는 일상에서 오는 불안감과 두려움을 잊기 위해서이다. 그것은 말하자면 어떤 성적인 욕망이나 환상을 실현하기 위한 소비라기보다는 일종의 도피처, 즉 자신을 흥분시키는 목소리를 통해 현실과 유리된 진공상태를 마련해 준 데 대한 지불행위이다. K가 원하는 것은 목소리지 목소리를 통해 전달되는 내용이 아니다. 소비는 내용을 거래하는 행위가 아니라 이렇게 껍데기를 주고받는 행위이다.

소비를 통해서 맺는 인간관계는 진실되지 못하며, 소비를 통해 전달되는 언어는 허구적이다. 주인공은 우리가 이미 이런 상황에서 벗어날 수 있는 처지가 아님을 절감하기 때문에 차라리 자신마저도 속일 수 있는 거짓말을 하고 싶다고 말한다.

"자신의 목소리로 자기가 하고 싶은 얘기만 하며 살아갈 수 있는 사람들은 어떤 사람들일까. 그럴 수 없다면 차라리 진짜보다 더 진짜 같은, 나까지도 위로하고 감동시킬 수 있는 진화된 거짓말을 하고 싶다. 주말드라마를 보며 눈물을 흘릴 수 있다면 내가 만든 픽션을 내가 받아들이지 못할 것도 없지." (정미경, 위의 책, 37쪽)

비극은 우리가 소비의 상황으로부터 벗어날 수 없다는 데 있다. 리프킨의 지적대로 우리는 예전에 돈을 지불하지 않아도 되었던 것들에 대해서까지 돈을 지불해야 하는 상황으로 점점 더 빠져들고 있다. 심지어 자유시간이라는 것도 소비사회에서는 환상이다. 백수에게 여가란 존재할 수 없다. 자유시간을 누릴 수 있는 사람은 시간 단위로 계산되는 노동시간을 면제받는 대가로 돈을 지불할 수 있는 사람이다.

    주인공의 목소리에 진실을 담을 수 있으려면 소비하지 않을 자유를 확보하는 수밖에 없다. 그런데 그런 자유를 얻기 위해서 먼저 소비할 수 있는 자유를 부여받아야 한다는 것이 우리의 역설적인 현실이다. 소비사회를 살아야 하는 인생은 주인공의 넋두리대로 '지루하다.'

지식인의 역할

플라톤 《이상국가》

황현 《매천야록》

I

힙합과 랩의 리듬 속에 살아가는 요즘 젊은이들—이런 표현을 쓰고 보니 스스로가 상당히 늙은 것처럼 여겨져 서글프다—이 '썰렁하다'고 생각할 이야기를 해볼까 한다. 그것은 이 땅에서 지식인으로 살아간다는 것이 무엇을 의미하느냐 하는 문제이다. 새삼스럽게 이런 생각을 하게 된 것은 최근에 황현의 《매천야록》을 읽었는데, 한일합방을 목도하고 아편을 먹고 자살한 그의 고뇌가 가슴 한구석에 알 수 없는 응어리를 하나 만들어 놓았기 때문이다.

요즘 젊은이들이 그런 문제에 대해 관심이 없을 것이라고 생각하게 된 것은 내 나름대로 경험한 바가 있어서이다. 내가 출강하고 있는 대학에서 모 그룹의 총수가 명예철학박사 학위를 받은 일이 있다. 총학생회가 행사장 부근에서 반대시위를 했고, 행사는 그들을 피해서 약식으로 진행되었다. 이 일련의 과정들을 모두 충분히 있을 수 있는 일이 일어난 것이라고 여겼던 나의 생각은 곧 착각이었다는 사실이 판명되었다. 소위 '일반' 학생들이 총학생회의 '폭력' 시위에 대한 사과를 요구했고, 몇몇 학생은 스스로 모임을 만들어 총학생회의 해체를 요구하기도 했다. 《난장이가 쏘아올린 작은 공》을 여전히 필독서 목록에 넣고 있는 학생들이라 정치적인 입장이나 실천적인 태도에 있어서 80년대의 대학생들과 공통점이 있을 것이라고 생각했던 것은 사실은 나만의 착각이었던 셈이다.

어쨌거나 나는 그런 학생들의 태도를 이해하지 못해 한동안 당혹스러웠다. 정치적인 구호가 대학을 지배했던 시절에 학교를 다녔던 사람들은 도서관으로 스며들어 오는 최루가스에 초연한 척하면서, 학점을 따기 위해 공부를 하거나 영어실력을 쌓기 위해 공부를 하는 행위 자체를 약간은 부끄럽게 여겼다. 그리고 소위 운동권이 아니더라도 가끔은 시위대에 끼어서 파렴치한 독재정권과 '매판 재벌'들을 향해 돌팔매질을 몇 번 해 주는 정도의 '센스'를 잃지 않았다. 그것은 아마도 남들보다 많이 배운 자로서 마땅히 가져야 한다고 생각했던 사회적인 부채의식이나, 정의를 실현해야 한다는 일종의 소명의식 같은 것 때문이었을 것이다.

세월은 흘렀고 세상은 바뀌었다. 불의에 항거했던 민주주의의 투사들이 정권의 주역이 되었다. 80년대 총학생회장을 지냈던 민주투사 치고 국회의원이 되지 않은 자가 있다면 팔불출 소리를 듣는 세상이 되었다. 더이상 독재정권은 없으며, 매판 재벌도 없다. 그리고 옛 투사들의 자녀들이 대학에 들어오기 시작했다. 그 대학생들의 얼굴을 보면 80년대 대학생들의 얼굴에 드리워 있던 그늘이라곤 찾아볼래야 찾을 수가 없다. 그들에게 정권은 도덕적이며, 기업가는 국민경제를 이끄는 수호천사처럼 보일지 모른다. 이제 대학물을 먹은 지식인이 돌팔매질을 할 대상이 없어진 셈이다. 남은 과제는 각자 시장질서에 순응해서 경쟁에 이기는 것이다. 큰 폭력이 없어졌으니 이제 보이는 것은 작은 폭력뿐이다.

총학생회의 폭력도 아닌 폭력에 분노한 학생들을 비난할 수 있을까? 타워팰리스의 가격이 올라가는 데 비례해서 비정규직 근로자의 수가 늘어나고 있으며, 애완견의 숫자가 늘어나는 데 비례해서 한편에서는 버려지는 아이들의 수가 늘어나고 있는 현실을 말하는 것이 설득력이 있을까? 전혀 설득력이 없어 보인다. 그것은 모두 80년대의 담론일 뿐이다. 총학생회가 사회의 구조적 모순과 자본의 착취에 대해 목소리를 높여봐야 일반 학생들에게는 정치적인 입문을 위해 정치작업을 하는 것으로밖에는 보이지 않는다.

여기에는 꽤 서글픈 진실이 가로놓여 있다. 아이들은 불의가 물러간 세상에서 순응하는 훈련을 받았다. 이제 큰 악당은 존재하지 않으므로, 남은 자들은 존경받아야 할 승리자들밖에 없다. 정치인들은 더 이상 총칼로 정권을 잡은 살인마들이 아니며, 기업가들은 독재자에게 뇌물을 주고 수혜를 받은 파렴치한이 아니라 정정당당하게 세계무대의 경쟁에서 승리한 영웅들이다. 학생들이 대학에 들어오는 이유는 진리를 밝혀 정의를 실현하기보다는 경쟁사회에서 승리하여 질적으로 좋은 삶을 살기 위해서이다. 여기서 중요한 것은 누구의 목표가 도덕적으로 우월하냐 하는 것이 아니라(왜냐하면 목표는 다 같으므로) 그런 목표를 실현하기 위한 경쟁에서 어떻게 페어플레이를 하느냐 하는 것이다. 총학생회의 폭력은 그래서 문제가 된다. "너네들이 정치가로 성공하겠다는 것은 이해하겠는데, 내가 졸업하고 대기업에 취직하는 일에 방해는 하지 말아줘" 하는 것이 아마도 '일반' 학생들의 생각이 아닐까 한다. 이것 역시 나만의 착각일지 모르겠으나, 여기에는 경쟁의 피곤함과 목표에 대한 냉소가 감추어져 있는 것 같다. 학생들은 더 이상 전복가능한 세상에 살고 있지 않다는 것을 잘 알고 있다. 그래서 그들에게 공동체의 운명과 지식인의 시대적 소명을 말하는 것은 그야말로 '썰렁한' 이야기가 된다.

시대를 고민하는 지식인이 더 이상 요구되지 않는 세상, 타도할 대상이 없어져서 이제 사람들의 마음 속에 자리잡은 잔인성 같은 것을 정치적 공격의 목표로 삼아야 하는 포스트 모던한 세상이 오고야 만 것인가? 아마도 그렇다고 하기에는 출세한 386정치인들조차도 어딘지 낯간지러운 구석이 있을 것이다.

Ⅱ

지식인에게 시대를 이끌어야 할 책임이 있다는 생각의 원류는 아마도 플라톤에게 있다고 해야 할 것이다. 플라톤은 인간을 세 가지 종류로 나누어 보았다. 인간은 그를 지배하는 욕망에 의해 어떤 사람인지가 결정된다고 본 것이다. 먼저 식욕과 성욕에 이끌리는 자는 실리를 추구하는 돈의 애호자가 된다. 지배와 정복의 욕구를 가지고 있으며 불의를 보면 참지 못하는 기개를 가진 사람들은 명예의 애호자가 된다. 그리고 진리를 숭상하는 자들은 지식의 애호자가 된다. 이들 중 가장 우월한 자는 당연히 진리를 아는 기쁨을 맛볼 수 있는 지식의 애호자이다. 왜냐하면 오직 그만이 명예나 돈을 사랑하는 사람에게는 결여된 '올바른 판단 능력'을 가지고 있기 때문이다. 이리하여 공동체는 지식의 애호자 가운데 탁월한 자를 지도자로 훈련시키게 된다. 플라톤은 이 훈련기간이 50세가 되어서야 끝나게 될 것이라고 말한다. 성공적으로 훈련을 마친 지식의 애호자는 이제 선 자체를 간취하는 능력을 얻게 되며, 개인이 아니라 자신을 그렇게 훈련시킨 공동체를 위해 지배자의 자리에 앉아야 한다. 플라톤은 소크라테스의 입을 빌어 지도자가 갖추어야 할 기본적인 덕목에 대해 다음과 같이 이야기 하고 있다.

소크라테스 … 그는 육체를 길들여 야수적이고 불합리한 쾌락을 억제하며, 건강도 이차적인 것으로 생각할지 모르네. 정신을 건전하게 하는 데 도움이 되지 않는 이상, 아름다워지거나 강해지거나 건강하게 되는 것을 제일 먼저 추구하는 것이 아니라, 언제나 정신과의 조화를 유지하도록 육체를 조절하려고 할 걸세.

(중략)

그는 마음의 왕국을 돌아보고 과잉과 결핍에서 비롯되는 무질서 상태를 초래하지 않도록 조심할 걸세. 그리하여 자기의 재산을 조절하고 벌어들이거나 소비하는 데 있어서 분수에서 벗어나지 않을 테지.

(중략)

글라우콘 알겠습니다. 우리가 세운 나라, 이상(理想) 안에서만 존재하는 나라의 지배자이기를 원한다는 말씀이시죠? '이상 안'이란 그런 나라가 세상에 있으리라고 생각되지 않으니까 하는 말입니다.

소크라테스 그건 하늘에 있네. 하늘에 그 모형이 있단 말이네. 원하는 자의 눈에는 그 나라가 보이네. 그 나라를 보면서 그 안에서 살 수 있지. 그 나라가 실제로 존재하느냐, 또는 앞으로 존재할 것이냐, 하는 것은 문제가 되지 않네. 그는 언제나 그 나라의 풍습에 좇아 살 따름, 그밖의 것을 본받으려고 하지 않으니까….

(플라톤, 《이상국가》, 집문당, 1982, 366-367쪽)

플라톤이 생각한 이상국가의 통치자는 현실의 기준으로 판단을 하는 것이 아니라 하늘에 있는 나라의 기준으로 현실의 문제를 판단한다. 여기서 언급되고 있는 하늘의 나라란 이데아의 세계이며, 이데아란 사물의 원형이자 본질, 곧 진리라고 할 수 있다. 진리에 대한 식견을 가지고 비진리를 재단하는 것, 이것이 지식의 애호자인 철학자 왕이 하는 일이다. 그가 올바른 판단을 할 수 있는 것은 항상 진리를 파악할 수 있는 식견이 있어서 다른 사람들과 같이 돈이나 명예 때문에 미혹되는 일이 없기 때문이다.

한 시대의 지식인이 그 시대의 문제에 대한 해결책을 제시해야 한다고 말하는 것은 지식인이 다른 사람들이 파악하지 못하는 진리의 세계에 더 근접해 있을 것이라고 하는 플라톤적인 믿음 때문이다. 이런 식의 믿음은 많은 변형을 겪기는 했지만 서구의 지적 전통 안에 면면히 이어져 온 것 같다. 예를 들어, 하버마스 같은 철학자가 커뮤니케이션 행위를 분석해서 보편적인 가치를 드러내고자 시도할 때, 그는 플라톤이 한 개인에게 부여했던 지식의 애호자의 역할을 공론장이라는 공공의 영역으로 확장시켜 거기서 왜곡된 진리들을 복원시키고자 하는 것이다.

나는 진리를 파악할 수 있는 지식인이 있다고 믿지도 않고, 정의가 그런 탁월한 지식인들에 의해 실현되리라고 생각하지도 않지만, 아무도 아무런 문제가 없다고 여기고 살아가는 세상에서 이러 저러한 것이 문제라고 지적하는 지식인들은 필요하다고 생각하는 편이다. 우리가 사는 세상이 하늘에 존재하는 세상이 아닌 만큼, 우리는 계속해서 더 나은 세상을 꿈꿀 수 있고, 지식인들은 거기에 답할 의무가 있다고 보기 때문이다.

Ⅲ

> 조수도 슬퍼 울고 강산도 찡그리오.
> 무궁화 이 세계는 망하고 말았구려.
> 등불 아래 책을 덮고 지난 역사 헤아리니
> 세상에 글 아는 사람 되기 어렵기도 합니다.

이것은 1910년 8월 3일 합방령이 민간에 반포되자 그 날 밤 아편을 먹고 숨진 매천 황현의 절명시 네 수 가운데 하나이다. 여기서 '글 아는 사람'이란 '식자인(識字人)'의 번역으로 황현은 비판할 인물이나 세태에 대해 스스로를 삼인칭의 식자(識者)로 환원시켜 한탄하곤 했다. 아마도 이 식자가 지식인에 해당한다고 해도 큰 무리는 없을 것이다. 이 대목만 보면 매천은 지식인으로서 스스로가 더 이상 할 수 있는 일이 없다는 사실에 절망하여 목숨을 끊은 것으로 보인다.

아마도 요즘 어떤 지식인이 시대를 한탄하며 목숨을 끊는다면 사람들은 시대에서 문제를 찾는 것이 아니라 그 지식인의 유약함을 탓하거나 개인적인

지식인의 역할

배경에서 원인을 찾으려 할 것이다. 또 절망의 시기에 소위 지식인의 대열에 낄 수 없는 무명의 민초가 목숨을 끊을 경우도 사정은 마찬가지다. 실제로 황현은 주인이 자결하자 따라서 목숨을 끊은 한 여종의 이야기를 기록하고 있는데, 사람들은 그 여종이 나라를 생각해서라기보다는 주인에 대한 정이 애틋했기 때문이라고 해석할 것이다.

이러한 일종의 선입견들은 지식인이 어지러운 세상에 뭔가 해답을 제시할 의무를 지고 있다는 생각에서 비롯되는 것 같다. 실제로 난세에 지식인들은 어떤 해답을 제시했을까? 일종의 조선망국사라고 할 수도 있을《매천야록》에는 다양한 유형의 지식인들이 등장하고 있다.

먼저 눈에 띄는 것은 최익현과 같은 수구적인 엘리트주의자이다. 그의 준렬한 상소는 익히 잘 알려져 있기 때문에 특별히 언급할 필요는 없을 것이다. 그는 충심으로 조선 왕조가 부활하기를 원했던 것 같다. 그는 부패한 정치판에 몸을 담지 않고 잘못된 세태를 외부에서 끊임없이 비판함으로써 선비로서의 처세를 훌륭히 해냈다. 그러나 대체로 엘리트주의자들이 그렇듯이 그는 사태를 변화시키는 것보다는 자신의 처세와 생사의 명분을 더 중요하게 여긴 것이 아닌가 하는 의심이 든다. 매천은 최익현이 의병을 일으킨 대목을 다음과 같이 서술하고 있다.

최익현은 본디 중망이 있는 데다 충의가 일세를 지탱할 만하였다. 그렇지만 군사에는 익숙지 못한 데다 나이 또한 노쇠하여 전술이나 계략이 애당초 없었고, 수백 명의 오합지졸은 전혀 군기가 없었으며 유생으로 종군한 자들은 큰 갓에

넓은 소매의 도포를 입어 마치 과거장에 가는 듯하여 총이며 탄환이 어떤 물건인지 알지도 못했다. 갑자기 사서 모집한 장사꾼과 건달로 겨우 대오를 채우는 데 이르렀으니, 보는 자들은 벌써 저들이 필시 패할 것을 점치고 있었다. (황현, 《매천야록》 하권, 문학과 지성사, 2005, 324쪽)

최익현의 군대는 누가 봐도 패할 수밖에 없는 오합지졸인데다가 최익현 자신도 늙고 병법에 무지해 전투를 한다는 것이 실제로 의미가 없는 상황이었다. 그런데도 왜 그는 무모하게 거병을 한 것일까? 어떻게 생각해도 이것은 그가 사대부로서 명분있는 죽음을 맞기 위해 일종의 세레모니를 한 것으로밖에는 보이지 않는다. 그런 통과의례를 거쳐 그는 자신의 죽음을 완성하고 싶어 했던 것 같다. 이는 엘리트주의자들이 집착하는 사적인 완성에 대한 추구이다. 그리고 이것은 현실을 변화시키는 것과는 사실상 별로 연관이 없다. 말하자면 그는 어지러운 세상에 답하기보다는 자기 자신에게 답하고자 한 것이다.

갑신정변을 주도한 박영효와 김옥균 등은 일종의 몽상적인 혁명가들이었던 것 같다. 매천의 기록을 보면 이들이 당시 조선의 후진성에 통탄하고, 얼마나 변화에 목말라 했는지 엿볼 수 있는 대목이 나온다.

또 저들은 사죄하는 사신을 일본에 파견토록 요청하여, 드디어 김만식, 박영효, 김옥균 등이 일본으로 들어가게 되었다. 이때 김옥균 등은 일본을 미친 듯이 사모하였고 개화의 마음을 강하게 갖고 있었는데, 은밀하게 친히 따르겠다는 뜻을 보이자 일본인들은 좋아하며 배상금을 감면하여 40만 원으로 해주었다.(황현,

위의 책, 상권, 185쪽)

일본을 '미친듯이 사모하는' 것이 어느 정도로 사모한 것인지는 모르겠으나, 갑신정변의 주역들은 분명히 선진 일본에 넋이 나간 것 같다. 아마도 조선의 열악한 현실에 절망한 피끓는 젊은이들이었을테니 그들은 거기서 조선의 미래를 찾고자 했을지도 모른다. 열혈청년 박영효는 조선의 모든 나쁜 것을 일본의 것으로 바꾸고 싶었을 것이다. 그러나 젊은이들의 선진적인 지식은 실제로 현실을 바꾸는 데 유용하게 사용되지 못한다. 개혁에 대한 열망은 현실적인 역학관계 속에서 철저히 짓밟히고 만다.

또 다른 지식인의 유형이라면 바로 이 책의 저자인 매천 황현이다. 《매천야록》은 그 장르를 구분하기가 참으로 애매한 책이다. 그저 역사적인 일들을 충실히 기록한 사료라고 할 수도 없고 그렇다고 일정한 관점에서 서술된 역사서라고 하기도 어렵다. 개인의 일을 기록한 일기는 분명히 아니고, 시사적인 에세이를 담아놓은 수필집이라고 하기도 힘들다. 전공자에게 들은 바로는 전통적인 성리학자의 글쓰기도 분명히 아니라고 한다. 이 책을 읽으면서 매천이 이런 기록을 남기고자 한 이유가 무엇인지 의문이 떠나지 않았다. 그가 이 책에 기록한 내용들은 아마도 당시로서는 상당히 폭넓은 인적인 연결망이 있어야 가능한 내용들임에 분명하다. 그는 단지 그릇된 세상을 비웃기 위해서 이렇게 심혈을 기울인 것일까? 아니면 자기 나름대로 기록을 통해서 당대를 비판하고자 한 것일까? 분명한 것은 그가 단지 기록하는 데 전념했다는 것이다. 그는 최익현처럼 상소를 적극적으로 하거나 의병을 일으키지도 않았고(그가 조선왕조에 충성할 뜻이 없었음은 여러 정황으로 보아 분명해 보인다), 동학에 참여하여 고통받는 백성을 위해 싸우지도 않았으며(그는 '동비'라는 표현을 써서 일관되게 동학에 가담한 자들을 폄하하고 있다), 외세를 업고 현실을 바꾸겠다는 생각을 하지도 않았다. 굳이 이름 붙인다면 '비판적 냉소주의자'라고나 할까. 어쨌든 그는 목숨을 끊는 것으로 글을 맺었다. 그의 글이 현실을 바꾸었다고 볼 수는 없다.

 우리의 물음으로 되돌아가 보자. 과연 지식인이 난세에 무엇을 할 수 있을 것인가?《매천야록》에 등장하는 지식인들에 비추어 보건대 유감스럽게도 강력한 현실적인 힘이 뒷받침해주지 않는 한 지식인들은 무력하다고 말할 수밖에 없을 것 같다. 설사 그가 플라톤이 말하는 하늘에 있는 나라의 진리를 깨닫고 있다고 할지라도, 매천이 스스로 동일시하고 있는 '식자'의 위치에서 세태의 잘못을 분별할 눈을 가지고 있다고 할지라도 지식인 스스로는 현실을 바꿀 힘을 가지고 있지 못하다. 이런 결론의 교훈은 무엇일까? 세상이 평온할 때 지식인들을 잘 키울 것. 그들의 상상력이 파국을 미리 막는 데는 도움이 될 것이다.

관용의 문제

마이클 왈쩌 《관용에 대하여》

김애란 《침이 고인다》

I

세상을 바꾸는 것과 자신의 사소한 습관을 고치는 것 중에 어느 것이 더 힘들까? 세상은 물론 혼자 힘으로 바뀌지는 않기 때문에 당연히 그쪽이 더 힘들 것 같다. 그렇지만 살다 보면 세상은 바뀌는 데 사소한 기호나 습관은 여간해서 바뀌지 않는다는 걸 깨닫게 된다. 이런 걸 보면 후자 쪽이 더 힘든 것 같기도 하다. 20년이나 아내의 잔소리를 들으며 몇 가지 생활습관을 고치려고 해 보았지만, 아직도 그대로다. 그 동안 세상은 꽤 많이 바뀐 것 같다.

스스로의 힘으로 세상을 바꾸는 일이 가능하다고 많은 사람들이 믿었던 시절이 있었다. 젊은이들은 밥만 먹으면 어떻게 세상을 바꿀 것인가에 대해 토론했고, 각자 세상을 바꾸는 방법이라고 믿는 것을 실천했다. 어떤 이는 분신을 했고, 어떤 이는 돌팔매질을 했으며, 어떤 이는 노래를 불렀으며, 어떤 이는 신분을 속이고 공장에 들어갔고, 어떤 이는 공부를 했으며, 어떤 이는 야학을 했다. 각자가 옳다고 생각하는 방법에 대해서는 의견이 달랐지만, 그것이 무엇을 위한 것이냐 문제에 대해서는 일치했다. 방법의 차이는 용인되었고, 모든 이는 오로지 세상을 바꾼다는 하나의 목표를 향해 가고 있다고 믿었다.

세월이 흘러 세상이 바뀌었고, 이제 그 누구도 자신의 의지대로 세상을 바꿀 수 있다고 믿지 않게 되었다. 어떤 이는 고위 관료가 되었고, 어떤 이는 사장이 되었으며, 어떤 이는 신분을 속이고 들어간 공장에서 지금까지 일을 하고 있기도 하고, 어떤 이는 하던 공부를 계속해서 교수가 되기도 하고, 어떤 이는 평범한 회사원이 되기도 하고 그냥 직업적인 노동운동가가 되기도 했다. 어쨌든 그들은 결혼을 해서 애를 낳았다. 그 애들은 다시 젊은이가 되었다.

젊은이들은 더 이상 밥을 먹고 나서 세상을 바꾸는 일에 대해 토론하지 않게 되었다. 그런 토론은 분위기를 썰렁하게 할 뿐이며, 그런 주제를 입에 담은 친구는 그 다음부터는 아마도 밥을 혼자 먹어야 하는 처지에 놓일 것이다. 사실 이제는 공통의 주제가 사라졌다고 해야 할 것이다. 강남의 부유한 아이들은 대학에 가더라도 소 팔아서 대학에 온 가난한 친구를 더 이상 만나기 힘들다. 간혹 같이 밥을 먹게 되더라도 공통의 화젯거리를 만들어내기 곤란할 것이다.

바뀐 세상에서 사는 우리는 가난한 집에 태어나도 노력만 하면 잘살 수도 있을 것이라는 꿈을 어느새인가 포기했다. 학벌은 세습되며, 그에 따라 부도 세습된다. 중고등 학생의 교복 패션도 강남과 강북이 갈린다. 밥이나 술을 먹는 장소도 사회적 지위와 부의 정도에 따라 나뉜다. 말하자면 문화가 다양화된 것이다. 이것이 우리가 사는 오늘날의 다문화주의 사회이다.

다문화주의 시대의 미덕은 차이에 대한 관용이다. 모든 사람들이 다같이 세상을 바꿀 수 있다고 생각하던 시절에는 차이라는 개념은 눈에 보이지 않았다. 필요한 것은 숭고한 자기희생이요 헌신이었다. 그러나 그 시절에 과연 아무런 차이가 존재하지 않았다고 말할 수 있을까?

학교에 가면 수업보다는 데모를 하는 게 당연했던 시절의 이야기다. A라는 친구가 있었다. 그는 요즘말로 하면 연변총각처럼 생겼다(당시에는 조선족이 한국에 들어오는 일이 없었기 때문에 그 당시 그 친구를 그렇게 부른 사람은 없었다). 그렇지만 그런 외모와 달리 그 친구는 사실 대단한 부잣집 아들이었다. 당시 대학생들이 그랬듯이 그 친구도 물들인 군복이나 츄리닝 따위를 입고 캠퍼스를 어슬렁거렸으니 아무도 그가 그런 부잣집 아들인지 알 수가 없었다. 어쨌든 그는 현장에 갔다. 다시 말하면 신분을 속이고 공장에 들어갔다. 구로공단 근처의 쪽방에서 노동자들과 같이 자면서 공장노동을 시작한 것이다. 그러던 그가 일주일만에 사라졌다. 재미있었던 것은 그가 사라진 쪽방에는 참기름이 두 병 놓여 있었다는 것이다. 그는 아마도 냄새나는 쪽방에서 자기가 힘들었을 것이다. 평생 고생해 본 적이 없는 손으로 공장 노동을 하기가 쉽지 않았을 것이다. 그는 아마도 형편없는 음식 때문에 고생을 했을지도 모른다. 참기름을 사다 놓고 간 것을 보면….

겁이 많아 현장에 갈 엄두도 못냈던 나로서는 참기름을 사 놓고 나온 그 친구의 행동을 비난할 처지가 못 된다. 이제와 돌이켜보면 세상을 조금이나마 바꾼 것은 그가 참기름을 사 놓고 나오기까지 속으로 삭였을 고뇌들이었지 나중에 변절한 운동권들의 영웅적인 연설이 아니었다는 생각이 든다. 혁명의 시절에도 '차이'는 존재한다. 그리고 세상을 바꾸는 것보다 그 차이를 감내하는 것이 어쩌면 더 힘든 일일 수도 있다. 더욱이 우리는 이제 차이만 남은 세상에 살고 있지 않은가? 이것이 세상살기가 더 힘들어진 이유라면 억지일까?

Ⅱ

냉전의 시대는 가고, 세계화의 시대가 왔다. 세계화는 '정보화', 또는 카스텔스의 표현을 빌면 '네트워크 사회'와 더불어 온다. 기든스의 말대로 시간과 공간은 압축되었고, 거리는 무의미해졌다. 모든 것이 동시적이며, 보편적인 동시에, 지역적이다. 정보화와 더불어 기존의 조직 체계는 허물어지고 새로운 조직 형태가 등장한다. 관계는 훨씬 더 가변적이 되고, 소통은 한층 빨라졌다. 자본은 국경을 무의미하게 만들었으며, 냉전의 종식은 다양한 에스닉(ethnic) 그룹들로 하여금 서로 생존투쟁을 하게 내몰았다.

티벳 고원의 천막 속으로 들어간 위성 텔레비전과 인터넷이 그들의 고유한 문화적 정체성을 위협하는가 하면, 중국대륙에 널리 퍼진 인터넷은 천안문 광장에서 용감하게 탱크를 몸으로 막았던 투사가 해내지 못했던 어떤 변화를 이끌어내기도 한다. 지역적인 모든 문화는 전 세계인에게 노출되어 있으며, 세계화를 등에 업은 신자유주의는 국민국가의 경계를 끊임없이 위협한다.

이런 상황에서 다문화주의는 선택사항이 아니라, 생존을 위한 필수조건이다. 자신의 문화와 다른 문화를 인정하지 않는다는 것은 이라크 전쟁과 같은 투쟁의 상황으로 돌입하는 것을 의미한다. 평화적인 공존을 위해서는 차이를 인정하고 관용해야 한다.

미국의 공동체주의자로 잘 알려져 있는 마이클 왈쩌는 《관용에 대하여》(미토, 2004)라는 책 속에서 관용의 어원에 대해 재미있는 이야기를 하고 있다. 관용을 태도나 마음의 상태로 이해할 경우 최초의 형태는 16-17세기에 처음 나타난 종교적 관용이라는 것인데, 이것은 종교가 다른 사람들끼리 서로를 죽이다가 기진맥진하게 되어 체념적으로 차이를 용인하게 된 상태에 대한 이름이라는 것이다(위의 책, 27쪽 참조). 말하자면 당시의 관용의 태도 속에는 상대방에 대한 존중이라든가 배려 같은 개념은 없었다는 것이다. 그 밖에도 왈쩌는 관용적인 태도의 유형을 몇 가지로 분류하고 있는데, 자비로운 무관심, 내 마음에 들지 않아도 타인이 자신의 권리를 행사할 권리가 있다고 여기는 도덕적 스토아주의, 타인에 대한 열린 태도, 차이는 자율적 선택의 조건이라고 보는 자유주의적 다문화주의의 기능주의적 태도 등이 그것이다.

어떤 관용적 태도를 취하는 것이 바람직한가 하는 데 대해서는 왈쩌 스스로 밝히고 있듯이 정답이 있는 것이 아니다. 평화공존을 위해서 관용적인 태도가 필요하다고 할 때 거기에는 어떤 보편적인 원칙이 있는 것이 아니라, 상황에 맞는 적절하고 다양한 정치적 태도가 요구된다는 것이다. 왈쩌가 관용을 옹호하는 이유는 그의 다음과 같은 문장 속에 포함되어 있다.

그것은 생명 자체를 수호하고 있다. 왜냐하면 박해는 종종 죽음을 가져오기 때문이다. 또한 관용은 공공의 삶, 우리가 살고 있는 여러 공동체들을 지켜주고 있다. 관용은 차이를 용납하며, 차이는 관용을 필요로 한다.(마이클 왈쩌, 위의 책, 8쪽)

왈쩌는 평화적인 공존을 위해서 관용이 필요하다고 보고 있고, 이것은 지극히 프래그머틱한 태도라고 해석할 수 있다. 왈쩌의 이러한 태도는 다문화주의와 관련된 매우 중요한 철학적 안건을 제시하고 있는 것으로 보인다. 즉 평화 공존을 위해서라면 어떤 문화집단의 가치도 용인되거나 인정되어야 하는가의 문제이다.

이것은 세계화가 진행되고 있는 과정에서 근대의 민족국가 내지는 국민국가들이 공통적으로 고민해야 하는 실제적인 문제이기도 하다. 우리로서는 먼저 기아로 인한 수많은 빈곤층과 난민을 양산하고 있는 북한의 체제와 핵무기 정책을 관용해야 하는가 하는 현실적인 문제를 안고 있다. 전 세계적으로 보자면 이런 문제는 종교, 민족, 인종적 차이에서 다양하게 제기된다. 예컨대 명예살인이나 여성할례를 관습으로 삼고 있는 이슬람 근본주의든, 기독교 근본주의든 간에 순교를 마다않는 종교적 근본주의에 입각해 있는 문화, 인간사냥을 죄악시하지 않는 문화 등은 관용되어야 하는가?

집단과 집단 사이의 관용의 문제는 정치적인 권력관계와 밀접하게 관련이 있기 때문에 이런 질문 역시 단순하게 대답될 수 없을 것이다. 특히 세계화의 도상에 있다고는 하지만 우리는 여전히 근대적인 국민국가 내지는 민족국가의 틀 안에서 생활하고 있으며, 관용의 문제가 국가 간의 문제가 될 때에는 더욱이 지배 권력의 문제로 초점이 이동할 것이다. 민족국가는 정체성을 위해서 끊임없이 동질화를 요구하기 때문에 국가 내에서의 관용의 문제는 개인의 사적인 자유의 문제와 연관있게 된다. 개인적 탈출과 집단에의 헌신이라는 두 가지 태도 사이의 긴장이 해소될 수 없다는 것을 왈쩌는 관용의 문제와 관련하여 근대 민족국가가 가진 한계라고 보고 있다.

　이것은 우리가 민족국가의 테두리 안에서 살고 있는 한, 온전한 상호인정과 배려의 상태에 진입할 수 없다는 것을 의미한다. 민족국가는 스스로의 존립을 위해 끊임없이 집단적 정체성을 개인에게 강요할 것이다. 왈쩌는 이런 한계를 극복하기 위해 민족국가 형태를 벗어날 것을 제안하지는 않는다. 그 대신 그는 사회민주주의적 요소가 강화되어야 한다고 생각한다. 적어도 지금 참조하고 있는 책 속에서는 그가 사회민주주의의 내용에 대해서 자세히 언급하고 있지 않기 때문에 섣부른 주장이 될 수 있겠지만, 나는 그 사회민주주의가 근대 민족국가의 틀을 벗어나는 것이어야 한다고 생각한다.

　관용의 방식에 있어서 어떤 보편적인 원리가 존재하지 않는다고 지적한 왈쩌의 입장은 전적으로 옳다고 생각한다. 위에서 언급했던 다문화주의적인 상황에서 제기될 수 있는 현실적인 문제들에 대한 해답은 차이에 직면한 개인들이 평화공존과 민주주의라는 가치를 지키고자 하면서 그 차이를 받아들이고 감내해내는 만큼 얻어질 수 있을 것이다.

　사회민주주의는 집단적 정체성과 개인적 탈출의 충돌이라는 긴장관계를 넘어서, 이질적인 가치들을 얼마나 자신의 가치와 동질화할 수 있는가를 구체적으로 실험하는 개인들의 노력을 수렴하는 것이어야 할 것이다. 그런 의미에서 사회민주주의는 보편적 가치를 개인에게 강요하는 것이 아니라, 그런 개인의 노력들을 보장하는 틀이어야 하며, 그런 노력들로부터 가변적인 공동체의 경계를 지구적인 차원으로 확장해 나가고자 하는 관점이자 태도이자 제도이어야 한다. 물론 이것은 단번에 세상을 바꾸는 것보다 수백 배는 어려운 일일 것이다.

Ⅲ

스스로 변절자인지도 모르고 여전히 세상을 바꾼다고 떠드는 정치인들을 보면서 소위 이름 없는 운동권 출신 기성세대들 가운데 어떤 사람들은 20여 년 전의 상황에 대해서는 추억거리로라도 떠올리고 싶어 하지 않을 것이다. 임상수의 〈오래된 정원〉 같은 영화는 돈을 주면서 보라고 해도 사실 별로 보고 싶지가 않을 것이며, 김민기의 뮤지컬 〈지하철 1호선〉에 나오는 '안경' 같은 캐릭터를 보는 것은 일종의 고통일 것이다. 그것은 아마도 파시즘의 폭력과 그에 대항하는 운동의 논리가 이제와 보니 같은 뿌리에서 출발하고 있는 것은 아닌가 하는 찜찜함 때문일 것이다.

위에 언급한 왈쩌의 책을 우리말로 번역한 송재우는 '옮긴이 후기'에서 다음과 같이 왈쩌를 해설한다.

서로가 모두 죽을 것 같은 두려움이 현실화될 때, 여기에서 관용이 나온다는 것이다. 그래서 관용은 삶과 죽음의 경계에서 나오고, 관용은 같이 살기(공존) 위해서 불가피한 선택이라는 것이다. 관용이 이성에서 나왔다고? 관용이 조화를 위한 것이라고? 이건 이성의 환상이라는 것이다. 세상이 그렇지 않은데 머릿속에서 나온 이념만 가지고 세상을 바꾸지는 못한다. 이런 태도는 왈쩌의 표현대로 '나쁜(악성) 유토피아'일 뿐이다.(위의 책, 209-210쪽)

변혁이 아니라 관용이 실천적인 모토가 되어야 하는 한국사회는 이런 해설에 따르자면 매우 절망적인 상황에 있다고 보아야 할지도 모르겠다. 우리는 이제 유토피아의 그림을 그릴 수도 없는 처지에 놓여 있으며, 관용하지 않으면 공멸할지도 모르는 위기에 처한 것이다. 그러나 인간의 역사적 현실이 정말로 이런 것이라면 이런 주장을 관용하지 않을 수 없을 것이다. 인간의 이성이 세상을 바꾸는 데 있어서 역할을 하지 못한다는 사실은 절망적이지만 살아가기 위해서는 받아들여야 하는 진실일지도 모른다. 쉽게 갈 수 있는 길은 없으며, 이제 우리는 지금까지 해왔던 것보다 훨씬 어려운 발걸음을 옮겨야 할지도 모른다.

김애란의 단편소설 《침이 고인다》는 말하자면 그 어려운 발걸음이 어떤 것인지, 인간이 어떤 의미에서 이성적인 존재가 아닌지 간결하게 보여준다.

주인공인 박 선생은 제법 큰 규모의 학원 강사이다. 그녀는 경제적인 자립을 위해 학원 강사 일을 하고 있지만, 학원이라는 조직과 자신의 정체성을 연결시켜 본다거나 하는 일은 그녀와는 무관한 일로 여기고 있다. 그러나 학원은 마치 민족국가가 그 구성원에게 그렇게 하듯이, 그녀에게 끊임없이 공동체의 구성원으로서 행동할 것을 강요한다. 그녀는 스스로 전혀 원하지 않았음에도 불구하고 학원의 사내 행사로 열리는 체육대회에 달리기 선수로 참여한다. 게다가 장기자랑을 위해 점심시간이면 그늘 한 점 없는 학원 옥상에서 땀을 흘리며 꼭짓점 댄스를 연습해야 했다. 학원은 그녀의 사적인 욕망이나 개성을 관용할 생각이 없다.

그러던 어느날 그녀의 집에 낯선 여자 후배가 찾아든다. 그녀는 오갈 데 없게 된 그 낯선 후배를 별 뚜렷한 이유 없이 자신의 원룸에 들이기로 결심한다. 이제부터 관용의 문제는 주인공인 그녀가 차이를 어느 정도로 참아낼 수 있느냐 하는 문제로 넘어간다. 결론부터 말하자면 그녀는 그 차이를 참아내지 못한다. 그 차이란 매우 사소한 생활습관의 차이이다.

후배는 변기 뚜껑을 잘 적신다. 후배는 화장품을 헤프게 쓴다. 후배는 드라이할 옷을 세탁기에 집어넣는다. 후배는 이불 위에서 첨삭을 하고 잉크를 묻혀 놓는다. 후배는 문을 세게 닫는다. 후배는 연예 기사를 너무 많이 본다. 후배는 통화할 때 말이 많고, 후배는 한 번 쓴 수건은 다시 쓰지 않는다. 후배는 옷을 유치하게 입는다… 그녀는 곧 후배의 그런 행동들이 싫어졌다.(김애란,《침이 고인다》, 〈2007 이상문학상 작품집〉, 문학사상사, 2007, 258쪽)

이런 습관은 과연 참아내지 못할 차이라고 할 수 있을까? 합리적으로 생각했을 때 그렇지 않다는 데 요점이 있다. 그녀는 후배를 집에 들일 때와 마찬가지로 매우 비합리적인 이유로 후배를 내쫓을 결심을 한다.

이상한 것은 그 순간, 그녀가 후배를 떠올렸다는 거였다. 그녀는 기사 아저씨가 노래를 부르는 순간, 왠지 후배와 그만 살고 싶다는 마음이 들었다. 후배가 "왜요" 하고 묻는다면 "네가 젓가락을 이상하게 잡고, 야채를 잘 먹지 않기 때문"이라고 말할 수는 없는 노릇이지만, 어쩌면 단지 그 이유 때문일지도 몰랐

다.(김애란, 위의 책, 264쪽)

자신과 동거하는 사람이 단지 젓가락질을 이상하게 한다는 이유로 "살림은 자연스럽게 분담되었고, 생활비도 줄어"(위의 책, 257쪽)드는 대단히 합리적인 유용성을 거부한다는 것을 이성적으로 설명할 수 있을까? 관용의 상황을 이성적으로 설명할 수 없듯이 관용을 베풀지 않게 되는 상황도 마찬가지다. 학원이 그녀에게 관용을 베풀지 않았듯이 그녀 역시 후배의 차이에 대해 관용하는 태도를 보여주지 못한다. 왜 그렇게 비합리적인 선택을 하느냐고 묻는 것은 의미가 없다. "획일성은 나쁘고 다양성이 중요하다는 내용을 모든 아이들이 완전 획일적으로 써"(위의 책, 265쪽)내는 것과 마찬가지로, 우리의 삶은 모순적인 상황에 놓여 있기 때문이다.

왈쩌의 말대로 우리가 이성에 기댈 수 없는 상황에 놓여 있다면, 우리는 젓가락질을 이상하게 하는 사람과 공존하는 법을 익혀나가는 데서 사회민주주의 건설의 일보를 내디뎌야 할 것이다. 그러나 그것은 세상을 바꾸는 것보다 어려운 일일 수가 있다.

휘트먼과 나라 만들기

안토니오 네그리 《제국》

리처드 로티 《미국 만들기》

월트 휘트먼 《북소리》

I

평생 바다를 건너 본 것은 신혼여행 때 제주도에 가본 것이 전부였던 나에게도 10여 년 전 쯤에 한국을 떠나서 외국생활을 할 수 있는 기회가 주어졌다. 미국의 버지니아 대학에서 박사후 과정을 밟기 위해 1년 간 머물렀던 것이다. 남들은 한국을 떠나서 외국에 나가면 모두들 애국자가 된다고 하던데, 솔직하게 말하면 처음으로 한국을 떠난 소감은 한마디로 배신감이었다. 한국을 떠나기 전만 해도 나는, 한국이 사계절이 뚜렷하고 산수가 수려해서 이 세상에서 제일 살기 좋은 자연환경을 가졌을 뿐만 아니라, 반 만 년의 역사를 가진 우수한 문화민족으로서 세계가 알아주는 문화선진국이며, 지하자원 하나 안 나는 좁은 국토를 가지고도 기적적인 경제발전을 이루어낸 인재들의 나라라고 굳게 믿고 있었다.

그런데 어려서부터 자연스럽게 체득한 내 나라에 대한 이런 자랑스러운 이미지들은 미국 생활을 시작한 지 그리 오래 가지 않아 깨져나가기 시작했다. 내가 머물렀던 곳은 미국의 수도인 워싱턴에서 자동차로 약 2시간 정도 거리에 있는 샬러츠빌이라는 조그만 대학도시였는데, 아침에 식탁에 앉으면 창 밖으로 여러 종류의 새들이 지저귀는 소리를 들을 수 있고, 저녁식사를 마치고 창 밖을 내다보면 잔디밭 위에 수천 마리의 반딧불이 반짝이는 걸 볼 수 있었다. 깨끗한 공기와 아름드리 나무들은 한국에서는 일찍이 경험해 보지 못한 것이었을 뿐만 아니라 가을의 단풍은 한국의 그것과 비교할 수 없을 정도로 아름다웠다.

반 만 년 역사의 문화민족이라는 것도 사실은 국내용이었다는 것을 다양한 나라 출신의 그곳 학생들과 이야기하면서 깨닫게 되었다. 한국이 어디에 있는지 모르는 학생들이 대부분이었을 뿐만 아니라, 한국전쟁으로 한국을 기억하는 기특한 학생이라 하더라도 남한과 북한을 구분하지 못했다. 워싱턴의 한 갤러리에서 발견한 한국 코너의 설명문은 더 이상 문화민족이니 뭐니 하는 생각을 하지 않는 편이 낫겠다고 여기게 만들었다. 정확하게 기억이 나지는 않지만, 거기에는 중국의 영향을 오랫동안 받았음에도 불구하고 독자적인 전통을 이어나가고 있는 나라라고 한국을 소개하고 있었다. 어려서부터 짱개니 쪽발이니 하며 무시해왔던 중국과 일본의 거대한 전시관 사이에 초라하게 끼어있던 한국관의 도자기와 회화를 보는 심정은 말그대로 참담한 것이었다. 물론 그 대학에는 똑똑한 한국의 유학생들이 있었지만, 인도, 베트남, 중국, 일본을 비롯해서 남미나 유럽에서 온 인재들도 열심히 공부하고 있었다. 그 학생들 가운데 한국 사람만 똑똑하다고 내세울 만한 근거는 찾을 수 없었다.

이런 배신감 끝에 찾아든 의문은 도대체 누가 어떤 의도로 한국에 대한 그런 선전 문구를 고안해 냈을까 하는 것이었다. 모든 국민을 세뇌시키고 있다시피한 그런 문구를 처음에 생각해 낸 사람은 아마도 한국의 자연환경이 세계 제일이라고 할 만한 것이 아니며, 반 만 년의 역사라는 것은 국제적으로 별로 검증된 사실이 아니고, 한국 사람이 다른 나라 사람에 비해 특별히 똑똑한 것은 아니라는 사실을 잘 알고 있었을 것이다. 그런데도 그는 왜 그런 수사법을 택했을까? 자기 나라에 대한 애정을 확인하기 위해 자연경관이나 문화유산이 세계 제일이라고 주장하는 것이 효과적인 방식이라고 생각한 것일까?

사실 자기가 태어나서 자란 고장의 자연환경에 대해 애착을 갖지 않는 사람은 별로 없을 것이다. 선조가 남긴 예술품을 보면서 자랑스러운 감정을 느끼는 것도 역시 자연스러운 일일 것이다. 그러나 아무리 자기가 나서 자란 땅이 사랑스럽고, 조상의 얼이 담긴 작품이 자랑스럽다고 하더라도, 그것이 우리 국토가 제일 아름답고, 우리 문화가 세계 최고라고 하는 주장으로 이어질 수는 없다.

'반 만 년의 역사'라는 수사에는 한국 역사가 다른 어떤 민족의 역사보다 길다고 하는 자랑이 전제되어 있고, '백의민족'이라는 수사에는 세상에서 가장 평화를 사랑하는 민족이라는 자부심이 전제되어 있으며, '한민족'이라는 수사에는 우리의 유대감이 세상에서 가장 강하다는 주장이 깔려 있다. 이런 식의 표현방식은 우리 자신이 남들에 비해 우월한 점이 있기 때문에 우리 스스로에 대한 자부심을 가져야 한다는 신념에서 비롯된 것이다.

자기 나라에 대한 자부심을 갖는다는 것이 결코 나쁘다고 말할 수는 없다. 그러나 자연경관이나 문화유산이 세계에서 제일 뛰어나다는 것을 근거로 그런 자부심을 확인해야 한다는 것은 별로 설득력이 없어 보인다. 그런 주장은 모든 국가의 사람들이 할 수 있는 주장일 뿐만 아니라, 이런 주장을 잘못 하게 되면 심각한 문제를 야기할 수도 있다. 한민족이니, 백의민족이니 하는 말은 여덟 쌍 중에 한 쌍이 국제결혼을 하고 있는 시대에 걸맞은 단어가 아니다.

　미국에 머물던 어느 날 남미에서 온 한 학생으로부터 "너는 너의 나라를 사랑하느냐, 만일 사랑한다면 어떤 이유에서 그렇게 말할 수 있느냐" 하는 질문을 받은 적이 있다. 사계절이 뚜렷해서라거나, 역사가 길어서 혹은 축구를 잘 해서라고 말하는 것은 어딘지 우습게 생각이 되어서 그저 내가 태어난 곳이니 당연한 것이 아니겠느냐고 대답했던 것 같다. 그러나 앞으로는 이런 질문을 받을 때 좀 더 내용이 있는 대답을 할 수 있었으면 좋겠다. 누가 듣더라도 역시 그런 이유라면 자기 나라를 사랑할 만하다고 생각할 이유를 만들어 낼 필요가 있다고 생각한다. 그런데 어떤 것이 그런 이유가 될 수 있을까?

II

　애국심의 내용에 대해 고민하는 이런 언급은 요즘에 유행하는 급진적인 사상들과는 잘 맞지 않는다. 《제국》으로 국내에서도 유명해진 네그리와 같은 사상가는 모든 권력을 무력화시키기 위한 일상으로부터의 탈주를 선동한다. 국민국가의 경계를 넘어서는 권력에 저항하기 위해서 동일한 정체성을 갖지 않는 다양한 대중들, 곧 다중(多衆)은 권력을 획득하기 위해서가 아니라 권력 자체를 무력화시키기 위한 일상적인 파업에 나서야 한다는 것이다. 권력에 맞서되 권력을 잡지 않는다는 심오한 철학이야 이해할 길이 없지만, 그가 국가적 자부심 같은 것에 대해서는 조금도 관심이 없다는 것은 분명한 것 같다.

　그러나 국가 간 분쟁이 곳곳에서 벌어지고 있고, 아직 국경을 초월한 거주의 자유가 없을 뿐만 아니라 국적이 한 사람의 정체성을 구성하는 중요한 요소라는 점을 감안하면 전 세계가 이미 하나의 제국이라는 네그리의 주장은 너무 앞서 나간 것이 아닌가 하는 생각이 든다. 국민국가의 제도와 법은 여전히 우리의 삶을 강력하게 규율하는 권력이다. 그 권력은 부당하게 개인을 속박하기도 하지만, 개인의 자유를 보장해주는 긍정적인 힘이 될 수도 있다. 문제는 권력을 무력화시키는 것이 아니라 그것이 올바른 방향으로 행사되도록 제어하는 것이다.

애국심, 또는 국가적 자부심이 여전히 문제가 되는 이유는 국가의 제도와 법이 제거되어야 할 것이 아니라, 끊임없이 재구성되고 개정되어야 하는 것이라는 점에 있다. 우리가 한국에 대해서 어떤 자부심을 갖는다는 것은 우리가 한국을 어떤 나라로 만들어나갈 것인가 하는 실천적 관심과 관련이 있다. 로티는 국가적 자부심이 왜 필요한지에 대해 다음과 같이 말한다.

> 국가적인 자부심과 국가의 관계는 개인적인 자부심과 개인의 관계와 흡사하다. 말하자면 그것은 자기 개선의 필수 조건이다. 지나친 국가적 자부심이 호전성과 제국주의로 진행될 수 있는 것과 마찬가지로 지나친 개인적 자부심은 오만으로 나아갈 수 있다. 이와 마찬가지로 자부심이 지나치게 결여된 개인이 도덕적인 용기를 발휘하기 힘들 듯이 국가적인 자부심이 충분치 못한 나라가 국가 정책에 관해 정열적이고 효과적으로 대처할 수 있을 것 같지는 않다.(리처드 로티,《미국 만들기》, 2003, 11쪽)

로티는 지나친 국가적 자부심이 쇼비니즘으로 연결된다는 것을 인정하지만, 자기 나라에 대한 자기 조롱이나 혐오의 감정이 결코 바람직하지 않다는 것을 지적하고 있는 것이다. 국가 단위의 경쟁이나 분쟁이 지속되는 한, 개인들의 자유에 대한 제약은 불가피할 것이다. 마르크스가 전 세계의 프롤레타리아에게 단결을 촉구한 것도 궁극적으로는 국가가 사라진 세계가 도래해야 한다는 생각에 바탕을 두고 있다. 그러나 전 인류가 연대하는 세계 연방이 도래하기 위해서는 현실적으로 국가 단위의 노력이 요구된다. 세계 연방은 자기 나라 국민의 자유를 끊임없이 확대시키고자 하는 많은 국가들의 노력을 통해서 달성될 것이다.

로티는 자신의 나라인 미국이 올바른 방향으로 나아가기 위해서는 쇼비니즘과 구별되는 애국심이 필요하다고 주장하고 있다는 점에서, 미국을 조롱하고 혐오하는 미국의 다른 좌파지식인들과는 구별된다. 예를 들어 한국에서는 미국의 진보적 지식인을 대표하는 것으로 되어 있는 촘스키 같은 언어학자는 미국을 악의 축으로 규정하면서 각광을 받았지만 로티의 관점에서는 그런 태도가 현실적으로 무력한 강단 좌파의 모순적인 모습을 전형적으로 대변하고 있는 것이다. 자기 나라에 대한 그와 같은 조롱은 국가적 프로젝트를 수행하는 데 별로 도움이 안 된다고 보는 것이 로티의 생각이다. 미국이 저지른 과거의 악행과 실수들을 부정할 수는 없지만, 미국을 더 나은 나라로 만들 생각이 있다면, 그런 부정적인 과거에 짓눌려 한숨을 쉬거나 자조하고 있을 것이 아니라, 자기 나라에 대해 동질감을 느끼고 그런 일에 대해 자부심을 갖게 할 만한 긍정적인 면을 볼 수 있어야 한다는 것이다.

Ⅲ

　남북전쟁의 참상을 경험하면서 미국의 장래에 대해 진지하게 고민했던 휘트먼은 로티식 좌파의 방향을 설정해 놓은 인물이다. 로티에 의하면 휘트먼은 듀이와 더불어 미국을 철저한 세속주의적 관점에서 바라보았다. 이것은 곧 미국이라는 나라를 신의 섭리에 의해 만들어진 나라가 아니라 인간이 만든 일종의 유한하고 역사적인 프로젝트로 보았다는 것이다. 오늘날 기독교 근본주의자들이 미국 쇼비니즘의 정신적 지주가 되고 있다는 점을 생각해 보면 휘트먼과 듀이의 세속주의가 왜 좌파로 분류될 수 있는지 짐작할 수 있다. 로티에 의하면 그들은 사회정의를 위한 투쟁이 미국의 영혼이 되기를 원했다. 그러나 그들은 미국이라는 프로젝트가 반드시 성공하리라고 여기지 않았으며, 미국의 성공은 우연적인 것일 수밖에 없다고 생각했다. 미국이라는 유한한 인간들의 역사적인 프로젝트는 얼마든지 실패할 가능성을 안고 있다는 것이다. 그들이 생각한 미국은 본질적으로 위대한 국가가 되도록 신에 의해 운명지워진 국가가 아니다. 미국의 미래에 정해진 것은 없으며 미국은 스스로의 토대를 스스로의 힘으로 창조해 나갈 수밖에 없는 국가이다. 이런 관점은 미국을 스스로를 창조하는 시인이자, 자기 창조의 시로서 보고자 한 것이다(위의 책, 40쪽 참조).

　로티가 지적하는 휘트먼의 세속주의는 그의 《북소리》에 등장하는 다음과 같은 짧은 시에서 짐작해 볼 수 있다.

　확고하고, 반어적으로, 구르는 궤도

Solid, Ironical, Rolling Orb

확고하고, 반어적으로, 구르는 궤도여!
Solid, Ironical, Rolling Orb!
모든 것의 주인, 그리고 실존의 물질이여!―마침내 나는 그대의 조건을 인정한다;
Master of all, and matter of fact!―at last I accept your terms;
모든 나의 이상적인 꿈과 나에 대한 것 가운데, 연인과 영웅으로서,
Bring to practical, vulgar tests, of all my ideal dreams,
실질적이고 세속적인 검증을 가져오너라.
And of me, as lover and hero.

(휘트먼, 《북소리》, 학문사, 2006, 158-159쪽)

1865년에 처음 발표된 이 시는 휘트먼이 자원간호사이자 통신원으로서 남북전쟁의 최전선이었던 워싱턴과 그 근교의 버지니아 지역에 머물면서 창작한 시 가운데 하나이다. 전쟁의 참상을 목격하면서 그는 주로 인간의 고통과 슬픔, 그리고 비극적인 상황에서 피어나는 장엄함과 연민을 기록했다. 다른 시들에 비하면 이 시는 다소 추상적이고 의미가 불분명하다. 문학을 전공하지 않은 나로서는 이 시에 등장하는 상징적 어휘들의 뜻을 파악하기는 불가능하다. 그러나 휘트먼은 이 시에서 이상적인 꿈에 대한 세속적인 검증이 필요하다고 주장하고 있다고 독해한다고 해서 크게 잘못되었다고 할 수는 없을 것이다. 그가 여기서 말하는 이상적인 꿈이란 무엇일까. 연인이자 영웅으

로서 그는 무엇을 사랑하고 무엇을 위해 영웅적인 행동을 하고 있는가. 그는 아마도 남북전쟁을 직접 겪으면서 미국이라는 시가 만들어져 가고 있으며, 그것이 무수한 사람들의 사랑과 영웅적인 죽음을 통해서 현실화되고 있다고 보았던 것 같다. 그는 전쟁을 극복하고 만들어져야 할 미국의 모습을 링컨의 연방주의에서 찾았다. 링컨의 암살 장면을 묘사한 산문에서 그는 다음과 같이 서술하고 있다.

> … 가장 진실하고 자비로운 느낌의 연방주의는 그[링컨]의 인격의 본질을 형성했다. 이러한 것들이 그의 삶을 확실하게 했다. 모든 것을 제거하고 계몽하는 그의 죽음의 비극적 찬란함은 역사가 살아 있고 국가에 대한 사랑이 존재하는 한, 시간이 감에 따라 더욱 밝게 빛나며 남겨질 수 있는 그대로의 그의 모습, 그의 머리, 영광을 반복할 것이다. 많은 이들에 의해 이 연방은 보존될 것이고 협력될 것이다.(휘트먼, 위의 책, 197쪽)

그의 연방주의는 흑인들 역시 미국의 구성원으로 인정하는 미국의 미래상이다. 그리고 그 미래는 아무것도 정해진 것이 없는 미래이다. 휘트먼에게 있어서 그런 미래를 말할 수 있게 하는 것은 '실질적이고 세속적인 검증'의 노력을 통해 스스로를 만들어갈 수 있다고 하는 희망밖에는 없다. 로티는 좌파를 '희망의 정파'라고 했다. 좌파란 자기 창조의 노력을 통해서 자기 나라를 과거의 권위에서 벗어나 더 자유로운 나라로 만들 수 있다는 희망을 가진 정파라는 것이다.

한국의 자연경관이나 문화유산을 별 볼일 없는 듯이 이야기한데다가 미국을 칭찬하는 이야기를 했으니, 여기까지 글을 읽은 독자 가운데에는 틀림없이 나를 매국노이자 친미적 사대주의자라고 여기면서 흥분한 애국지사도 있을 것이다. 이제 변명을 좀 하자면, 나는 미국철학에 관한 책을 주로 읽는 철학도이긴 하지만, 미국의 역사나 정치에 대해서는 관심이 없다. 그보다는 당연히 한국의 역사와 정치현실에 대해 고민한다. 미국 철학자의 글을 읽는 이유는 이런 고민을 하는 데 써먹을 말이 좀 나오지 않을까 해서이다. 자기 자신의 나라를 시적인 상상력을 가지고 만들어가야 한다는 로티의 말은 꽤 그럴듯하다고 여겨져서 몇 마디 써 본 것에 불과하다.

가끔 시내에 나가보면 꼭 강남이 아니더라도 한국이 참 부자나라가 되었다는 생각이 저절로 든다. 거리는 제법 깨끗하고, 여전히 침을 좀 뱉기는 하지만 길거리에 다니는 사람들은 차림새가 훌륭하다. 내가 출강하는 서울의 한 사립대학은 최근에 비싼 돈을 들여 캠퍼스를 꾸며 놓은데다가 강남 출신의 학생들이 많아서인지, 강의하러 갈 때마다 괜히 주눅이 든다. 나같이 돈 없는 사람이 돌아다니면 누군가 나가라고 할 것만 같다. 그러나 이런 것들이 모두 오늘날 한국의 겉모습일 뿐이라는 사실은 조금만 눈을 돌려보면 금방 드러난다. 고급 백화점의 매출이 늘어나는 만큼 서울역 지하도의 노숙인들이 늘어나며, 강남의 사교육비가 올라가는 만큼, 결식아동의 수가 많아지는 것이 요즘의 현실이다. 정부는 의료, 교육 분야에 종사하는 기득권층의 이익은 지키고, 비정규직 노동자와 농민들의 생존권은 통째로 내어주는 한미 FTA 체결에 열을 올린다.

실천문학이니 참여문학이니 하는 단어가 사라진 지도 오래된 것 같다. 한국을 어떻게 만들어갈 것인지 정치인들이 고민하지 않는다면 문학하는 사람들이라도 대신 해줘야 할 때라고 생각한다. 사회적 약자들의 삶이 나락으로 떨어져도 부동산과 주가가 올라가는 데 아무런 영향을 주지 못하는 상황으로 가는 것이 나라의 발전이라고 할 수는 없다. 한국을 어떻게 만들어갈 것인가 하는 물음에 대해 개발독재 시절의 발상을 들이대는 상상력 없는 정치인들에게 나라 만들기를 위임해야 하는 상황에 있는 한국은 정치적 패배주의의 시대를 살고 있다고 해야 할 것이다. 한국이라는 시를 어떻게 창조해 나갈 것인가 하는 고민은 적어도 한국이라는 국가가 존재하는 한 계속되어야 할 것이다. 최근의 소설과 시 가운데 그런 고민을 담은 작품을 쉽게 찾을 수 없다는 것은 안타까운 일이다.

정치적인 것

샹탈 무페 《On the Political》

아베 코보 《모래의 여자》

I

2007년 대통령 선거는 그야말로 싱겁게 끝났다. 결과는 모두들 예상한 대로였고, 역대 어느 대통령 선거보다도 재미가 없었다. 이렇게 되고 보니 반전에 반전을 거듭하던 이전 선거의 역동감이 추억처럼 그리워지기도 한다. 아니 그 이전과 또 그 이전의 선거들은 얼마나 흥분을 불러일으켰던가. 백 만 명이 여의도 광장에 운집했던 80년대의 선거들은 얼마나 긴장감 넘치는 게임이었던가. 정치판은 왜 이렇게 갈수록 재미가 없어지는 것일까?

어떤 사람들은 정치에 대한 관심이 예전만 못한 것을 두고 한국사회가 선진화의 길에 들어선 징후라고 좋게 해석하기도 한다. 설사 선진국의 국민들이 정치에 대해 별 관심이 없다고 하더라도 그런 상황이 선진적인 것은 아닐 것이다. 정치는 어떤 상황에서도 우리의 삶 속에 깊숙이 파고들어 거기에 어떤 각인을 남기기 때문에 사회가 선진화될수록 사실은 국민들이 더 정치에 대해 관심을 가져야 할 것이다.

또 다른 이들은 국민들이 정치인들에게 지속적으로 속아 왔으며 이제 그 학습효과가 나타나기 때문이라고 한다. 특히 정치적 이념이 우리의 삶의 지형을 바꾸지 못한다는 것을 소위 좌파 정권이 잘 보여주었기 때문에 사람들이 정치에 환멸을 느끼게 되었다는 것이다. 정책의 실패로 수많은 사람들이 고통을 당했다는 점을 감안하면 이런 해석에 동의해야 하겠지만, 소위 좌파 정권의 진보적 정책이 실패한 것이 아니라, 중도 우파 정권의 신자유주의 정책과 아마추어적인 행정 능력 때문에 그런 일이 발생했다고 한다면, 정치적 이념의 문제는 그렇게 쉽게 접어둘 문제는 아니다.

  2007년 선거에서 유일한 오락거리는 선거가 끝난 다음에 주변 사람들이 누구를 찍었는지 맞춰보는 것이었다. 정치적인 지형이 애매모호해서인지 본인이 스스로 밝히기 전에는 그 사람이 과연 누구에게 표를 던졌을지 예측하기 힘들었다. 의외의 선택을 한 사람들도 제법 있었다. 분명한 것은 노무현에게 등을 돌린 사람들만큼이나 민노당에 등을 돌린 사람들이 많았다는 것이다. 나와 같은 비정규직 지식 노동자들에게 있어서 민노당의 몰락은 씁쓸한 것이었다. 좌파도 아닌 사람들이 좌파의 원죄를 쓰고 몰락하는 동안 좌파 이념 정당인 민노당은 정신차릴 틈도 없이 휩쓸려 사라지는 형국이다. 비정규직 노동자, 농민, 여성, 외국인 노동자들과 같은 경제적인 약자들을 위한 사회적 안전장치가 거의 없는 잔인한 사회에서 그들의 계급적 이해를 대변할 진보 정당이 발붙이는 일이 이렇게 힘든 이유는 무엇인지 참으로 풀 수 없는 미스터리이다. 과연 이것은 이념의 시대가 끝났다는 징표인가?

  러시아인들은 경제발전을 위해서라면 푸틴 같은 민주적이지 못한 지도자가 계속해서 나라를 이끌더라도 아무런 문제가 없다고 생각하는 것 같다. 세계경제의 중심이 되고 있는 중국 역시 양극화 문제의 해소보다는 자본주의적인 경제발전에 열을 올리고 있다. 고르바초프가 들고 나왔던 인간의 얼굴을 한 사회주의는 간 데 없고, 등소평의 흑묘백묘론은 배고픈 인민을 위한 슬로건이라기보다는 신흥 자본가들의 정치적 구호가 되었다. 자본주의적으로 단일화된 세계에서 유의미한 정치적 구호는 '좌우를 넘어서'이며, 모든 적대적 관계들은 '자유로운' 경쟁 속에서 해소되는 듯이 보인다.

    나는 이런 탈이념의 상황이야말로 경제발전의 환상이 현실의 고통을 모호하게 하는 위험한 상황이 아닌가 하고 우려한다. 이념이 없는 정치는 없다. 자본주의적인 경제발전을 모든 문제의 해결책으로 삼는 정치는 자유주의를 기본이념으로 하고 있다. 이런 정치적 상황에서 이념의 문제는 이제 자유주의가 민주주의와 어떻게 양립가능한가를 진지하게 묻는 것이 되어야 한다.

    가장 바람직한 정치적 상황은 모든 사람들이 자유롭고 평등하게 살 수 있는 상황일 것이다. 계급적·인종적·국가적·성적 대립이나 차별이 모두 사라진 세계에서 모든 사람이 자율적인 삶을 살 수 있는 세상이 온다면 그때 진정으로 모든 이념이 무의미해 질 것이다. 그와 같은 코스모폴리탄적인 세상에 대한 꿈은 과연 실현가능한 것일까?

II

    서구에서 유행하고 있는 소위 '문화적 좌파'의 선두 주자 가운데 한 사람인 샹탈 무페의 경우, '좌우를 초월한', '헤게모니를 초월한', '적대를 초월한' 세계에 대한 꿈은 헛된 망상에 불과하다고 강변한다.

    한국에서 진보 정당이 제대로 역할을 하지 못하는 이유에 대해 무페의 다음과 같은 언급은 한 가지 답을 제시해 주는 듯하다.

합리주의적 접근이 파악하지 못하는 것은 사람들로 하여금 투표를 하도록 하는 것은 단순히 자신들의 이익을 옹호하기 위한 것이 아니라는 것이다. 투표를 하는 데에는 중요한 정서적 차원이 존재하며, 거기서 문제가 되는 것은 정체성의 물음이다. 정치적으로 행동하기 위해서 사람들은 집단적 정체성에 동화될 필요가 있다. … 정치적 담론은 정책뿐 아니라 사람들에게 정체성도 제공해야 한다.

(Chantal Mouffe, *On the Political*, Routledge, 2005, p. 25)

우리 사회의 약자들이 자신들의 계급적 이익을 위해서 투표를 한다면 진보정당이 그렇게 형편없는 지지를 받을 수는 없을 것이다. 무페의 지적이 옳다면 우리 사회의 노동자나 농민들은 민노당에서가 아니라 한나라당에서 자신의 정체성을 발견한 셈이다. 비정규직 노동자를 위한 공약에 공감하면서도 우리 사회의 많은 약자들은 민노당의 친북 이미지에 스스로를 동화시킬 수 없었을 것이다. 어이없는 공약을 제시하면서 인터넷의 가십거리가 되었던 '허경영'이라는 인물에게 표를 던진 사람도 9만 명이 넘는다. 이들은 아마도 현실을 냉소한 나머지 대선을 희화화하는 인물에 대해 집단적 정체성을 느꼈을지도 모른다.

무페가 합리주의적 자유주의자들을 비판하는 근거는 '정치적인 것(the political)'이 그다지 이성적인 영역이 아니며, 명확하게 해명할 수 없는 적대(敵對, antagonism)가 본질적으로 사라질 수 없는 영역이라는 데 있다. 무페에 의하면 정치적인 것의 영역에 내재해 있는 우리/그들의 차별은 결코 극복 가능한 것이 아니다. 적대의 영역인 '정치적인 것'의 차원은 제거할 수가 없다.

왜냐하면 그것은 그 에너지를 다채로운 인간의 노력에서 끌어오기 때문이다. 무페는 여기서 종교적·도덕적·경제적·윤리적 안티테제들은 인간을 적과 친구로 무리지을 만큼 충분히 강할 때 정치적인 것이 된다는 보수주의 정치학자 칼 슈미트의 테제를 끌어오고 있다. 달리 말하면 인간들이 서로 관계를 맺는 모든 영역에서 인간들은 언제나 우리/그들 혹은 친구/적의 관계를 설정하게 마련이며, 그러한 관계의 설정은 어떤 합리적 이유에 의해서 이루어지기보다는 비합리적인 집단적 정체성이나 집단에 대한 충성심과 같은 정서적 차원에 근거하고 있다는 것이다. 이런 적대적 관계가 바로 '정치적인 것'의 본질이며, 그렇기 때문에 적대를 최소화하거나 극복하고자 하는 합리주의적인 자유주의는 '정치적인 것'을 파악할 수 없다는 것이다.

무페는 민주주의 정치의 특이성은 우리/그들의 대립을 극복하는 것이 아니라, 그것이 확립되는 다양한 방식에 있다고 주장한다. 이러한 관점에서 무페는 민주주의와 다원주의를 다른 것으로 보지 않는다. 민주주의는 다원주의적인 방식으로 우리/그들의 구분을 인정하는 것이 된다. 칼 슈미트를 따라서 "적대는 언제나 존재하는 가능성이며, 정치적인 것은 우리의 존재론적 조건에 속한다"(위의 책, 16쪽)고 주장하는 무페는 민주주의적인 실천을 위해서 가장 중요한 것은 헤게모니 투쟁이라고 보고 있다. 적대는 극복할 수 없는 것이므로, 적대적 대립을 비적대적 대립(agonistic) 관계로 바꾸어 나가는 것이 민주주의 정치의 과제이며, 가장 바람직한 것은 비적대적인 다양한 우리/그들의 관계가 공존함으로써 하나의 단일한 헤게모니가 권력을 장악하는 것을 저지하는 것이다.

이런 관점에서 보면, 내가 앞에서 말한, 국적, 이념, 계급, 성별, 인종을 초월해서 모든 사람들이 자유와 평등을 누릴 수 있는 세계시민사회에 대한 꿈은 망상일 뿐 아니라 '정치적인 것'의 본질을 간파하지 못한 위험한 생각이다. 그것이 위험한 이유는 현실적으로 코스모폴리탄의 정치적 입장은 미국 중심의 단극화된 세계 형성에 일조하기 때문이라는 것이다.

무폐가 논적으로 삼는 것은 두 가지 버전의 코스모폴리탄이다. 먼저 국제적인 시민 사회의 틀을 수용할 전지구적인 의회의 형성을 통해 국제정치를 민주주의적으로 수용할 제도적 장치를 만들 수 있다고 생각하는 시민사회적 접근 방식이 있다. 이들은 오늘날 민주주의의 문제는 국가가 시민들의 자유와 평등을 억압하는 장치가 되고 있다는 데서 출발한다. 전지구적 의회가 결성된다면, 국제적 시민사회의 구성원들은 국가적인 제약에 구애받지 않고 자신들의 이해를 민주적으로 관철시킬 수 있을 것이라고 보는 것이다. 이런 민주주의적 초국가주의와는 별개로 민주주의 국가들이 구성원이 되는 민주주의 공동체들의 공동체로서의 코스모폴리탄 공동체를 제안하는 입장도 있다. 무폐가 이들의 입장을 비판하는 이유는 이들이 공통적으로 전통적인 의미의 국가의 '주권'의 개념을 부정하고 있으면서도 새롭게 형성될 코스모폴리탄의 새로운 권리에 대해서 구체적인 설명을 하고 있지 못하다는 것이다. 무폐는 이들의 주장이 사실상 서구의 자유 민주주의 모델을 전 세계에 확산시키고자 하는 시도이며, 서구의 지배를 강화하는 결과를 낳게 될 것이라고 전망한다. 그에 의하면 전지구적 의회나 공동체들의 공동체에 대한 꿈은 도덕적인 주장에 불과하며, 현실적으로 수행될 수 있는 프로젝트가 아니다.

무엇보다도 코스모폴리탄적인 프로젝트가 실패할 수밖에 없는 이유는 그들이 정치의 헤게모니적 차원을 무시하고 있다는 데 있다. 무페는 사회의 모든 질서가 필연적으로 헤게모니 질서이며, 그것을 통해서 권력관계가 구성된다고 보기 때문에 '헤게모니를 넘어선' 정치를 상상하는 것은 헛된 망상일 수밖에 없다고 보는 것이다.

무페가 코스모폴리탄적인 '망상'에 대해 제시하는 대안은 다극화된 세계의 건설이다. 그에 의하면 궁극적으로 모든 사람이 이성적인 합의에 도달할 가능성은 애초에 존재하지 않는다. 민주주의는 이성적인 대화와 타협으로 이루어지는 것이 아니라, 필요하다면 사람들의 욕망과 환상을 이용해야 하며 민주주의적 실천에 공헌하는 정체성을 만들어내야 한다. 지배적인 헤게모니에 대한 투쟁은 모든 층위에서 이루어져야 하며, 민주주의적 실천은 따라서 결코 종결될 수 없는 프로젝트이다.

Ⅲ

무페는 자신의 입장이 허무주의적이라는 비난을 받고 있다는 것을 잘 알고 있다. 그런 비난을 적극적으로 부정하지 않으면서 무페는 자신의 입장이야말로 현실적이라고 주장한다. 내가 보기에 무페의 입장은 어느 정도 자가당착적인 면이 있다. 민주주의 정치가 사람들의 욕망과 환상을 이용해야 한다고 말하면서 '정치적인 것'에 대한 그의 진단은 그런 욕망과 환상을 여지없이 무너뜨리기 때문이다. 모든 사람이 자유롭고 평등하게 잘 살 수 있는 세상이 도래하지 않는다는 사실을 알면서도 끊임없이 헤게모니 투쟁에 나서라고 하는 그의 주장이 현실의 차별과 억압으로 고통당하는 사람들에게 얼마나 현실적으로 다가올 것인가 하는 것도 의문이다.

아베 코보의 《모래의 여자》의 표제 글은 "벌이 없으면, 도망치는 재미도 없다"이다. 나는 이 글을 읽는 순간 엉뚱하게도 샹탈 무페의 '정치적인 것'이 생각이 났다. 왜냐하면 적대의 영역인 '정치적인 것'이 존재하지 않는다면 민주주의를 위한 실천은 불가능하기 때문이다. 아베 코보의 문장은 "적대가 없으면 민주주의도 없다"로 바꾸어 쓸 수 있다. 무페에게 있어서 적대의 존재는 민주주의의 조건이다. 민주주의가 가능하려면 적대적인 관계가 필요하며, 헤게모니 투쟁은 무한히 지속되어야 한다. 참으로 잔인한 주장이다.

실종을 다룬 아베 코보의 소설은 사라지기 위해서는 존재해야 한다는 진부한 진리를 말한다. 또는 도망치기 위해서는 구속되어야 한다는 너무나도 당연한 사실을 확인시킨다. 이것을 무페가 말하는 '정치적인 것'에 대한 메타포로 읽더라도 큰 무리는 없을 듯하다. 더욱이 아베 코보의 소설은 무페의 주장에서 느껴지는 암울한 허무주의의 색채를 강렬하게 내뿜고 있다.

《모래의 여자》에는 제거할 수 없는 적대적 관계가 설정되어 있다. 주인공은 모래와의 무한투쟁에서 벗어날 수 없으며, 자신을 가둔 부락인들과 싸워야 한다. 주인공인 '남자'를 가둔 마을은 해변의 모래 구덩이에 있는 마을로, 모래를 파내지 않으면 집이 차례로 무너지기 때문에 하루라도 모래를 파내는 일을 게을리 할 수 없는 마을이다. 남자는 같은 집에 살게 된 여자에게 야반도주를 종용하지만 그녀는 이미 모래를 파내는 일을 멈추어서는 안 된다는 강박증에서 조금도 벗어날 수 없는 심리상태이다. 도망치자는 남자의 말에 대해 여자는 다음과 같이 말한다.

"그렇지가 않아요…"
여자는 부삽질을 하는 동작에 맞추어 숨을 쉬면서 넌지시 말했다.
"부락이 그럭저럭 유지되는 것도, 우리들이 이렇게 열심히 모래를 파내는 덕분이니까요… 우리들이 그냥 내버려 두면, 열흘도 못 가서 완전히 모래에 묻혀버려서… 그 다음에는, 뒷집이 똑같은 일을 당하게 돼요."(아베 코보, 《모래의 여자》, 민음사, 2001, 43쪽)

이것은 국외자의 입장에서는 터무니없는 논거인 셈이지만, 부락에 살아야 하는 입장에 있다면 너무나도 당연한 이유가 된다. 사회적인 관계에서 발생하는 모든 적대는 사실 어떤 의미에서는 이런 성격을 가지고 있다. 가정, 학교, 직장, 군대, 병원 등과 같은 공동체 속에서 발생하는 적대적인 관계는 거기서 벗어나는 순간 해소될 수 있는 것이지만, 그 누구도 거기서 마음대로 벗어날 수 없다. '정치적인 것'이 제거될 수 없는 이유는 우리가 거기서 계속해서 살아야 하며, 누군가가 이익을 취하고자 할 때 누군가는 손해를 입게 되기 때문이다.

모래 부락이 만약 탈출할 수 없는 인간의 실존적인 조건이라면, 이런 상황에서 민주주의적 실천은 어떤 식으로 가능할 것인가? 부락인들은 남자를 모래 구덩이에 몰아넣고 물을 제한적으로 공급함으로써 남자를 통제하고 있다. 헤게모니를 부락인들이 독점하고 있는 상황이다. 이것은 무페가 말하는 단극화된 세계라고 할 수 있다. 민주주의적 실천은 이것을 다극화의 상황으로 바꾸는 것이다. 남자는 노력 끝에 모래 속에서 물을 얻을 수 있다는 사실을 발견한다. 지배적인 헤게모니를 깨뜨릴 수 있는 반헤게모니 투쟁의 거점을 확보한 셈이다. 그러나 그런 투쟁의 과정 속에서도 시간은 흘러가며, 여자는 임신을 하게 되고, 모래 구덩이의 삶은 이어진다.

무페의 관점에서 보자면, 자유주의적 합리주의자들은 부락인들이 모두 모래부락을 완전히 떠나서 모래와 더 이상 싸울 필요가 없는 삶을 사는 것이 가능하며 그런 상황에 도달하는 것을 목표로 해야 한다고 주장하는 셈이다. 그러나 완전한 합의에 도달하는 것은 불가능하므로 그런 상황은 현실적으로 불가능하다. 부락인들은 사방림을 만드는 것보다 외지인을 감금해서 노동을 시키는 것이 비용이 덜 먹힌다는 합리적인 계산을 마쳤을 뿐 아니라 그렇게 함으로써 자신들은 고향을 떠나지 않고도 그럭저럭 편한 생활을 할 수 있다고 생각하는 사람들이다. 말하자면 고통스러운 현실이 최상의 세계인 셈이다. 한마디로 적대가 사라질 가능성은 없다. 그리고 무페가 말하는 '정치적인 것'이란 바로 이런 제거할 수 없는 적대의 상황이다.

만약 민주주의적인 실천이 주인공 남자가 물을 찾음으로써 지배적 헤게모니에 대해 저항하고자 하는 것 정도의 의미를 갖는 것이라면, 그리고 우리가 결코 이성적인 합의에 이를 수 없는 상황에서 시지프적인 고통을 감내해야 한다는 것이 무페의 말대로 현실적인 상황이라면, 이런 진단은 우리에게 어떤 희망을 줄 수 있을까? 민주주의를 위한 헤게모니 투쟁이 때로는 비합리적인 욕망과 환상을 불러일으킴으로써 가능한 것이라는 무페의 주장은 그의 허무주의적인 현실 진단 때문에 공허해진다. 모래 구덩이의 주인공은 도대체 무엇을 욕구하고 어떤 미래를 꿈꿀 수 있을까?

인정 질서

프리드리히 헤겔 《정신현상학》

전상국 《우상의 눈물》

I

예전에 한 대학의 강의전담 교수가 자살하는 사건이 있었다. 사춘기 소녀의 어머니이기도 했던 그 영문학 박사는 자신이 유학했던 미국의 대학을 딸에게 구경시켜 주고 스스로 인생을 마감했다. 자신이 가장 사랑하는 사람이었을 딸을 객지에 홀로 남겨두면서 그런 선택을 할 수밖에 없었던 그의 절망감이 어느 정도였을지 상상하기가 쉽지 않다.

그를 죽음에 이르게 한 것은 무엇이었을까? 초등학교 교사였던 그가 애초에 유학을 가지 말았어야 한다고 말하는 사람도 있었고, 그가 너무 내성적인 성격이어서, 또는 우울증에 걸려서 어려운 상황을 극복하지 못했다고 말하는 사람도 있었다. 이런 말을 아무렇지도 않게 하는 사람들은 어떤 사람이 공부를 하고 싶어 했다는 이유로, 또는 그가 내성적인 성격을 가졌다는 이유로 죽을 수 있다고 말하는 셈이다. 대단히 잔인하다.

그런 것들은 사실 죽음의 이유가 될 수 없다. 그가 남긴 유서에 의하면 그는 대학에 정규직 교수로 취직하기 위해 최선을 다했다. 그러나 그는 실패했다. 강의전담교수란 사실상 대학의 시간강사에 대한 다른 명칭일 뿐이다. 그의 죽음을 다루었던 한 텔레비전 프로그램에 나온 어느 대학의 교무처장은 시간강사에게 교원지위를 주는 것은 무자격자에게 철밥통을 주는 것이나 같다고 말했다. 그의 이런 발언은 두 가지 진실을 담고 있다. 하나는 대학의 교수들이 시간강사를 무자격자로 여긴다는 점이고, 다른 하나는 대학의 정규직 교원은 철밥통이라는 것이다. 철밥통을 꿰차게 된 교수들이 무자격자인 시간강사를 바라보는 야만적이고 잔인한 시선이야말로 그를 죽음에 이르게 한 진정한 원인이라고 나는 생각한다.

가깝게 지내는 교수로부터 인문학 지원 정책방향에 대한 아이디어가 있으면 제안해 달라는 부탁을 받은 적이 있다. 아마도 정부의 예산으로, 위기에 처한 인문학을 살리기 위한 정책을 수립하고 시행에 옮길 모양이다. 나는 유감스럽게도 쓸모있는 아이디어를 생각해 낼 수가 없었다. 그런 아이디어를 떠올리려고 노력할수록, 뭔가 앞뒤가 맞지 않는다는 생각이 들었기 때문이다. 수많은 인문학자들이 무자격자라는 꼬리표를 달고 대학에 시간강사로 출강하면서 연명하는 사회에서 도대체 어떤 정책을 통해 인문학을 진흥시키겠다는 것인지 이해가 되지 않았다.

인문학자들에게 필요한 것은 돈이 아니라, 인정(認定)이다. 강사를 죽음으로 내모는 것은 경제적인 이유도 있겠지만, 그보다는 인정에 대한 최소한의 요구가 무시당하는 데서 오는 모멸감일 것이다. 애초에 부자가 되기 위해 시와 소설을 쓰고, 철학책을 읽는 사람은 없을 것이다. 돈이 인정구조의 최정점에 위치해 있는 사회에서 일부러 인문학을 하겠다고 결심한 사람들은 기존의 인정질서에 대한 일탈을 감행한 사람들이라고 할 수 있다. 그들은 세속적인 인정질서에서 스스로 벗어남으로써 매우 협소한 인정질서에 편입되기를 원했다. 그러나 그들 가운데 대부분은 같은 일을 하고 있는 사람들 사이에서도 그의 작품이나 논문이 형편 없어서가 아니라, 단지 비정규직이라는 이유로 무시당하는 경험을 하게 된다. 이러한 무시와 차별은 인문학자들을 절망으로 내몬다.

Ⅱ

인정(認定)의 문제를 본격적으로 다룬 철학자는 헤겔이다. 헤겔이 《정신현상학》(임석진 역, 분도출판사, 1983)에서 인정의 문제를 언급한 것은 몇 페이지 되지 않지만, 코제브(A. Kojeve, 1902-1968)라는 철학자가 이 부분에 주목하고 상세하게 주석을 붙임으로써 《정신현상학》은 '주인과 노예의 변증법', 인정을 둘러싼 '생사투쟁'을 담고 있는 책으로 재조명된다.

헤겔은 인정의 문제에 대해 다음과 같이 언급한다.

> 자기의식은 오직 그가 다른 또 하나의 자기의식을 위해서 즉자대자적(卽自對自的)으로 존재하는 가운데 그리고 또한 그러한 사실을 바탕으로 해서만 스스로 즉자, 대자적으로 존재한다. 말하자면 이것은 자기의식이 오직 인정, 승인된 것으로서만 존재할 수 있다는 것을 뜻한다.(헤겔, 위의 책, 247쪽)

즉자적이니 대자적이니 하는 헤겔의 용어를 이해하기 위해서는 그의 변증법 체계를 이해해야 하는 문제이므로 여기서는 잠시 접어두자. 위의 언급에서 우리가 쉽게 이해할 수 있는 주장은 자기의식이 오로지 인정된 것으로서만 존재할 수 있다는 것이다. 이것은 곧 누군가 나를 인정해 주지 않으면 나는 존재할 수 없다는 것이다. 자기의식은 존재하기 위해서 타자로부터 인정을 받기 위한 투쟁에 돌입한다. 이 투쟁은 목숨을 건 투쟁일 수밖에 없다. 상대방도 똑같이 나에 대해 인정을 요구하기 때문에 내가 단지 타자를 인정하고 만다는 것은 곧 존재를 포기하게 된다는 것을 뜻한다. 죽음의 위협에 직면한 자기의식 가운데 어떤 자기의식은 자립성을 포기하는 대신 목숨을 보전하는 쪽을 택하게 되고 다른 자기의식은 죽음의 공포를 이겨냄으로써 자립적인 자기의식이 된다. 전자가 노예이고, 후자가 주인이다.

흥미 있는 것은 헤겔이 이런 인정투쟁을 둘러싼 이야기의 결말을 반전으로 이끌어 간다는 점이다. 주인이 된 자기의식은 다른 자기의식을 노예로 삼음으로써 사물을 대상으로 한 노동을 수행하지 않아도 좋게 되었다. 그는 노예가 가공한 사물을 향유할 뿐이며, 오로지 타자를 부정하는 권력을 행사하는 위치에 있게 된다. 반면 노예는 주인을 대신해서 자신에게 대립적인 힘을 행사하는 사물을 상대해야 하는 위치에 놓인다. 이런 상황은 인정투쟁이 처음에 의도한 것과는 반대로 주인을 비자립적인 의식으로, 그리고 노예를 자립적인 의식으로 만든다. 노예는 노동을 통해서 자연에 존재하는 사물의 자립성을 부정함으로써 자기의 위치를 지양하게 되고 스스로 자립적인 존재임을 자각하게 되는 반면 주인의 권력은 노예의 인정이 없이는 존재할 수 없는 비자립적인 것임이 드러나기 때문이다.

노동하는 의식이 진정으로 자립적인 의식이라는 헤겔의 주장은 마르크스주의자들에게는 노동자야말로 역사의 주인이라는 식으로 독해되었다. 자유를 향한 인간해방의 과정은 노동자의 인정투쟁을 통해서 이루어진다는 것이다. 이런 관점을 계승한 사람들이 바로 독일의 프랑크푸르트 학파의 학자들이다. 호르크하이머는 생산관계를 변혁함으로써, 아도르노는 개성을 해방시킴으로써, 그리고 하버마스는 문화 영역의 합리성을 되살려냄으로써 인간해방을 위한 노력을 지속해야 한다고 주장했다. 하버마스의 공식적인 계승자인 프랑크푸르트 학파 제3세대 학자인 악셀 호네트(A. Honneth)는 헤겔의 인정투쟁을 사회비판의 전면에 내세운다.

호네트의 제자인 문성훈은 그의 인정개념의 내용을 다음의 세 가지로 정리한다.

첫째, 인정이란 이를 경험하는 개인에게 자기의식을 형성하게 할 뿐만 아니라, 성공적 자아실현을 가능하게 한다는 점에서 일종의 도덕적 행위이다. (…) 인정은 행복한 삶을 가능하게 하는 규범적 조건이라 할 수 있다. (…) 그 반대 행위인 사회적 무시나 인정의 유보는 긍정적 자기관계와 성공적 자아실현, 나아가 행복한 삶을 불가능하게 만드는 부도덕한 행위로 규정할 수 있다. (…)

둘째, 인정행위의 도덕성이 전제된다면 이제 인정은 사회비판의 규범적 토대가 된다. 왜냐하면 인정행위는 단지 개개인의 특수한 관계 속에서 개인적 취향과 가치에 따라 일어나는 것이 아니라 이들이 속한 사회의 일반적 경향을 반영하고 있기 때문이다. (…)

셋째, 사회적 인정의 확대는 무시에 대한 경험이 촉발하는 인정투쟁을 통해 이루어진다. 왜냐하면 개인적 정체성에 대한 무시는 해당 당사자에게 자기가 생각하는 자기 자신의 존재에 대한 부정이며, 따라서 이러한 자기 부정의 상태를 감내하지 않은 한 자신의 존재를 구하기 위한 투쟁은 불가피하기 때문이다.(문성훈, '사회비판의 다층성과 구조적 연관성', 〈사회와 철학 15〉, 2008, 103-104쪽)

호네트의 관점에서는 사회에서 무시당한 사람들이 인정투쟁을 전개해 사회적 인정질서를 변혁함으로써 자신을 실현시킬 수 있는 해방과 자유의 상태에 이르게 된다. 이런 관점에서 보면 한 사회는 얼마나 많은 사람들에게 사회적 인정을 보장하느냐 그렇지 못하냐에 따라 그 구성원에게 행복한 삶을 보장하는 사회인가, 그렇지 않은 사회인가가 판가름 난다.

이런 관점에서 우리 사회를 바라본다면, 우리 사회는 행복한 사회와는 거리가 먼 것으로 보인다. 부자는 가난한 자를, 자본가는 노동자를, 남성은 여성을, 정규직은 비정규직을, 내국인은 외국인을, 이성애자는 성적 소수자를 인정하지 않는 것이 우리 사회의 현실이다. 자신이 선택한 정체성이 무시당할 때 개인이 선택할 수 있는 선택지는 세 가지이다. 사회의 인정질서에 굴복해서 자기부정을 하거나, 인정투쟁에 나서거나, 자신의 관념 속에서 자신의 정체성을 긍정하는 것이다. 아마도 인문학을 전공하는 비정규직 박사들은 셋째 선택지에 익숙해 있을 것이라고 생각하니 기분이 씁쓸하다.

Ⅲ

전상국의 《우상의 눈물》은 사회의 인정질서가 얼마나 공고하며, 개인의 인정투쟁이 성공한다는 것이 얼마나 힘든지를 아이러니컬하게 보여준다. 호네트에 의하면 어떤 개인의 정체성을 사회가 인정하느냐 마느냐 하는 것은 개인적인 취향과 가치에 따라 일어나는 일이 아니라 사회의 일반적 경향을 반영하는 것이다. 따라서 한 개인의 인정투쟁이 성공하려면 사회의 규범이 변화되는 일이 일어나야 한다. 그러나 이런 일이 일어나기 위해서는 생사를 건 인쟁투쟁이 거듭되어야 할 것이다.

호네트는 미드(G.H. Mead) 의 '주격 나' 와 '목적격 나' 의 개념을 받아들여, 사회의 기대를 일반화한 '나' 를 '목적격 나' 로, 그리고 자신의 내적인 충동에 기반을 두고 새로운 정체성을 요구하는 '나' 를 '주격 나' 로 분류한다. '주격 나' 의 새로운 정체성 요구가 무시되면 인정투쟁이 발생한다. '주격 나' 의 요구가 실현되려면 인정투쟁을 통해 새로운 인정질서가 형성되어야 한다. 문제는 그러한 인정질서의 변화가 쉽지 않다는 데 있다.

다소 무리한 독해일 수도 있겠으나, 나는 《우상의 눈물》을 모범생인 유대와 형우, 그리고 문제아인 기표와 그를 따르는 '재수파' 간의 인정투쟁을 그린 소설로 읽었다. 처음에 이 소설은 폭력으로 학급을 장악한 기표의 권력에 맞서는 유대와 형우의 인정투쟁으로 보였다. 유대와 형우는 모두 중산층 가정에서 자라나 공부 잘하고 통솔력 있는 학생들이다. 반면 문제아인 기표는 빈민가의 소위 결손 가정의 자녀로서 힘으로 학생들을 제압하면서도 학칙의 허점을 교묘히 이용할 줄 아는 악당이다. 유대와 형우는 기표의 부당한 폭력에 굴복하지 않음으로써 정의로운 모범생이라는 자신들의 정체성을 급우들로부터 인정받는다.

형우는 우리들 사이에서 일약 영웅이 돼버렸다. 예상 안 한 건 아니지만 그 여세는 보통이 아니었다. 삼학년에서도, 일학년 하급생들도 이학년 십삼반 반장 임형우가 입에 올랐다. 전치 이주의 상해를 입고도 끝내 그 상대를 입에 올리지 않으므로 해서 형우의 존재는 풍선처럼 부풀었다.(전상국, 《우상의 눈물》, 민음사, 2005, 33쪽)

기표와 형우는 자신들을 죽음의 공포로 몰아간 상대를 학교당국에 고발하지 않음으로써 자신들의 정체성을 공고화한다. 즉 그들은 공식적으로 상대의 존재를 인정하지 않고 있는 것이다. 이것은 마치 헤겔의 인정투쟁에서 죽음의 공포를 이겨낸 주인의 자기의식과도 유사하다. 상대가 나를 죽음에 이르게 할지언정 그의 존재를 인정하지 않겠다는 것이다. 반면 기표의 인정투쟁은 소설의 결말을 향해 갈수록 실패하는 것으로 드러난다. 기표는 모든 학생들을 힘으로 제압한 주인이 된 자기의식처럼 등장했지만, 나중에는 그를 추종하던 '재수파'의 학생들로부터도 버림받는 비참한 신세가 된다. 그는 자신을 인정해 줄 노예가 떠나는 순간 자신이 비자립적인 존재임을 절감하게 되는 것이다.

이렇게만 읽을 경우 이것은 마치 폭력에 근거한 악은 사실상 얼마나 지리멸렬하며 보잘것 없는 것인가 하는 것을 일깨우는 권선징악형 이야기로 보인다. 그러나 이런 독해는 기표가 "무섭다. 나는 무서워서 살 수가 없다"고 고백하는 이 소설의 마지막 문장이 가지고 있는 울림을 담아내지 못한다. 이 소설은 거꾸로 기표의 인정투쟁이 왜 실패하게 되었는가를 중심으로 보아야 할 듯하다.

　기표라는 인물을 중심으로 볼 때, 이 소설은 가진 자와 못 가진 자, 기존의 규범 하에서 성공하는 자와 실패하는 자, '목적격 나'에 동화되는 자와 그렇지 못한 자 사이의 인정투쟁을 그리고 있는 것이다. 이 학생들이 속해 있는 학급의 담임은 성공지상주의자이다. 그는 학생들을 독려해서 학교의 모든 행사에서 일등을 놓치지 않는다. 말하자면 담임은 사회에서 승인된 규범에 철저히 적응할 줄 아는 자이며, 학생들의 정체성을 '목적격 나'에 맞추도록 강요하는 자이다. 기표의 일탈적이고 탈규범적인 정체성 요구를 담임은 모범생인 유대와 형우를 통해 무시하도록 사주하고 있다. 유대와 형우는 겉보기에 정의의 수호자인 듯하지만 결국 그들은 사회에서 일반적으로 수용되고 있는 인정질서를 공고화하는 데 앞장 섰을 뿐이다. 기표를 무너뜨린 것은 결국 우리 사회에서 빈자는 약자이며, 동정과 연민의 대상은 될지언정 결코 인정의 대상은 아니라는 냉혹한 인정질서이다. 형우가 동원한 미디어와 자본은 기표를 "빈곤이라는 그 역겨운 것의 한 자락에 붙들어 맨 다음 벌거벗기려" 하였으며, 그 결과 기표는 "판잣집 그 냄새 나는 어둑한 방에서 라면 가락을 허겁지겁 건져 먹는 한 마리 동정받아 마땅한 벌레로 변신되어 나타났다"(위의 책, 38쪽). 기표는 결국 자신의 정체성 요구를 무시하는 기존의 인정질서를 넘어설 수 없었다. 기표의 '주격 나'가 내세워 온 새로운 정체성에 대한 인정투쟁은 그를 규정하고 있는 '빈곤'이 결코 타자를 위협하는 힘을 가진 것일 수 없으며, 기껏해야 동정의 대상이라는 사실이 확인됨으로써 철저히 실패로 돌아가는 것이다.

유대와 형우, 그리고 기표를 동정하는 급우들을 나쁘다고 할 수는 없을 것이다. 그러나 이것은 기존의 인정질서에 순응해서 선을 베푸는 것이 그 질서 속에서 숨 쉴 수 없는 수많은 새로운 정체성을 질식시킬 수도 있는 것이라는 섬뜩한 깨달음을 가져다준다.

본다는 것

질 들뢰즈와 펠릭스 가타리 《철학이란 무엇인가》

주제 사라마구 《눈먼 자들의 도시》

I

교통사고로 뇌를 다친 사람들 가운데 희한하게도 사람들의 얼굴을 인식하지 못하게 된 환자를 소개하는 텔레비전 다큐멘터리를 본 적이 있다. 그 환자는 다른 모든 것들은 잘 인식하는데 유독 사람의 얼굴만큼은 구분을 하지 못했다. 그래서 그는 자기 배우자와 약속을 하게 되더라도 약속 장소에서 배우자가 자신을 알아보고 접근해 주기를 기다릴 수 있을 뿐이지 자기가 배우자를 먼저 알아보고 아는 체를 하는 것은 불가능했다.

그 다큐멘터리를 보면서 정도의 차이가 있을 뿐 혹시 나의 뇌에도 그런 장애가 있는 것은 아닌가 하는 의심을 하게 되었다. 다행히 나는 배우자를 다른 여자와 헷갈려 본 적은 없지만, 종종 모르는 사람을 아는 사람으로 착각하곤 한다. 중학교를 다니던 시절에는 골목길에서 앞에 오던 아주머니가 분명히 이모라고 생각하고는 공손히 인사를 드린 적이 있다. 그 아주머니 역시 나에게 아는 체를 했지만, 얼굴에 당황한 기색이 역력했다. 이런 실수는 그 이후에도 제법 자주 일어났는데, 급기야 이런 얼굴 인식 시스템의 오류 때문에 큰 결례를 한 적도 있다. 몇 년 전에 전철을 타고 가던 중에 앞줄에 앉아 계시던 노인분이 대학 시절의 은사와 꼭 닮아서 인사를 하려다 말고 나의 두뇌 결함에 대한 생각이 떠오른 것이다. 나는 그 노인이 은사와 닮은 누군가일 것이라고 믿어버리기로 하고 끝내 인사를 하지 않았는데, 일어나서 어색하게 돌아나가시는 모습을 보니 영락없이 은사가 맞다는 생각이 들었던 것이다. 속으로 인사도 안 한다고 혀를 차셨을 은사님을 생각하니 대단히 송구스럽다. 그러나 과연 그분이 그분이었는지 나로서는 여전히 확신할 수 없다.

내가 종종 사람을 착각한다는 것을 인지하게 된 이후로는 나의 시각적 정보에 대해서 크게 신뢰하지 않게 되었다. 백문이 불여일견이라고는 하지만, 그것은 나의 경우에는 전혀 해당되지 않는 속담이다. 더욱이 세상일을 경험하면서 나쁜 일을 한 사람의 배후에 보이지 않게 그런 상황을 만들어낸 사람이 있다는 것을 알게 된 이후로는 눈에 보이는 것이 전부가 아니라는 확신을 갖게 되었다. 물리적 대상이나 자연 사물에 대한 시각적 정보도 불확실한데 사회적인 사태나 사건에 대한 객관적인 판단이란 불가능한 것으로 여겨진다.

촛불집회가 한창일 당시 매일 밤마다 시내에서 도대체 무슨 일이 일어나고 있는 것인지 판단하기도 쉬운 일은 아니었다. 백만 명이 모이기로 되어 있다는 날, 역사적인 현장에 가보아야 한다는 딸아이의 손에 이끌려 세종로에 나가 보았다. 내가 본 것을 서술하자면, 시위 현장의 외곽에서 초에 종이컵을 꽂아서 팔던 할머니, 발 디딜 틈이 없었던 세종로 거리, 수많은 깃발들, 어린아이들을 데리고 온 젊은 부부, 중고등 학생 자녀의 손에 이끌려 나온 중년 부부, 파이낸셜센터 앞의 포장마차, 그 주변에 앉아 떡볶이와 소주 등을 먹고 있던 아저씨들, 트럭 위에서 현정부에 반대하느냐는 질문에 답하는 사람들에게 무료로 초를 나누어 주던 어떤 단체의 남자, 예비군복을 입고 무리지어 다니던 젊은이들, 유모차를 끌고 나온 젊은 엄마 등등이다. 혹시 다치기라도 할까봐 걱정이 되어서 행진이 시작될 때 얼른 집으로 돌아왔기 때문에 경찰은 구경도 못했다. 내가 본 것은 이것이 전부인데 이것을 가지고 촛불집회에 대해 어떤 판단을 내릴 수 있느냐 하면 전혀 그렇지가 않다. 내가 말할 수 있는 것은 사람들이 많이 모여 있었다는 것, 그리고 20여 년 전에 같은 자리에서 보았던 사람들과는 좀 구성원들이 다르다는 것, 그리고 하는 짓도 좀 달랐다는 것이다. 역시 듣던 대로 조직된 시위대도 아니었고, 옛날처럼 비장한 심정으로 나온 사람들 같아 보이지도 않았다.

이런 변화된 시위 양상을 보고 많은 사람들이 민주주의의 새로운 가능성을 보았다거나, 엄숙주의를 탈피한 어린 학생들의 정치적인 건강성을 확인했다거나, 정보기술이 민주주의 발전에 기여할 수 있다는 것을 보여준 구체적인 사례를 발견했다고 말했다. 내가 본 바로는 그들의 진단이 그리 틀리지는 않은 것 같았다.

그런데 나는 거기서 전혀 다른 것을 본 사람들에게 핀잔을 듣거나 하소연을 듣는 일을 겪게 되었다. 유신시대에 반정부인사로 유명했던 노교수님과 식사를 할 기회가 있었는데, 식사 도중에 촛불집회에 참석했었다는 말을 들은 그 교수님이 심하게 꾸중을 하셨던 것이다. 그분은 친북좌파들의 선동에 어린 학생들이 놀아나고 있으며, 광우병에 관한 소문 역시 근거 없는 것으로서 불순한 생각을 가진 사람들이 현정부의 발목을 잡으려는 의도에서 그런 괴담을 퍼뜨리고 있다는 것이었다. 그러면서 그 교수님은 철학을 하는 사람이 무책임하게 그따위 집회나 참석하는 것이 말이나 되느냐고 심하게 꾸짖으

셨다. 또 한번은 압구정동에 살면서 병원을 운영하는 의사 친구를 오랜만에 만나서 저녁식사를 한 적이 있는데, 그 친구 역시 내가 보고 느낀 것과는 매우 상반된 이야기를 했다. 그는 심지어 텔레비전 방송이 사실을 왜곡한다고 여겨져서 시청하지 않은 지 오래 되었으며, 오로지 조선일보만 보고 있다고 말하면서 이 세상의 상식이 자신의 생각과는 다른 것 같다고 한탄했다. 그는 촛불집회에서 폭력을 행사하는 폭도들이 전경 버스를 공격하는 것을 볼 때마다 자신이 낸 세금이 아깝다는 생각이 든다고 했다. 그가 낸다고 하는 세금 액수의 100분의 1 정도를 납부하는 나로서는 국민의 의무를 다하지 못한 것 같아 반론할 자격이 없는 것처럼 여겨졌다.

같은 시대에 같은 사건을 보면서도 도대체 왜 보고 있는 내용이 저마다 다른 것일까? 나를 꾸짖거나 내게 한탄을 했던 사람들을 데리고 촛불집회에 나가서 벌어지고 있는 광경을 직접 눈으로 보게 한다고 해서 그들이 갑자기 생각을 고칠 것 같지는 않다. 아마도 그들은 여전히 나와는 다른 것을 볼 것이다. 어떤 사람들은 거기서 부자들의 탐욕에 맞서는 저항의 모습을 볼 것이고, 또 어떤 사람들은 사회에 대한 없는 자들의 원망과 증오를 볼 것이다. 거기에 실제로 존재하는 무엇이 있다고 전제한다면, 그 두 부류의 사람들 가운데 한쪽은 분명히 보아야 할 것을 보지 못하는 눈이 먼 자들일 것이다. 그런데 과연 거기에 무엇이 존재하기는 하는 것인가?

II

'본다는 것'은 철학자들에게는 특별한 의미를 갖는 단어이다. 그들은 이세상의 객관적인 진리가 존재한다는 것의 근거를 댈 필요가 있을 때 대개의 경우 '본다는 것'에 함축되어 있는 확실성을 끌어 들인다. 심지어 눈에 보이지 않는 것의 진리를 말할 때조차도 그들은 그 용어를 메타포적으로 사용하고 있다. 플라톤의 이데아론은 우리의 육체적인 눈에 보이지 않는 진리에 대한 시각적 메타포에 근거하고 있다. 플라톤 같은 이원론자에게 있어서 일단 눈에 보이는 모든 것들은 진리가 아니다. 여기까지는 그가 '보는 것'에 대해 불신하는 것으로 보인다. 그러나 그는 곧 영원불변의 진리인 이데아를 이성의 눈으로 직관할 수 있다고 말함으로써 '본다는 것'의 중요성을 되살린다.

'본다는 것'은 곧 '안다는 것'과 동의어가 된다. 진리를 알지 못하는 어리석은 자들은 눈앞에 놓여 있는 객관적인 사실을 제대로 보지 못하고 있는 것이다. '봄'과 '앎'의 이러한 연관성은 경험론자들에게 뿐만 아니라 인식에 있어서 감각 경험의 역할을 부정했던 근대의 이성주의자들에게 있어서도 여전히 유지되고 있다. 시각을 위시한 모든 감각경험의 불확실성 때문에 주관적인 반성 영역으로 되돌아 갔던 데카르트 역시 외부의 정보를 종합해서 판단하는 중심으로서의 이성을 말할 때, 여전히 시각적인 은유에서 벗어나지 못한다. 현대의 심리철학자인 데넷이 데카르트의 이성을 일컬어 '데카르트 극장'이라고 부른 것은 거기에 여전히 '본다는 것'이 중심이 되고 있음을 드러내는 것이다.

실증주의는 특히 '본다는 것'의 가치중립적인 성격에 근거하고 있다. 실증주의자들은 보이는 것이 곧 실재하는 것이라는 데서 출발한다. 과학은 우리가 잘못 보는 것이 아닌 한 있는 그대로의 대상을 볼 수 있다는 데에 근거를 둔 학문이다. 실증주의자들에 의하면 우리는 객관적으로 존재하는 것을 있는 그대로 볼 수 있으며, 여기서 과학적 지식의 객관성이 확보된다. 과학적 탐구의 과정에서 우리가 가진 선입견, 가치관, 도덕적 정서, 미적 취미를 배제하는 한 우리는 같은 것을 볼 수 있다는 것이다.

'본다는 것'의 가치중립성을 주장하는 실증주의적인 관점에 대해 반론을 할 때 가장 흔하게 동원되는 그림이 바로 오리-토끼 그림이다. 이 그림은 대상을 가치중립적으로 볼 수 있다는 주장에 대한 반증사례이다. 이 그림은 보는 이에 따라서 오리로도 또 토끼로도 보이는데, 만약 이 그림이 객관적으로 존재하는 어떤 것에 대한 그림이라고 한다면, 둘 중 하나는 잘못 본 것이어야 한다. 그런데 아무도 어느 쪽이 잘못 보고 있다는 판정을 할 수 없다는 데 문제가 있다.

이 그림은 맥락주의 철학자들에 의해서 진리가 맥락의존적이며 상대적일 수 있다는 주장을 지지하는 것으로 사용되지만, 이 그림의 의미를 꼭 그렇게 한정할 필요는 없다. 오히려 진리에 대한 담론 자체가 무의미한 것일 수 있다는 반성을 끌어내는 것이 더 합당하지 않을까 생각한다.

요즘 학생들의 상식으로 통하는 들뢰즈와 가타리의 책을 읽어 볼 기회가 있었는데, 포스트 니체주의자인 이들은 아예 '본다는 것'을 제쳐두고 철학에 대해 생각하는 듯이 여겨졌다. 이들의 저서는 그 의미가 대단히 불확실한 용어들로 가득 차 있어서 명확히 이해하기는 불가능했는데, 어쨌든 이들은 철학이 무엇인지를 논하는 책에서 '본다는 것'의 중요성을 처음부터 논외로 하고 있다. 이들은 철학이 개념을 창조하는 기술이라고 주장하면서 관조, 반성, 소통은 철학의 본령이 아니라고 말한다(들뢰즈와 가타리 공저,《철학이란 무엇인가》, 현대미학사, 1999, 14쪽). 이것은 사실상 서구의 철학사를 전면적으로 부정하는 것이나 마찬가지이다. 철학이 관조가 아니라는 것은 플라톤의 이데아론에 전제되어 있는 본질주의 형이상학을 부정하는 것이며, 반성이 아니라는 것은 이성능력을 일종의 내성으로 파악한 근대의 의식철학을 부정하는 것이며, 소통이 아니라는 것은 하버마스 이후의 의사소통적 합리성에 대한 모든 논의를 무력화시키는 것이다.

들뢰즈와 가타리는 "개념들을 창조해야 하듯이, 구도들은 만들어야 하고 문제들은 제기해야만 한다"(위의 책, 45쪽)고 말한다. 철학자들의 할 일이 관조, 반성, 소통이 아니라고 하면서 개념을 창조하고, 구도를 만들고, 문제를 제기할 것을 주문하는 이들의 태도는 기본적으로 반실재론이고, 반본질주의적인 것으로 여겨진다. 즉 거기에는 관조해야 할 대상이 처음부터 존재하는 것이 아니고(플라톤도 이데아에 대한 관조를 말하기 전에 이데아라는 개념을 창조해야 했다〔위의 책, 14쪽〕), 그것을 사유할 이성도 보편적으로 미리 있었던 것이 아니며("데카르트의 개념들은 그 개념들이 답했던 문제들에 의해서만 그리고 그 개념들이 이루어진 구도에 의해서만 평가될 수 있다."〔위의 책, 44쪽〕), 소통을 통해서 합의에 도달할 수 있게 해 주는 어떤 객관적인 사태가 존재하는 것도 아니기 때문이다. 이들은 특히 분석철학자들이 금과옥조로 삼고 있는 논증과 토론의 중요성을 일거에 부정해 버린다.

소통은 항상 너무 이르거나 늦게 이루어지며, 대화란 창조와의 관계에서 언제나 잉여로 남아돈다. 우리는 종종 철학이란 '소통 가능한 합리성'이나 '보편적인 민주적 대화'로서의 끊임없는 토론이라는 생각을 품는다. 그러나 이보다 더 부정확한 생각은 없다. 또한 어떤 철학자가 다른 사람의 철학을 비판할 경우, 그는 비판의 대상이 되는 자의 것들이 아닌 문제들과 구도에 입각해서 비판하게 되는데, 이는 마치 새로운 무기들을 끌어내기 위하여 대포 하나를 용해해 버리듯, 예전의 개념들을 모두 뭉뚱그려 버리는 것과 같다. 누구든 결코 동일한 구도상에 있을 수 없다. 비판한다는 일은 단지, 어떤 한 개념이 새로운 환경에 처했을 때, 그 구성요소들을 상실하거나 혹은 개념을 변화시키는 다른 요소들을 획득하면서 소멸해버린다는 사실을 확인하는 작업이다. 그러나 창조하지 않고 비판하는 자들, 소멸된 것이 다시 살아날 수 있도록 활력을 불어 넣을 줄은 모르고, 다만 그 소멸된 것을 옹호하는 일에만 자족하는 자들, 이들이 바로 철학의 치부이다.(들뢰즈와 가타리, 위의 책, 56쪽)

사태에 대한 개념은 철학자가 설정한 구도 속에서 만들어지며, 그 구도는 사람마다 다를 수밖에 없다. 이런 사유구조 속에서는 촛불 집회 현장에 실제로 무엇이 존재하는가를 묻는다는 것은 우문일 수밖에 없다. 이들은 무엇이 일어나는지 보려고 할 것이 아니라 무엇인지 모를 그 사태에 대해 개념을 만들어내라고 주문하는 것으로 보인다.

Ⅲ

주제 사라마구의 《눈먼 자들의 도시》는 '본다는 것'의 개념을 버릴 때 우리에게 어떤 개념을 창조할 여지가 있는지 보여주는 소설이라고 할 만하다. 사라마구는 뛰어난 상상력을 동원해서 우리에게 익숙한 개념의 부재를 통해 새로운 개념을 창조해 낸다는 것이 얼마나 공포스러운 상황을 극복해야 하는 일인지 박진감 넘치게 보여준다.

《눈먼 자들의 도시》는 어느날 갑자기 눈이 멀게 되어 수용소에 격리된 사람들이 새로운 상황에 적응해 가면서 생존을 위해 투쟁하는 과정을 보여준다. 그런데 문단 나누기가 잘 이루어져 있지 않을 뿐 아니라 따옴표도 과감히 생략해 버린 독특한 글쓰기 스타일을 통해 사라마구는 도저히 앞질러 생각할 수 없는 상황 속으로 독자를 끌어들인다. 그도 그럴 수밖에 없는 것이 한 도시의 사람들이 어느날 갑자기 눈이 멀게 되는 전염병에 걸리기 시작한 상황이란 사라마구의 독특한 '구도'일 수밖에 없고, 거기서 무한 운동을 하고 있는 사유를 통해 어떤 문제가 설정되고 결국 어떤 개념들이 카오스의 단면에서 떠오르게 될지에 대해서는 아무도 미리 알 수 없기 때문이다.

모든 사람들이 눈이 멀게 됨으로써 발생하는 공포는 '본다는 것'과 '안다는 것'을 동일시 해 온 철학자들이 기존의 개념을 버리게 될 경우에 직면하게 될 공포와 같은 것이다. 비트겐슈타인은 철학적 개념의 유희에 빠져 있는 철학자들을 파리통 속에 갇힌 파리 떼라고 조롱했다. 이런 조롱은 이 소설 속에서 전염병의 발발 사실을 고위 관료에게 알려야 한다는 눈먼 안과 의사의 요청을 거절하는 말단 공무원의 조롱에서 반복된다.

직접 이곳으로 오시는 게 좋겠습니다. 난 집을 나갈 수가 없어요. 아파서 그렇다는 말씀입니까. 네, 아파요. 눈이 먼 의사는 잠시 뜸을 들였다가 그렇게 대답했다. 그렇다면 의사한테 전화해 보시지요. 진짜 의사한테 말입니다. 공무원은 그렇게 빈정거리더니, 자신의 재치에 기분 좋아하면서 전화를 끊었다.(주제 사라마구, 《눈먼 자들의 도시》, 해냄, 1998, 51쪽)

안과 의사는 '본다는 것'의 전문가이다. 그렇기 때문에 그는 가장 잘 '아는 자'이다. 그런데 그런 의사가 더 이상 볼 수가 없게 되었을 때, 그는 더 이상 아는 자가 아니게 된다. 그가 말하는 것은 진리가 아니며 말단 공무원에 의해서 쉽사리 무시되는 공허한 언명이다.

'본다는 것'이라는 개념을 제거한 세상은 들뢰즈와 가타리가 말하는 카오스가 된다(물론 같은 의미는 아닐 것이지만). 제도와 관습, 도덕, 양심, 종교는 모두 무용지물이 되며, 더러운 오물과 악취, 탐욕, 정욕, 기만과 폭력이 난무하는 지옥도가 펼쳐진다. 그렇다면 사라마구는 우리가 '본다는 것'의 개념, 즉 진리와 관련된 개념들을 버리거나 상실하게 될 때 동시에 구원이 없는 세계에서 살게 된다고 말하는 것인가? 그렇지는 않은 것 같다. 사라마구는 오히려 본다는 것과 그렇지 않은 것의 경계를 모호하게 만드는 듯한 서술을 곳곳에서 하고 있다. 유일하게 눈이 멀지 않은 의사의 부인은 생존을 위해서 거꾸로 눈이 먼 것처럼 행동해야 했으며, 눈이 먼 의사는 부인의 눈앞에서 부인이 볼 것이라는 생각을 하지 못한 채 젊은 여자와 몸을 섞는다. 그런 세계 속에서 볼 수 있는 자가 보지 못하는 자보다 더 나은 상황에 있다고 말할 수는 없을 것이다. 눈이 보이는 의사의 부인 역시 눈이 보이지 않는 다른 사람들과 마찬가지의 문제에 봉착해 있다. 그것은 바로 생존의 문제이다.

> 그녀는 주위의 모든 사람들이 눈이 멀었음에도 불구하고 그럭저럭 살아가고 있다는 생각은 하지 못했다. 사람들이 무엇에든 익숙해진다는 것, 특히 사람이기를 포기했을 경우에는 그것이 얼마든지 가능하다는 것을 이해하려면, 그녀 역시 눈이 멀어야 했다.(주제 사라마구, 위의 책, 316쪽)

'본다는 것'은 '안다는 것'이고 이것은 바로 '사람답게 사는 것'과 관련된다. 눈이 멀게 된 상황에서 창조해야 할 개념은 '본다는 것'의 부재를 채워줄 개념만이 아니라는 것이 드러난다. 사람이 무엇인가에 대한 새로운 개념을 창조해야 하는 것이다. 사라마구가 그리고 있는 다양한 인간군상은 그러한 개념에 대한 모색이라고 해도 좋을 것이다.

여기서 우리는 '눈먼 자들의 도시'가 실제로 어떠한 모습을 하고 있으며 무슨 일이 객관적으로 일어나고 있는지를 '본다는 것'이, 우리로 하여금 생존의 문제를 해결하는 데 도움이 되지 않을 것이라는 깨달음에 도달한다. 의사 부인이 눈으로 보는 도시, 그리고 다른 사람들이 눈으로 보지 못하는 도시는 하나의 실재인가 하는 물음은 생산적이지 않다. 그들은 자신들의 구도 속에서 개념을 만들어낼 수밖에 없는 상황이다. 있는 그대로의 세계를 보느냐 보지 못하느냐가 중요한 것이 아니라, 생존의 문제를 해결하기 위해서 세계에 대한 어떤 개념을 창조해 낼 것이냐가 중요한 것이다. 소설 속의 지옥 같은 상황들이 눈이 멀지 않은 우리가 사는 현실의 일상에서 일어나고 있는 사실이라는 것은 쉽게 반성할 수 있는 일이고, 이것은 거꾸로, 같은 세계를 사는 한 우리 모두는 눈이 먼 채 살고 있다는 이야기이기도 하다. 사라마구는 의사 부인의 입을 빌어 다음과 같이 말한다.

"나는 우리가 눈이 멀었다가 다시 보게 된 것이라고 생각하지 않아요. 나는 우리가 처음부터 눈이 멀었고, 지금도 눈이 멀었다고 생각해요. 눈은 멀었지만 본다는 건가. 볼 수는 있지만 보지 않는 눈먼 사람들이라는 거죠."(주제 사라마구, 위의 책, 461쪽)

이렇게까지 오게 되면 이제 본다는 것과 보지 않는다는 것은 아무런 차이가 없게 된다. 무슨 일이 일어나는지 보기 위해 광화문에 갔던 것은 어쩌면 한심한 일이었다. 그것은 '보는 것'과 관련된 문제가 아니라 앞으로 살아갈 세상과 관련해서 '창조해야 할' 어떤 개념의 문제였던 것이다. 그러나 한편으로 거기서 다른 것을 본 사람들과 논쟁하지 않은 것은 잘한 일인지도 모른다. 거기에는 사실 제대로 보아야 할 것이 있었던 것이 아니라 설정해야 할 구도와 제기해야 할 문제가 있었을 뿐이기 때문이다. 제대로 보았기 때문에 잘 안다는 생각을 포기하는 순간 엄청난 공포가 엄습하겠지만, 그것은 눈먼 자들의 도시에서 생존하려면 감내할 수밖에 없는 일일 듯하다.

우연적이고
철학적인
진리

마음의 존재

르네 데카르트 《방법서설》

정영문 《달에 홀린 광대》

I

살면서 궁금한 것 중의 하나는 세상사람들이 일상적으로 또렷한 의식을 가지고 살고 있느냐 하는 것이다. 여기서 말하는 또렷한 의식이란 자신이 지금 무엇을 해야 하는지, 무엇을 원하는지, 자신이 한 행위가 어떤 의미를 갖는지, 자신이 알고 있는 것이 무엇인지, 자신이 어떤 느낌을 가지고 있는지 그때그때 정확하게 파악하고 있는 상태를 말한다. 사람들이 또렷한 의식을 가지고 살고 있는지가 궁금한 사람이 있다면, 그 사람은 아마도 스스로 그렇지 못하다고 생각하기 때문일 것이다. 그런데 그런 사람이 나 이외에 또 있을지에 대해서도 역시 또렷하게 알 수 있는 일이 아닌 것 같다.

지난 여름에 남이섬이라는 곳을 다녀왔다. 남이섬 여행은 내 자신이 얼마나 또렷한 의식을 가지고 살아가는 인간이 아닌가를 알 수 있게 해 준 경험이었다. 남이섬을 가게 된 것은 아내의 말을 빌면, 여름방학 동안에 아무데도 가지 못한 중학생 딸내미를 위한 가족 소풍이었다. 물론 고등학생인 아들은 공부를 해야 한다는 무거운 부담 때문에 소풍에서 제외시켰다. 남이섬은 사실 내가 10년 정도 출강한 대학을 가는 길목에 있는 유원지였다. 그런데 그 10년 동안 자동차를 몰고 지나다녔으면서도 한번도 가보지 못한 곳이었다.

가평을 지날 때마다 남이섬의 안내 표지판을 보게 되는데, 그저 옆길로 10분 정도 빠져 나가면 거기에 남이섬이라는 데가 있나보다 하는 생각으로 지나다녔을 뿐이다.

그곳에 소풍을 간다는 계획은 나를 어느 정도 들뜨게 했던 것 같다. 우리는 기차를 타고 가기로 했다. 집에서 나와 지하철을 타고 옥수 역에서 내려서 다시 국철로 갈아타고 청량리 역까지 갔다. 기차가 출발하기까지는 약 10분 정도가 남아서 우리는 대합실에서 무엇을 할까 하면서 어슬렁댔다. 나는 소변이 마려운 것 같다는 느낌이 들어 화장실에 가겠다고 했다. 그런데 화장실에 가서 소변을 보려니 소변이 전혀 마렵지 않았다는 생각이 들기도 했다. 별로 나오지 않는 소변을 보면서 기차여행에는 역시 사이다와 계란이 최고지 하는 생각을 했다. 화장실에서 나오니 아내와 딸이 기다리고 있었다. 매점에서 삶은 계란과 사이다를 사오겠다고 말하려고 했는데, 아내가 시간이 다 되었으니 기차를 타자고 했다. 계란과 사이다를 먹겠다는 생각이 과연 좋은 생각인지 자신이 없어서 그냥 기차에 탔다. 기차는 옛날보다 깨끗해진 것 같았다. 그러나 화장실에서 가까운 자리라서 좋지 않은 냄새가 나는 것 같았다. 아마도 그런 냄새가 났을 것이다.

창 밖에는 비가 조금씩 내렸다. 비 때문에 날이 좀 쌀쌀한 것 같았다. 항상 엄마 곁에만 붙어 다니는 딸내미 옆에 내가 앉고 아내는 따로 떨어져 앉았다. 나를 위한 아내의 배려인 것 같았다. 나는 재미있는 이야기를 해 주려고 했는데, 재미있는 이야기가 생각나지 않았다. 내가 별로 재미있는 사람이 아니라서 설사 그런 이야기가 생각이 났더라도 재미가 없었을 것이다. 그런데 기차 안에서 과자와 음료 등을 파는 아저씨가 문을 열고 들어왔다. 거기에 삶은 계란과 사이다가 있었다. 살까말까 망설이는 동안 앞자리에 있던 할아버지가 손자들을 위해서 소세지와 캔음료를 샀다. 역시 사이다와 삶은 계란을 사는 것은 좋은 선택이 아닐 거라는 생각이 들었다. 게다가 아내는 계란을 싫어한다. 딸내미는 삶은 계란을 기차에서 먹어야 하는 이유를 이해할 수 없을 것처럼 느껴졌다. 우물쭈물 하는 사이에 아저씨는 카트를 밀고 사라졌다. 이런 상황은 기차가 가평 역에 도착하기까지의 약 1시간 40분 동안 두세 차례 반복되었다. 카트가 들어오면 나는 살까말까 고민하고 이어서 아내와 딸의 입장에서 생각해 보는 사이에 카트는 사라진다. 나중에는 내가 기차를 타고 가면서 정말로 삶은 계란을 먹고 사이다를 마신 적이 있었는지가 의심스러워졌다. 지금 내가 삶은 계란을 먹음으로써 딸내미가 이해할 수 없는 어떤 향수나 정취 또는 추억을 되살려낼 수 있을지에 대해서 확신할 수 없었다. 그러는 동안 기차가 가평 역에 멈췄다.

  역에 내리니 12시였다. 비가 부슬부슬 내렸다. 나는 가장으로서 아내와 딸에게 맛있는 점심을 사주어야 할 의무가 있는 것처럼 느껴졌다. 그러나 역 앞의 식당들은 대체로 믿을만하지 못하다고 여겨졌다. 남이섬이란 델 가면 식당이 있을 거라고 아내가 말해 주었다. 그래서 일단 택시를 타고 들어가 보기로 했다. 택시를 타고 10분 정도 가자 과연 남이섬 행 여객선의 선착장이 나왔고, 역시 식당이 여럿 있었다. 한번도 가보지 않은 곳인데도 마치 남이섬 선착장은 남이섬 선착장이 절대로 다른 모습일 수 없다는 식으로 거기에 있었기 때문에 나는 그 10년 동안 사실은 한 번 정도 차를 몰고 들어와 보았던

게 아닌가 하는 의혹이 들었다. 그러나 그것은 중요한 문제가 아니었고, 당장은 허기진 배를 채워야 했기 때문에 우리는 광장을 둘러싸고 있는 식당 가운데 하나를 골라서 들어가기로 했다. 그런데 거기에 있는 식당들은 여느 관광지의 식당처럼 절대로 맛있는 음식을 제공할 수 없다는 식으로 도도하게 도열해 있었다. 광장에 비는 내리고, 배는 고프고, 시뻘건 간판들은 모든 선택이 실패로 돌아갈 것이라는 경고문처럼 걸려 있었다.

어쨌든 아내와 나는 서로 은근히 선택을 떠미는 척하면서 암묵적인 합의하에 광장 옆에 있는 한 식당에 들어갔다. 할머니라고 해도 좋을 아주머니 둘이 온돌을 들였을 것으로 보이는 평상 같은 식당 바닥에 누워 있다가 우리를 맞았다. 그들은 자신들의 비 오는 여름 오후의 휴식이 방해 받은 것이 못마땅한 듯이 보였다. 손님들이 버리고 간 것으로 보이는 휴지들이 상 옆에 흩어져 있었다. 메뉴판은 굉장했지만, 아내와 딸내미는 비빔밥을 주문했다. 혼자서 매운탕이나 회를 먹을 수도 없는 일이지만, 가격이 무척 비싼데다가 가격에 걸맞은 내용물이 나올 것 같지 않아서 할 수 없이 비빔밥을 같이 주문했다. 비빔밥이 나왔는데 자꾸만 상 옆의 휴지가 눈에 거슬렸다. 수십 평 넓이의 식당에 우리 세 식구만 오도카니 식사를 하고 있다고 생각하니 슬픈 생각이 들었다. 게다가 비빔밥이 너무 맛이 없어서 화가 났다. 가장의 임무를 제대로 수행하지 못했다는 생각이 들자 분노가 느껴졌다. 그러나 그보다 다른 뭔가로 배를 채워야 한다는 절박감이 앞섰다. 그래서 아직 식사중인 아내와 딸을 두고 먼저 일어나 식당 앞의 편의점으로 갔다. 편의점에 가서 먹을 걸 고르는데, 강냉이가 보였다. 아내는 강냉이, 밥풀떼기 같은 불량식품을 좋아했다. 강냉이를 보면서 아내가 이런 먹을거리를 좋아하는 이유가 뭘까 생각했다. 그러다가 초콜릿을 하나 집었다. 너무 달 것 같아서 물도 하나 샀다. 딸과 아내를 위해 초코볼 한 봉지도 샀다. 아내는 식당을 나와서 내가 어디에 갔는지 몰라 기다리고 있다가 편의점에서 나오는 나를 보고 어이없어 했다. 왜 말도 없이 혼자 먼저 일어섰느냐고 하면서 우리 줄 것은 사지 않았느냐고 물었다. 나는 안 샀다고 했다.

선착장에서 배를 탔다. 배에는 외국인 단체 관광객들이 대부분이었다. 그들은 대만이나 홍콩에서 온 것 같기도 했고, 일본인들처럼 보이기도 했다. 아니면 그냥 한국 사람들일지도 몰랐다. 아내와 딸은 배에 타서 팔짱을 끼고 둘이서 조용히 이야기하거나 강물을 보았다. 나는 한 손에 초코바를 들고 한 손에 물병을 들고 번갈아 먹으면서 강물과, 아내와 딸, 그리고 외국인 관광객들을 흘끔흘끔 쳐다보았다.

이야기를 하다보니 너무 긴 것 같다. 짧은 지면에 철학이야기도 해야 하고 소설이야기도 해야 하기 때문에 남이섬 여행기는 그만해야겠다. 어쨌든, 남이섬이란 델 다녀왔다. 그러나 그만두려니 뭔가 허전해서 마무리는 해야겠다는 생각이 든다. 남이섬에 도착해서 나는 아내와 딸내미랑은 별로 이야기를 하지 않은 것 같다. 춥다고 해서 웃옷을 벗어주려고 했는데, 싫다고 해서 그만두었다. 1시간 정도 산책을 하고 배를 타고 다시 나와서 기차를 타고 전철을 타고 집에 왔다. 집에 오고 나니 남이섬에 왜 갔었는지 의문이 들었다. 아내와 딸을 즐겁게 해 주기 위해서 간 것인지(아내와 딸은 나 때문에 우울해 하는 것 같았다), 기차를 타고 삶은 계란을 먹고 사이다를 마시기 위해 간 것인지

(둘 다 먹지 못했다), 아니면 맛있는 점심을 먹으러 간 것인지(점심은 최악이었다), 그것도 아니면 일본사람들이 보러 온다는 욘사마의 동상을 보러 간 것인지(동상은 보지 못했다). 그리고 며칠 지나고 나니 남이섬이란 델 갔었는지가 의심스러워졌다. 나는 사실 남이섬에 가지 않았을지도 모른다. 아니면 가평에는 사실은 남이섬 같은 곳은 없는지도 모르겠다. 잠깐 낮잠을 자면서 꿈을 꾼 것은 아니었을까?

II

데카르트는 《방법 서설》의 첫머리에서 모든 인간은 공평하게 '양식(bon sens)'을 분배받고 태어난다고 썼다. 여기서 양식이란 소위 이성(理性)을 뜻한다. 이성은 사유하는 능력이다. 이 사유하는 능력을 근거로 데카르트는 나의 존재를 정당화하고, 내가 생각하는 존재라는 그 무엇보다도 확실한, 데카르트의 표현을 빌면, "명석판명한(clear and distinct) 사실을 통해" 제반 학문의 철학적 근거를 제시하고자 했다. 그것이 바로 저 유명한 명제인 "나는 생각한다. 고로 나는 존재한다(cogito ergo sum)"이다.

그런데 유명한 철학자들의 명제들이 일반적으로 오해받고 있는 것처럼 이 명제도 그 본래의 뜻이 제대로 전달되는 것 같지 않다. 많은 사람들이 데카르트의 이 명제가 사람이면 모름지기 생각을 하고 살아야 한다는 것을 의미하는 것으로 아는 것 같다. 물론 그런 의미도 있다. 그런데 데카르트가 이 명제로 하고자 한 말은 그보다는 사람의 마음이 뭔가 신비한 존재라는 것이다. 어째서 신비한가 하면 마음이란 몸이 없이도 존재하며, 몸이 존재한다는 사실보다도 더 확실한 방식으로 존재하기 때문이다.

다들 알고 있다시피, 데카르트는 확실한 지식의 토대를 찾으려는 생각에서 소위 방법적 회의를 시도했다. 의심할 수 있는 모든 것을 의심해 보자는 것이 방법적 회의이다. 내 이름이 개똥이이며, 내 몸이 70킬로그램 정도 된다는 것도 의심의 대상이 된다. 급기야는 내 몸이 진짜로 존재하느냐 하는 것도 의심스러운 사실이 되고 그래서 데카르트는 내 몸의 존재도 확실한 것이 아니라고 생각하기에 이른다. 그런데 그런 식으로 철저히 의심을 하는 상황에서도 내 마음의 존재는 부정할 수 없는 확실한, 그의 표현을 빌면, 명석판명한 사실로서 인정된다. 왜냐하면 내가 의심을 하는 순간에도 나는 의심을 하고 있다는 사실 만큼은 의심할 수 없기 때문이다. 이것은 의심하는 행위, 즉 일종의 사유행위가 부정될 수 없으며, 사유의 주체인 마음의 존재가 이로써 확실해 진다는 이야기다.

요컨대 데카르트가 '코기토 에르고 줌'이라는 말로 주장한 것은 비물리적인 실체로서의 마음의 존재라는 사실이다. 데카르트는 내가 생각하기 때문에 내 몸이 존재한다고 말한 적은 없다. 먹고 마시고 자고 싸는 등의 생물학적 행위를 하는 물리적 유기체로서의 나는 생각한다고 해서 존재하는 것이 아닌 셈이다. 그런 나의 존재는 어떻게 긍정할 수 있을까? 데카르트는 신이 성실한 존재라서 나의 몸을 포함한 물리적인 우주가 거기에 존재하고 있는 것이라고 설명했다. 내 몸의 존재는 신이 보증하고 있는 것이다. 그래서 데카르트의 명제는 좀 세분화해서 이해할 필요가 있다. "나는 생각한다. 고로 비물리적인 나의 마음은 존재한다." 그리고 "신은 성실하다. 고로 물리적인 나의 몸은 존재한다."

어쨌거나 데카르트는 한 편에서는 인간이 이성적인 사유능력을 가진 대단히 확실한 정신적 주체이며, 다른 한 편에서는 우주를 관통하는 물리학적 법칙의 지배를 받는 물리적 실체라고 확신했다. 마음의 존재가 명석판명한 사실이고, 몸을 포함한 모든 우주의 만물이 기하학적 물리주의에 의해 과학적으로 설명가능한 것이기 때문에 인간이 자기 자신과 우주를 확실하게 알 수 있다는 생각이 데카르트의 기본적인 아이디어이다.

데카르트가 말하는 '명석하다(clear)'는 말은 의식의 대상이 우리의 의식에 또렷하게 인식이 된다는 것이고, '판명하다(distinct)'는 말은 그렇게 또렷하게 인식되는 의식의 대상이 다른 것들과 분명하게 구별가능한 방식으로 의식에 나타난다는 것이다. 그는 모름지기 진리란 이렇게 명석판명하게 우리의 의식에 나타난다고 생각했다. 그런데 그런 식으로 진리를 인식하기 위해서 우리의 마음은 언제나 사물을 또렷하게 인식할 자세를 갖추어야 한다. 말하자면 외부의 정보를 최종적으로 취합해서 판단하는 종합상황실의 역할을 해야 하는 것이다.

데카르트의 "나는 생각한다. 고로 나는 존재한다"라는 명제는 철학, 문학, 과학 등의 영역에서 줄기찬 공격을 받아 왔으며, 이 명제를 공격하는 사람들은 대체로 소위 포스트 모더니즘 계열로 분류된다. 데카르트의 이 명제가 함의하는 '나'의 존재는 몇 가지 특징을 갖는다. a) '나'는 통일적인 의식의 중심이다. b) '나'는 완성된 본질을 가지고 있다. c) '나'는 물리적인 것(또는 생리학적인 것)만으로 설명될 수 없는 신비한 주체이다.

자연주의자나 유물론자 그리고 진화론자라고 스스로 생각하는 철학자들은 b)와 c)를 주로 공격한다. 영혼이나 정신 같은 비물리적인 실체로 인간을 설명하는 것은 인간을 천사 다음 순번에 위치시키려는 기독교적인 전통의 유산이다. 인간이 동물에게는 없는 영혼 같은 것을 가지고 있다는 것은 근거 없는 인간중심주의에 불과하다는 것이 이 철학자들의 생각이다.

데넷(Daniel C. Denett) 같은 심리철학자는 과학적 연구를 근거로 하여 a)를 주로 공격하고 있다. 데넷이 데카르트의 이성적 주체라는 개념에 대한 대안으로 제시하고 있는 것은 바로 '멀티플 드래프트(Multiple drafts)' 모델이다. 이 이론은 무엇보다도 입력정보가 수렴되는 중심점이 우리 두뇌의 어딘가에 존재한다는 관점을 부정하기 위한 것이다. 여러 정보가 우리의 두뇌에서 종합됨으로써 최종적으로 어떤 의식적 현상이 출현하는 것이 아니라 신경체계를 통해서 입력되는 다양한 정보들은 언제나 지속적인 편집과 수정의 과정을 거친다고 하는 것이 이 이론의 핵심이다.

데넷이 이러한 모델에서 서술하는 의식은 하나의 통일된 의식이 아니라 여러 경로를 통해서 병렬적으로 진행되고 있는 복수의 의식이다. 그래서 데넷은 의식의 흐름을 일종의 내러티브와 같은 것으로 볼 수 있다고 주장한다. 우리의 신경체계와 두뇌 속에서는 여러 장소에서 다양한 편집을 거치고 있는 내러티브 단편들의 다양한 드래프트들이 존재하며 그것이 우리의 의식을 이룬다는 것이다.

데넷의 관점에서 보자면, 데카르트는 과학적인 인식의 기초로서 마음의 확실성을 내세우고자 했지만, 과학적 탐구의 결과가 데카르트의 마음의 개념이 과학적으로 확실하지 않다고 증언하고 있는 셈이다. 적어도 나의 의식에 관한 한, 데카르트보다는 데넷의 설명이 더 그럴듯해 보인다. 남이섬에서 나의 이성은 아내와 딸에게 잊지 못할 추억을 만들어 줄 것을 요구하는 듯했지만, 나의 복수의 의식들은 순간순간 엉뚱한 느낌과, 기억과, 감정을 불러냄으로써 사실은 도무지 뭐가 뭔지 알 수 없는 시간이 흘러갔던 것이다. 이렇게 쓰고 보니 어처구니없는 행동들이 용서가 될 듯도 하다.

Ⅲ

정영문의 《달에 홀린 광대》는 생각에 대해 생각한 것을 글로 쓰고, 글로 쓴 것을 다시 생각하고 그것을 다시 글로 씀으로써, 말하자면 데카르트식의 사유하는 주체는 무한퇴행에 빠질 수밖에 없으며, 결국 정체성을 유지할 수 없게 된다는 것을 글로 보여주는 소설이다. 데넷은 그것을 '데카르트의 극장'이라고 불렀다. 외부의 정보가 한 군데로 모여지고 그것을 판단하는 의식적인 주체가 내 마음 속에 있다면, 다시 그 주체의 머리 속에는 그 장면을 스크린처럼 보고 있는 또 하나의 의식적인 주체가 존재할 것이며, 다시 그 주체 안에는···. 이런 식으로 무한퇴행이 일어나는 것이 '데카르트의 극장'이라는 은유가 보여주는 이론적인 난점이다.

내가 읽은 정영문의 소설은 두 가지 미덕이 있다. 첫째는 재미있고, 더 솔직하게 말하면 너무 웃긴다는 점이다. 전철을 타고 출퇴근을 하면서 읽다가 웃음이 터져서 참느라고 혼이 났다. 한 대목만 인용해 보자.

나는 천천히 그 암소가 있는 곳을 향해 걸어갔다. 암소는 송아지와 나를 번갈아 쳐다보았다. 나는 암소와 송아지를 번갈아 쳐다보았다. 송아지는 암소와 나를 번갈아 쳐다보았다. 나는 조용히 오른손 손바닥으로 뺨을 어루만졌다. … (정영문,《달에 홀린 광대》, 문학동네, 2004, 62쪽)

여기서 '나'는 암소와 송아지에 비해 의식의 측면에서만 본다면 그리 나을 것이 없다. 데넷은 의식의 신비를 없애기 위해 3인칭 시점에서 의식을 서술할 것을 요구했다. 이 대목은 '나'라고 하는 1인칭 화자가 등장하지만, 나의 의식이 3인칭 시점으로 서술되고 있다고 할 수 있다 (나의 의식은 반드시 나의 의식일 필요는 없는 식으로 서술되고 있다). 암소와 송아지와 내가 서로를 번갈아 가면서 쳐다보는 순간에는 이들의 의식이 차별될 필요가 별로 없어 보인다. 시점은 암소에서 나에게로 그리고 다시 송아지에게로 옮겨간다. 이런 장면을 머리 속에서 그려보자니 너무 웃겨서 소리 내서 웃고 싶었지만, 전철에 탄 사람들이 이상한 놈으로 볼까봐 웃을 수가 없었다. 주인공인 나는 단추가 떨어져 흘러내리는 바지춤을 손으로 붙든 채 암소와 송아지가 있는 곳으로 걸어가다가 문득 버드나무 잎이 바람에 흔들리는 모습을 바라본다. 이런 주인공의 행동과 의식에는 작가가 말하듯이 아무 이유가 없다. 이런 대목이 우습게 느껴지는 사람은 아마도 이 소설의 주인공과 같이 넋을 놓고 이런 저런 행동을 하거나 생각에 잠기는 사람일 것이라고 여겨진다. 웃음이란 공감대에서 비롯되는 것이라는 말이 맞다면, 나는 아마도 주인공에게 완전히 공감을 한 것 같다.

둘째 미덕은, 그의 글은 인간의 의식이라는 것이 너무나도 불명료하며, 난삽하고, 근거를 대기가 어려울 정도로 우연적이어서, 오히려 그렇기 때문에 대단하고 가치 있는 것으로 여겨지게 만든다는 것이다. '내'가 아들과 산에 대해 이야기하는 대목은 우리의 행동이 꼭 어떤 이유를 가져야 한다는 생각, 데카르트식으로 말하면, 확실한 기초에 입각하지 않은 생각은 가치가 없는 것이라는 생각을 비틀어 댄다.

"어렸을 때 저 산에 올라간 적이 있지." 내가 말했다.
그런 다음 나는 아무 말도 하지 않았다. 그렇게 아무 말도 하지 않고 있는 데에는 내 나름의 이유가 있는 것 같았다.
"그런데요." 아들놈이 말했다.
"그러고선 내려왔지." 내가 말했다.
아들놈은 어이없다는 표정을 지었다. 내 말이 어이없게 느껴지기는 나도 마찬가지였다.(정영문, 위의 책, 37쪽)

아무 말도 하지 않은 이유는 사실은 없다. 이유가 없지만 내 나름의 이유가 있는 것 같은 느낌, 내가 한 말에 대해 나 스스로 어이없어 하는 태도, 이런 것들은 사실 이유를 확실히 대거나 내 스스로 대단히 의미 있는 말을 했다고 여겨지는 상황에 비하면 훨씬 더 많이 우리 의식을 차지하고 있을 것이라고 나는 생각한다. 그리고 그야말로 어이없게도 데카르트적인 이성을 가지고 대화를 한다고 생각했던 '아들놈' 역시 헬리콥터가 날개를 어느 정도의 속도로 회전시키느냐는 대목에서는 마찬가지로 불명료한 의식을 드러낸다.

나는 한마디로 불명료한 기억과 신념과 욕망의 그물이다. '나'는 "내가 그곳에서 무엇을 하고 있는지, 또는 무엇을 하려는지 알 수 없었다. 나 자신이, 그것이 무엇인지는 정확히 알 수 없지만, 내게 주어지지 않은 역할에 충실하고 있는 것 같았다"(위의 책, 64쪽). 나는 내 자신의 이성적인 판단과 명령에 따라서 움직이는 것이 아니라, 또는 동물보다 상위의 존재로 나를 만든 신의 소명에 따라 존재하는 것이 아니라, 그때그때 심지어 내게 주어지지 않은 역할에 충실하면서 살아간다.

작가가 나의 이야기를 말하고 있는 '횡설수설'은 '내'가 '나'의 생각을 좇다가 완전히 실종되어 버리는 것처럼 보인다. 생각이 생각을 물고 이어지다가 불명료한 기억들이 이어지고 그 기억의 단편들에서 느꼈던 생각들이 다시 꼬리를 문다. 그러나 이렇게 '내'가 '나'의 기억과 느낌을 서술하는 것 이상으로 '나'에 대해 어떻게 더 잘 서술할 수 있을까? 정리되지 않는 기억과 생각들 속에서 '내'가 홀연히 떠오른다. 참으로 경이로운 경험이다.

자살하는 인간

알베르 까뮈 《시지프의 신화》

김훈 《칼의 노래》

I

세상을 살다보면, 일상이 낯설어질 때가 있다. 아침에 힘들게 눈을 뜨고, 세수하고 밥을 먹고, 매일 같은 길을 걷고, 차를 타고 출근을 한다. 업무에 쫓기면서 일을 하고, 매일 보는 사람들을 만나 수다를 떨고, 익숙해진 식당에 가서 식사를 하고, 집에 돌아와 매일 비슷한 내용으로 반복되는 뉴스를 보고, 책을 읽다가 잠이 든다. 그 다음날도 그리고 그 다음날도 비슷한 일이 반복된다. 그러다가 문득 데자뷰의 상태에 빠져 마치 타자의 눈으로 자신을 바라보는 듯한 느낌을 갖게 되는 경우가 있다.

그렇게 일상이 낯설어질 때 드는 첫째 느낌은 자신의 삶의 궤적이 과연 자신의 것인가 하는 것이다. 사실 그 뻔한 시간의 반복 속에는 '내'가 아니라 어떤 누군가가 위치하더라도 별 상관이 없겠다는 생각이 든다. 이런 데자뷰가 곧 사라진다면, 우리는 마음에 약간 찜찜한 느낌을 간직하겠지만, 일상으로 돌아가 생활하는 데 큰 어려움을 겪지 않아도 된다. 그러나 그렇지 않고, 그 반복되는 일상의 의미에 대해 묻기 시작한다면, 우리의 고민은 걷잡을 수 없이 더 복잡한 문제로 나아가게 된다. 그것은 바로 내가 살아가는 것이 의미 있는 일인가 하는 것이다. 이 삶의 의미에 대한 물음은 곧바로 죽음에 관한 물음과 맞닿아 있다.

　매일 많은 사람들이 자살한다. 그리고 매스컴은 거기에 그럴듯한 이유를 달아 보도한다. 모든 자살에는 그래서 합당한 이유가 있는 것처럼 보인다. 군대에서 고참의 폭행이나 성추행을 견디다 못해 자살한 사병의 이야기, 성적을 비관하고 투신한 중고등 학생들의 이야기, 밀린 임금을 받지 못해 분신한 노동자의 이야기, 취직이 되지 않아 고민하다 자살한 시간강사들의 이야기가 매일 보도된다.

　그러나 너무나도 매끄러운 인과관계를 가지고 있는 그 이야기들로 그들의 자살이 해명될 수 있는 것일까? 폭행을 당하지 않는 사병, 성적이 뛰어난 학생, 돈을 많이 버는 직장인, 이미 취직한 대학교수가 자살하기 위해서는 이제 다른 이유를 찾아야 할 것이다. 강사의 죽음에 대해 인터넷 게시판에 올라온 많은 글의 내용은, 박사학위도 받고 수입도 어느 정도 되는 작자가 우리 사회의 비참한 수많은 사람들의 처지를 생각해 보지도 않고 죽은 것은 잘못이라는 비난이었다. 우리는 같은 기준으로 다른 경우의 자살을 비난할 수 있을 것이다. 더 많이 맞으면서 견디는 사병, 학교에 갈 형편도 안 되는 청소년, 일하고 싶어도 일자리가 없는 실직자나 노숙자들도 있는데 자살하는 것은 잘못이다라고. 우리의 삶이 이렇게 명료한 것일까? 이런 비난은 뭔가 우습다 못해 천박한 느낌마저 든다.

　아무리 많은 자살이 이어져도 철학자들은 더 이상 그것을 철학적 사유의 대상으로 생각하지 않는다. 오늘날 철학은 과학의 안전한 길 위에서 진리를 향해 나아가는 것만으로도 할 일이 많다고 생각하기 때문이다. 철학의 비극이다.

이제 다시 철학이 죽음의 문제를 고민했던 시대로 되돌아 갈 필요가 있다.

Ⅱ

까뮈는 《시지프의 신화》 첫머리에서 다음과 같이 쓰고 있다.

참으로 진지한 철학적 문제는 오직 한 가지뿐이다. 그것은 자살이다. 인생이 살 만한 가치가 있느냐 없느냐를 판단하는 것, 이것이 곧 철학의 근본 문제에 대답하는 것이다.(까뮈, 《시지프의 신화》, 1980, 범우사, 31쪽)

강단 철학자들은 말할 것이다. 까뮈는 철학자가 아니며, 인간의 자살은 문학적 소재는 될 수 있을지언정, 논증적인 탐구의 대상은 아니라고. 그러나 명료하고 논증적인 문제는 오히려 인생이 살 만한 가치가 있는 것인가의 물음이 해명되지 않는 이상 '장난에 불과하다'는 까뮈의 생각에 나는 동조하고 싶다. 내게는 이처럼 엄숙하고 진지한 물음에 대한 대답을 회피하려는 그 어떤 철학도 공허하게 여겨진다.

어느 누구도 공통적인 해답에 도달할 수 없는 그와 같은 물음을 던진다는 것은 명백히 비합리적인 일이 아닌가? 그러나 인생이 살 만한 가치가 있느냐 하는 물음에 대해 답하지 않고 관성에 의해 살아가는 일은 그보다 더 비합리적이다. 따라서 명증적인 논구가 불가능하다면, 막연한 창작이라도 시도해야 할 것이다. 철학이 문학적 상상력을 동원해서는 안 된다는 법은 없다. 여기서 철학과 문학의 경계는 모호하다. 까뮈의 《시지프의 신화》는 그 경계의 모호함을 잘 보여준다.

까뮈는 다른 실존주의자들과 마찬가지로, 이 세상이 우연적인 존재로 가득 차 있다는 데에서 출발한다. 우연적이라는 것은 그 연관이 설명되지 않는다는 것을 뜻한다. 모든 의미가 좌초하는 곳, 그것이 우리가 직면하고 있는 세계이며, 이것을 까뮈는 '부조리'라고 불렀다.

그러나 이 세상의 우연성을 직시한 것이 유독 실존주의자들만이라고 할 수 있을까? 역설적이게도, 이성을 가지고 모든 것을 설명할 수 있다고 믿는 철학자들의 원조인 플라톤 역시 이 세상의 우연성, 덧없음을 설파하였다. 그에게 있어서 이 세상은 온갖 불완전한 것들로만 가득 차 있다. 예를 들어 정삼각형이나 정확한 원을 그려내야 할 것을 임무로 부여받은 사람이 있다면, 그는 죽을 때까지 어떠한 수단을 동원하여 노력하더라도 그와 같은 도형을 그릴 수 없다. 이 세상에 완전한 정삼각형이나 원이란 있을 수 없기 때문이다. 육체적인 감각에 의해 그려지고 지각되는 물체의 모습은 완전할 수 없다. 그것은 미세하게 각이 어긋나 있거나 곡선이 일그러져 있다. 완전함이란 이 세계의 것이 아니다.

완전한 정삼각형과 완전한 원은 오로지 우리의 관념(Idea)으로만 존재할 뿐이다. 그리고 그 관념은 물리적인 것, 곧 우리의 몸이 속한 세계에 있지 않다. 그것은 우리의 비물질적인 영혼이 속해 있었던 고향, 피안의 어딘가에 존재하며, 육체적 감각이 아닌 영혼의 탁월한 능력이라고 할 이성에 의해 파악될 수 있을 뿐이다.

이 세상에 속한 모든 가치 역시 불완전하다. 한국사회에서 수백만 명 정도에 해당하는 부자들은 매일 호텔에서 값비싼 식사를 해도 가계에 표도 나지 않는다. 한편에서는 그들의 한 끼 식사비가 한 달 생활비가 되는 사람들이 허다하다. 부모를 잘 만나 군대에 갈 걱정을 하지 않는 아이들이 있는가 하면, 평균체격도 안 되는 서민의 자식들은 잘못하면 엄청난 무게의 포판이나 포신을 등에 지고 겨울산을 행군해야 하며, 고참으로부터 오는 모든 인간적인 모멸감을 견뎌야 한다. 그들이 지키는 것은 군대 갈 걱정을 하지 않아도 되는 아이들이다. 평화를 위해 전쟁준비를 한다는 것만큼이나 이해할 수 없는 말이 또 있을까? 도덕교과서는 올바르고 정직한 사람이 되라고 가르친다. 그러나 영특한 아이들은 그것이 터무니없이 공허한 가르침이라는 것을 누구보다 잘 알고 있다. 시대의 지성을 자처하는 교수들은 노예적인 지식노동자인 강사와 조교들의 굴종을 먹고 살며, 그 위에 군림하는 데서 자신의 지위를 확인하려 한다. 카드 빚에 몰려 몸을 팔고 목숨을 버리는 사람들이 없이는, 소위 노동시장의 유연성을 담보하는 산업예비군이 없이는 금융사가 유지될 수 없을 것이다. 체불임금을 달라고 애원하는 외국인 노동자들에게 사장은 각목을 휘두른다.

　도저히 이해될 수 없는 일들이 맞물려 돌아가는 이런 세상에서 희망을 가질 수 있을까? 플라톤주의자들은 말한다. 너의 육체에 가해지는 모든 부조리한 일들은 사실은 참된 것이 아니라고. 그것들은 덧없는 것이며, 우연적이고, 일시적인 것이라고. 우리가 찾는 진리는 그 모든 불합리한 것들에 의해 손상 받지 않은 채 저 피안의 세계에 영원히 존재한다고. 이런 식의 희망은 세상에 대한 절망 위에서만 성립한다는 점에서 허무주의적이다. 피안의 진리에 대한 믿음에 바탕을 둔 희망은 우리의 삶에 의미를 부여할 수 있다. 모든 불합리하고 부조리한 일들은 언젠가는 모두 해명될 것이다. 문제는 그 해결이 이 세상에서만큼은 불가능하다는 것이다. 까뮈는 이런 희망을 '치명적인 도피' 요 기만이라고 불렀다.

> 마땅히 받을 자격이 있어야만 할 내세의 삶에 대한 희망, 혹은 삶 그 자체를 위해서가 아니라 어떤 위대한 관념, 삶을 넘어서고, 승화시키고, 삶에 하나의 뜻을 부여하고 그리고 그것을 저버리는 관념을 위해 사는 사람들의 기만.(까뮈, 위의 책, 38쪽)

부조리로 가득 찬 세상에서 살아가야 할 의미를 찾지 못한 사람들이 내세에 대한 희망을 도피요 기만이라고 생각한다면, 자살은 그들이 진지하게 고민하게 되는 대안이 된다. 그러나 내세에 대한 희망이 도피인 것과 마찬가지로 자살 역시 부조리에 대한 해결책이 될 수는 없다. 자살을 통해서 무의미가 극복되지는 않기 때문이다.

> 자살한다는 것은… 인생에 대처하지 못하고 끌려감을, 혹은 인생을 이해하지 못한다는 것을 고백하는 것이다. 그것은 인생이 '살만한 가치가 없다'는 것을 고백하는 것이다. 사람들은 많은 이유로—그 첫째는 습관이다—생존이 명하는 행위를 계속한다. 자진해서 죽는다는 것은 이러한 습관의 우롱적인 성격, 산다는 모든 깊은 이유의 결여, 매일 매일의 이 소란의 무모한 성격, 그리고 고통의 무용성(無用性)을 의식하였다는 것을 전제로 한다.(까뮈, 위의 책, 34쪽)

희망을 가질 수도 없고, 자살을 하는 것도 대안이 될 수 없다면, 부조리한 세상에 던져진 우리는 도대체 어쩌란 말인가? 대답은 간단하고 진부하다. 살만한 가치가 없다면 가치를 만들면 된다. 어떤 광고의 카피처럼 "피할 수 없다면 즐겨라"가 실존주의자들의 대안이다.

실존이란, 부조리를 의식하는 데서 시작한다. 따라서 습관적인 삶을 반복하는 일상인에 비하면, 자살을 진지하게 고민해 본 적이 있는 사람들은 철학적인 사유에 한걸음 더 다가간 셈이다. 실존적인 상황이란 부조리로 가득 찬 세상을 자신이 감내하고 살아가야 할 세상으로 적극적으로 받아들이는 데서 성립한다. 인생의 덧없음을 부정하기보다는 그것을 긍정함으로써 그 덧없음에 스스로 의미를 부여하는 것이 실존적인 삶이라고 할 수 있다.

까뮈는 니체를 좇아 실존적인 삶이란 예술적인 창조행위와 같다고 말한다. 실존적인 삶을 사는 인간에게 부조리란 더 이상 회피와 절망의 대상이 아니라, 인생의 기쁨을 찾을 수 있는 바탕이 된다. 부조리의 기쁨은 곧 '창조'이며, 창조한다는 것은 인생을 두 번 사는 것이다. 세상에 맞서게 하는 끊임없는 긴장 속에서 인간은 비로소 의식적인 존재일 수 있으며, 덧없는 모든 것을 기꺼이 맞아들일 수 있는 정열을 가질 수 있다.

부조리로 가득 찬 세상에 맞서 싸우는 동안만 자유로운 삶을 살 수 있다는 실존주의자들의 주장은 각자가 자신의 삶에 있어서 영웅이 될 것을 요구하는 것으로 보인다. 세상의 영웅이 되기도 쉬운 일은 아니지만, 자신의 삶에서 주인이 된다는 것도 그리 쉬워 보이지는 않는다.

Ⅲ

　김훈의 《칼의 노래》는 이순신을 그와 같은 영웅으로 그린다. 책 전체를 관통하는 주제가 죽음과 관련되어 있다는 점에서 이 소설은 까뮈가 말하는 철학의 첫째 주제를 다루고 있다고 할 수 있다. 이순신은 끊임없이 어디에서 어떻게 죽을 것인가를 고민한다. 이것은 그가 세상의 부조리를 충분히 의식하고 있기 때문이라고 할 수 있다.

　이순신을 둘러싼 세상은 온통 무의미로 가득 차 있다. 이순신의 전쟁은 우리가 어려서 읽기를 강요당했던 소위 '자유교양' 시리즈의 이순신 전기가 말하는 것처럼 나라와 민족을 위한 전쟁이라기보다는 무의미로 가득 찬 세상에 대한 이순신 개인의 전쟁으로 그려지고 있다. 이순신은 조선의 장수로서 왜적과 맞서 싸운다. 적은 이순신의 죽음을 원한다. 그러나 이순신이 목숨을 걸고 지키고자 하는 조선의 조정 역시 이순신의 죽음을 요구한다. 전쟁의 성과에 대한 증거물로 조정에 바쳐지는 적병의 머리는 사실은 조선수군의 것이다. 스스로 지켜야 할 자기 백성의 목을 잘라 자신의 존재를 정당화하는 국가가 어떤 논리로 설명될 수 있는가?

　김훈에 의해 그려지는 이순신의 전쟁이 이순신의 실존적인 투쟁의 과정이라는 점은 몇 가지로 말할 수 있다. 세상의 부조리에 대한 권태, 몸에 대한 서술, 죽음마저도 의미 있게 하고자 하는 그의 갈망 등이다.

　이순신은 이 세상이 도저히 납득할 수 없으며, 설명될 수 없는 내용들로 가득 차 있다고 믿고 있으며, 그런 세상에 대해서 일종의 권태를 느끼고 있다. 이순신은 갯벌에 목이 잘린 채 박혀 있는 조선 수군의 시체를 바라보며 전쟁

자체의 의미 없음을 생각한다.

> "목이야 어디로 갔건 간에 죽은 자는 죽어서 그 자신의 전쟁을 끝낸 것처럼 보였다. 이 끝없는 전쟁은 결국은 무의미한 장난이며, 이 세계도 마침내 무의미한 곳인가. 내 몸의 깊은 곳에서 아마도 내가 알 수 없는 뼛속의 심연에서, 징징징, 칼이 울어대는 울음이 들리는 듯했다. 나는 등판으로 식은땀을 흘렸다."(김훈, 《칼의 노래》, 생각의 나무, 2002, 21쪽)

이순신이 흘리는 식은땀은 아마도 세상의 내용 없음, 설명될 수 없는 부조리가 내리누르는 무게를 감당하지 못하는 데서 나오는 땀일 것이다. 이순신은 그 무의미함에 대해 어떤 의미를 부여하려고 노력하지 않는다. 다만 그것을 그가 감당해야 할 세상으로 덤덤하게 받아들일 뿐이다. 그가 관념적인 희망으로 도피하거나, 무의미한 죽음에 스스로를 내맡기는 선택을 하지 않고 세상과의 긴장을 유지하고 있다는 점이 이순신을 실존적인 인간으로 만들고 있다.

그런 실존이 속해 있는 곳은 바로 이순신의 몸이 속해 있는 곳이기도 하다. 이순신의 육체적 고통에 대한 작가의 반복되는 서술은 그가 삶을 중단하지 않는 한 도저히 빠져나올 수 없는 의미 없는 세상의 중심에 던져져 있다는 것을 끊임없이 상기시킨다. 부상과 고문으로 망가진 그의 몸은 그가 어쩔 수 없는 시간적 존재이며, 생물학적인 죽음 앞에서 무력할 수밖에 없는 유한한 존재라는 사실을 증거한다.

먼 바다 쪽 하늘에서 붉은 노을과 검은 노을이 어지럽게 뒤엉키고 눅눅한 바람이 불어오면 오른쪽 무릎 관절이 쑤셨다. 다음날 비가 내렸다. 여름 장마 때는 임진년 율포 싸움에서 총 맞은 왼편 어깨가 결렸고 날씨가 갑자기 추워지면 무릎과 허리가 함께 아팠다. 허리의 통증이 허벅지와 장딴지의 신경을 타고 내려가 발가락 끝까지 저렸다. 임진년 율포에서 적탄은 어깨뼈에 깊이 박혔다.(김훈, 위의 책, 162쪽)

이 정도면 시쳇말로 걸어 다니는 종합병원이라고 할 만한 몸이다. 이순신의 몸에 대한 서술은 실존주의적인 해석을 위해서는 꽤 중요하다. 실존주의는 기본적으로 플라톤주의적인 보편이성을 거부하는 데서 출발하기 때문이다. 플라톤이 부정했던 감각의 세계를 긍정하는 데서 실존적 사유가 시작된다. 그 감각의 세계는 바로 우리의 몸이 속한 세계이다. 이 세상은 그 자체로서는 아무런 의미도 가지고 있지 않은 존재들과 우리의 몸이 만나는 세계이다. 우리가 세상을 향해 자신의 가능성을 던진다고 할 때 결국 던져지는 것은 나의 몸이다. 나는 몸을 통해서 세상과 만나고 그 몸을 통해서 가치를 만들어 내는 것이다. 나의 개별성 역시 나의 몸에서 비롯된다. 이순신의 실존적인 정체성은 그가 온몸으로 느끼는 고통과 그의 어머니의 체취, 면에게서 풍기는 젖비린내, 여진의 몸에서 나오는 지독한 젓국 냄새를 통해서 이루어져 있다.

세상의 부조리에 대한 인식은 개별적인 몸들이 사실은 아무런 관련이 없이 세상의 존재들에 둘러싸여 있다는 것, 양사 사이에는 뛰어넘을 수 없는 단절이 있다는 것을 바라봄으로써 얻어진다.

포로들은 모두 각자의 개별적인 울음을 울고 있었다. 그들을 울게 하는 죽음이 그들 모두에게 공통된 것이었다 하더라도 그 죽음을 우는 그들의 울음과 그 울음이 서식하는 그들의 몸은 개별적인 것으로 보였다… (중략) 그러나 저마다의 울음을 우는 개별성의 울음과 개별성의 몸이 어째서 나의 칼로 베어 없애야 할 적이 되어야 하는 것인지를 나는 알 수 없었다. 적에게 물어보아도 적은 대답할 수 없을 것이었다.(김훈, 위의 책, 254쪽)

몸의 개별성에 대한 서술은 세상의 부조리에 대한 보충적인 설명기제라고도 할 수 있다. 시간의 우연성 속에서 만나게 된 개별적인 몸들이 서로를 죽여야 할 이유는 없다. 그 개별적인 몸의 죽음은 아무도 설명할 수 없다. 개체로서의 내가 살 가치가 있는가라는 물음, 또는 개체로서의 적이 살 가치가 있는가라는 물음 앞에서 다른 모든 이유는 장난이 되고 만다. 이렇게 설명될 수 없는 덧없는 것들이 언젠가는 모두 해명되리라는 믿음이 우리가 희망을 갖는 이유라면, 실존주의자들은 그런 기만에 속지 말라고 경고할 것이다.

   그런 의미에서 적장 고니시가 대장 깃발로 가지고 다니는 열십자 무늬의 깃발이 화력이 집중되어야 할 조준점이 되고 있는 것은 우연한 것으로 읽히지 않는다. 인간의 죄를 누군가가 대신 짊어진다는 것이 야소교의 교리라는 말을 이순신은 알아들을 수 없다. 열십자 깃발은 단지 이해할 수 없는 것일 뿐 아니라 화력을 집중해서 없애버려야 할 대상이 되고 있다. 이것을 두고 실존주의자의 플라톤주의에 대한 태도를 은유적으로 표현한 것이라고 해석해도 크게 무리가 되지는 않을 것이다.

다른 무엇보다 이순신을 실존주의자로 만들고 있는 것은 자신의 무의미한 삶에 의미를 부여하고자 투쟁하는 그의 태도이다. 그는 자신의 전쟁이 자신이 싸워야 하는 마지막 장소라는 것을 잘 알고 있었다. 전쟁 중에 적에 의해 죽거나 죽지 않고 전쟁이 끝나더라도 부조리한 세상이 그의 생물학적인 삶을 유지시키지 않으리라는 것을 예견하면서 그는 자신의 죽음이 무의미한 죽음이 아니길 열망한다. 곧 삶에 끌려 다니는 것이 아니라 그 자신의 삶에 대한 주인이 되고자 하는 것이다.

시지프가 바위를 끌어 올려야 하는 자신의 일에 대해 기쁨을 느끼듯이, 마치 농사일을 하듯이 적의 머리를 베는 권태롭고 무료한 전투에서 이순신은 창조의 기쁨을 느낄 필요가 있었다. 그의 죽음은 설명되지 않는 무의미한 죽음이 아니라 그런 창조적 과정의 끝이어야 했다. 물론 소설에서 이순신은 전투에서 기쁨을 찾는 전쟁광으로 그려지지는 않는다. 이를테면 그렇다는 이야기다. 그러나 그가 세상의 모든 위협과 무의미한 죽음에 맞서는 과정은 예술적인 창조과정과 다를 바 없다. 이순신은 마지막 전투를 앞두고 임금이 내려 준 면사첩을 태워버리고 적과 싸우다 죽는 죽음을 택한다. 그리고 그것을 자연사라고 믿고자 한다. 실존주의자에게 자살이란 스스로의 인생이 무가치함을 고백하는 것이기 때문이다. 그는 자신이 의식한 부조리한 세상과 긴장관계를 유지함으로써 만들어진 실존적 상황 속에서 자신의 삶을 마감함으로써 끝까지 자신의 삶의 주인, 가치의 창조자로 남길 원한다.

나는 스스로 철학을 한다고 하고 있지만, 시지프의 바위를 기쁘게 짊어질 만한 투쟁적인 자세를 가지고 있다고 말할 수가 없어서 유감이다. 그렇기 때문에 이순신을 실존적인 인간으로 그려낸 소설을 읽어도 이순신이 더 가깝게 느껴진다거나 결국 인간의 고민이란 비슷한 것이어서 위안이 된다거나 하는 식의 생각은 들지 않는다. 실존주의자들이 짊어지라고 주문하는 삶의 무게가 너무나도 두려울 따름이다.

텍스트의 바깥

루트비히 비트겐슈타인 《논리철학 논고》

아멜리 노통브 《살인자의 건강법》

I

일본의 저 유명한 소설가 무라카미 하루키는 어떤 수필집에서 자신이 가르치는 데는 아주 소질이 없어서 자신에게 배우러 온 학생들이 불행하다고 쓴 적이 있다. 코믹하게 쓴 그 글을 읽으면서 등줄기에 땀이 흘러내렸다. 나는 도대체 얼마나 많은 불행한 인간을 양산하고 있는 것일까? 이번에 끝난 여름 계절학기 강의 역시 지루함을 견디지 못한 학생 몇 명이 불이익을 감수하면서 중도하차했다. 내 스스로 생각해도 내 어눌한 입을 바라보고 있는 학생들이 너무 안쓰럽다. 그런데 세상에는 알 수 없는 일도 많아서, 일부러 몇 학기째 쫓아다니며 배우겠다는 학생들도 있으니 재주 없는 사람도 먹고 살게 되어 있는 모양이다.

언젠가는 스스로 광대를 자처하고 텔레비전에서 활발히 활동하는 모 교수의 강의를 모니터하면서 교수법을 배워볼까 하는 진지한 고민을 해 보았다. 그런데 그 경지가 나로서는 도저히 흉내도 못 낼 정도여서 얼른 포기했다. 듣는 사람들의 시선을 계속 끌어당기는 표정과 몸짓, 끊임없이 귀를 긴장시키는 묘한 쇳소리, 적질한 타이밍에 내던지는 욕설이나 상소리. 타고나지 않은 다음에야 그런 것을 누가 따라할 수 있겠는가? 더구나 강사를 바라보는 학생들의 그 행복한 표정들은 마치 기도원에 앉아서 구원자를 직접 보고 있는 듯해서 감동을 불러일으킨다. 10여 년을 강의하면서 내 학생들 가운데 그런 표정을 짓는 학생은 단언하건대 한 명도 없었다. 무엇보다도 그 교수처럼 그렇게 집중해서 열강을 했다가는 3시간 정도 떠들고 나면 다리가 후들거리는 나 같은 약골은 객사할지도 모른다.

하루키는 자신이 가르치는 데 소질이 없다고 겸손을 떨면서도 자신이 쓴 책이 안 읽힌다는 고민은 어디서도 하지 않는다. 그럴 수밖에 없다. 심지어 강의에 소질이 없다는 식의 시시한 잡문을 외국인인 내가 사보고 있을 정도니. 그런 점에서 나는 하루키보다 한 마디 더 할 수 있는 처지에 있다. 예전에 책을 한 권 출판했는데, 그야말로 아무도 안 읽는다. 아니 딱 한 사람 전화를 걸어 온 독자가 있었다. 중년의 신사분이었는데, 자신의 이름을 밝히지 않으면서 내 책이 자신이 가지고 있었던 철학적인 고민들에 대해 해답이 되었다고 칭찬을 해 주었다. 뭐라고 대답을 한 것 같은데 잘 기억이 나지 않는다. 너무나도 당황한 나머지 고맙다는 인사도 하지 못했다. 아마도 그 독자는 직접 전화를 한 것에 대해 후회했을 것 같다. 아무도 읽지 않을 거라고 생각한 책을 읽고 전화를 한 사람이 있다는 데 대해 느끼는 당혹감은, 아무도 없을 거라고 생각한 내 곁에 사람이 있다는 것을 발견하고 느끼는 당혹감과 비슷하다. 이 글을 그 독자분이 읽을 확률은 거의 없겠지만, 어쨌든 고맙다는 말을 하고 싶다.

인기 없는 강의를 하거나 재미없는 책을 쓰는 사람이 살아가는 방법 중의 하나는 대중의 수준을 깎아 내리는 것이다. 예를 들면 베스트셀러가 된 책들을 비웃는 것이다. 물론 그래봤자 속 쓰린 건 어쩔 수 없다.

Ⅱ

아멜리 노통브가 쓴 《살인자의 건강법》이라는 책을 읽었다. 프랑스에서 어마어마하게 많이 팔린 베스트셀러라고 해서 한번 읽고 비웃으려고 했는데, 재미있는 책이라는 것은 부인할 수 없다. 책도 두껍지가 않아서 출퇴근하는 전철 안에서 다 읽었다. 톡톡 튀는 대사가 마치 김수현 극본의 주말 연속극을 보고 있는 것 같은 착각을 불러일으킨다.

이 책은 노벨문학상을 수상한 대문호를 신문기자들이 차례로 인터뷰하는 내용으로 되어있다. 대문호의 이름은 프레텍스타 타슈이다. 옮긴이에 의하면 이 이름은 하나의 은유로서 'pretext' 곧 '텍스트 이전의 것'을 뜻한다고 한다. 프레텍스타 타슈를 인터뷰하는 기자들은 글을 써야 하는 사람들이고, 이들은 글이 되기 이전의 것을 탐구하는 작업을 하고 있는 셈이다.

먼저 멍청한 기자 몇 명이 준비도 없이 대가를 인터뷰하려고 시도하다가 혼쭐이 난다. 마지막으로 대가에 필적할 만한 명석한 두뇌를 가지고 있는 여기자가 등장해서 대가를 마음대로 요리한다. 그는 대가가 숨겨오던 유년시절의 비밀을 밝혀내고 대가를 자신 앞에 무릎 꿇게 한다. 옮긴이가 지적한 대로 프레텍스타 타슈라는 이름이 하나의 은유라면 이 책은 대문호가 평생을 감추어 온 유년시절의 비밀을 밝혀나가는 미스터리 소설이라기보다는 글쓰기란 무엇인가에 대한 젊은 작가의 글쓰기론이라고 보아야 할 것이다.

실제로 작가는 주인공 프레텍스타 타슈의 입을 빌어, 혹은 그를 대하는 기자들의 태도를 통해 글쓰기란 모름지기 어떤 것이어야 하는가에 대해 여러 가지 서술을 시도한다. 프레텍스타 타슈는 이 책에서 역겨운 음식을 즐기는 엄청난 뚱보에다가 몸에 털도 없고, 괴팍한 성격을 지닌데다가 성적인 능력도 없으며, 연골암에 걸려 두 달밖에 살 수 없다는 사망선고를 받고 있는 늙은 괴물로 묘사된다. 이러한 괴물에게 혼쭐이 났으면서도 멍청한 기자들은 그러한 인물이 될 수 있다면 좋겠다고 생각한다. 작가는 인간이면 모름지기 그런 괴물이 되기를 바라는 존재라고 중얼거린다.

"좋았을까요? 뚱보에다 내시 같은 글쓰기광이 되는 거 말이에요." 암 좋았을 테지. 그렇게 생각하는 사람이 그 기자 한 사람만은 아니었다. 인간이라는 게 원래 그런 존재이다. 그리하여 건강한 정신을 가진 이들이 젊음과 육신과 사랑과 우정과 행복과 기타 등등을 영원이라 불리는 환상의 제단에 바칠 준비를 하게 되는 것이다." (아멜리 노통브, 《살인자의 건강법》, 문학세계사, 2004, 70쪽)

이런 지적은 그리 낯설지 않다. 2001년도에 리처드 로티가 방한해서 김우창 교수와 대담한 적이 있는데, 나는 다음날 신문에 싣기로 예정되어 있는 대담 정리 원고를 쓰기 위해 배석했다. 로티는 문학이 우리 문화에서 어떤 역할을 할 수 있으며, 왜 강조되어야 하는가에 대해 이야기했다. 신문에 실었는지 정확히 기억은 안 나지만, 로티는 당시에 스스로 여러 가지 삶의 방식 가운데 한 가지를 선택하라고 한다면 프루스트 같은 작가의 삶을 선택하고 싶다는 이야기를 했다. 이것은 곧 사적인 자율성, 미적인 숭고함을 위해서 살고 싶다는 말로 이해할 수 있다. 아멜리 노통브 역시 이 대목에서 자신이 글쓰기에 빠지게 된 이유를 고백하고 있다고 생각한다.

그런데 그렇게 모든 것을 다 바쳐서야 가능한 글쓰기란 도대체 무엇일까? 프레텍스타 타슈는 글이란 모름지기 사람을 변화시키는 것이어야 한다고 생각한다. 그런 의미에서 그는 자신의 글을 이 세상 사람 그 누구도 진정으로 읽지 않았다고 확신한다.

"난 세상 사람들이 모두 나처럼 책을 읽을 거라 생각했소. 나는 음식을 먹듯 책을 읽는다오. 무슨 뜻인고 하니, 내가 책을 필요로 할 뿐만 아니라 책이 나를 구성하는 것들 안으로 들어와서 그것들을 변화시킨다는 거지… 지성인이라는 사람들한테 내가 몇 번이나 물어봤는지 아시오. '그 책이 당신을 변화시켰소?' 라고 말이오. 그러면 그 사람들은 눈을 휘둥그렇게 뜨고 날 쳐다보는 거요. 꼭 이렇게 묻는 것 같았소. '왜 그 책 때문에 내가 변해야 하죠?'"(아멜리 노통브, 위의 책, 76-77쪽)

그런데 이러한 언급만 놓고 보면, 아멜리 노통브는 글쓰기의 목적이 사람을 변화시키는 것이라고 말하는 듯하다. 그러나 로티의 표현을 빌어 말하자면, 사적인 자율성을 위한 행위는 반드시 타자와의 소통을 염두에 두고 이루어질 필요는 없다. 아멜리 노통브 역시 이 점에 대해 동의하는 것으로 보인다. 프레텍스타 타슈는 글쓰기의 목적이 소통에 있는 것이 아니라 쾌감에 있다고 단언한다.

"잠깐, 혼동하지 마시오. 글을 쓴다는 건 소통을 하고자 하는 게 아니오. 왜 글을 쓰냐고 물었으니, 매우 엄정하면서도 매우 배타적인 대답을 들려드리리다. 그건 쾌감을 느끼기 위해서요. 달리 말해 쾌감을 느낄 수 없다면 절필해야만 한다는 얘기지. 글쓰기는 날 쾌감의 절정으로 이끌곤 하오. 쾌감으로 미치게 만든단 말이오. 왜냐고는 묻지 마시오. 나도 도무지 모를 일이니까." (아멜리 노통브, 위의 책, 97쪽)

글쓰기의 목적이 소통에 있지 않다고 하는 것은 글쓴이 스스로가 자기 글의 독자이며, 스스로가 자기 글을 통해 변화할 수 있는 대상이 될 수 있기 때문에 가능한 이야기라고 생각한다. 미적 체험의 과정을 주관과 객관이 만나서 혼연일체가 되는 일종의 놀이과정으로 파악하고 있는 가다머의 입장에서 보자면, 감상의 주체가 전혀 없는 작품은 존재한다고 말할 수조차 없기 때문이다.

글쓰기의 문제에 국한해서 볼 때, 나는 《살인자의 건강법》이라는 책에서 작가가 하고자 하는 말은 주인공인 여기자가 등장하기 전에 이미 프레텍스타 타슈의 입을 빌어 다 나왔다고 생각한다. 여기자와 대가의 입씨름은 그저 재치 있는 말장난으로 보인다. 다른 기자들에게는 그렇게도 엄격하고 치밀한 논리로 훈계하던 프레텍스타 타슈는 자신의 책을 다 읽었다고 주장하는 여기자 앞에서는 어이없게도 엉성한 말장난을 시도하다가 말꼬리가 잡혀 바닥을 기기도 한다. 프레텍스타 타슈는 여기자에게 갑자기 사랑을 고백하고 자신이 사촌누이를 목졸라 죽였듯이, 자신을 그 자리에서 목졸라 죽여달라고 매달린다. 여기자는 소원대로 그를 죽인다. 프레텍스타 곧 'pretext'의 종말이다. 이제 텍스트의 세계로 넘어가게 되는 대목이다. 소설은 여기서 끝난다.

III

철학적인 물음은 여기서 시작된다. 프레텍스타는 프레텍스타인가? 아멜리 노통브는 프레텍스타를 여러 가지로 묘사해 보여주었다. 그런데 그런 묘사가 이루어지면 그는 이미 프레텍스타가 아니다. 하나의 텍스트가 된 것이다. 여기서 제기되는 철학적인 문제는 우리가 과연 텍스트의 바깥으로 넘어갈 수 있는가 하는 것이다.

이 문제는 20세기 초에 있었던 '언어적 전회' 이후 철학적인 논쟁거리가 되어왔다. 이 논쟁의 출발점에는 너무 유명해서 록그룹의 이름으로도 차용된 적이 있는 비트겐슈타인이 있다. 비트겐슈타인이 그의 전기 저작인 《논리철학 논고》의 마지막 명제로 제시한 문장은 너무나도 유명해서 여러 곳에서 인용된다. 그 명제는 "말할 수 없는 것에 대해서는 침묵할 것"이라는 명제이다. 그런데 이 말은 너무 자주 인용되다 보니 가끔 실소를 자아내게 하는 경우도 있다. 때때로 이 말은 "잘 알지도 못하면서 함부로 말하지 마라"는 도덕적인 경구나 "할 말 못 할 말을 잘 가려서 해야 한다"는 교훈적인 내용을 담은 것인 양 인용된다. 곰곰이 생각해 보면 그런 의미도 없지는 않을 것이다. 그런데 사실 이 말은 '논리적 원자론'을 주장했던 전기 비트겐슈타인의, 형이상학적 철학에 대한 경고성 메시지이다. 그다지 낭만적이거나 처세와 관련된 말이 아니라는 말씀이다.

논리적 원자론이란, 의미를 갖는 말의 최소 단위를 명제로 보고, 그 명제를 원자 명제라고 부르면서, 각각의 원자 명제에 대해 대응하는 원자적인 사실이 세계에 존재한다고 보는 관점이다. 원자 명제는 모여서 분자 명제가 된다. 세계 내의 사태 혹은 사실은 모여서 더 복잡한 사태 혹은 사실이 된다. 우리가 세계를 알 수 있는 방법은 세계에 대해서 말하고 있는 명제를 분석하는 것이다. 여기서 '말한다(sagen)'고 하는 것이 중요하다. 우리는 세계에 대해서 말함으로써 세계 내의 사태를 이루고 있는 사물의 질서를 은연중에 우리의 말 속에 드러낸다. 비트겐슈타인은 세계의 모습을 반영하고 있는 우리의 말을 분석함으로써 세계에 접근해 들어갈 수 있다고 생각했다. 곧 우리가 분석의 대상으로 삼을 수 있는 것은 세계 자체가 아니라 우리의 말이다. 여기서 전제가 되고 있는 것은 세계 내 사물의 질서는 우리 말의 논리적 구조 속에 그대로 반영되어 있다는 것이다.

그런데 세계 자체에 대해 직접 접근해 들어갈 수가 없기 때문에 그 논리적 구조가 반영되어 있는 언어를 분석의 대상으로 삼는다고 할 때 언어 안에 반영되어 있는 것이 세계 내 사물의 질서라는 것은 어떻게 '말할 수' 있을까? 비트겐슈타인이 '말할 수 없는 것'이라고 부른 것은 바로 이것이다. 세계 내 사물의 질서는 우리의 말 속에서 그저 '드러날(zeigen)' 뿐이다. 우리는 사실들로 이루어진 세계에 '대해서' 말하고 있지만, 사실들을 구성하는 세계 내 사물의 질서 자체에 대해서 말할 수는 없다. 그런 일은 과거에 형이상학자들이 해 왔던 일이다. 언어의 한계가 우리의 세계의 한계이며, 그 한계를 뛰어넘어 세계를 구성하는 무의미의 영역에 대해 말할 수는 없다.

그런데 비트겐슈타인은 사실 스스로 말할 수 없는 것에 대해 말하고 있다. 그는 세계 내 사물의 질서가 우리의 언어에서 드러난다고 말함으로써 말할 수는 없고 다만 드러날 뿐이라고 지적한 것에 대해 '말하고' 있기 때문이다. 천재인 비트겐슈타인이 이런 아이러니를 인식하지 못했을 리는 없다. 그가 "말할 수 없는 것에 대해서는 침묵할 것"이라고 한 것은 모든 형이상학적 철학의 종언을 선언하는 것임과 동시에 자신의 철학 역시 같은 잘못에 빠졌으므로 철학적 탐구 자체를 중단하겠다는 선언인 것이다.

말을 하다 보니 너무 어려워진 것 같다. 요컨대 우리가 텍스트의 바깥으로 나가기는 대단히 어려우며 프레텍스타는 프레텍스타가 아니라는 것이다.

내 생각에는 비트겐슈타인의 고민을 잘 계승하면서 우리가 텍스트 바깥으로 넘어갈 수 있느냐 없느냐의 문제에 대해 설득력 있는 답을 하는 철학자로 로티와 그의 수제자인 브랜덤을 꼽을 수 있을 것 같다.

로티의 '비환원적 물리주의'는 스피노자의 관점과 비슷한 데가 있다. 스피노자는 정신과 물리적 세계는 신이 나타나는 두 가지 양태라고 말했다. 우리는 세계에 대해 다양한 서술을 한다. 가령 인간은 비물리적인 실체로서의 마음을 가진 존재인가 하는 물음에 대해 심리주의자들은 그렇다고 대답하고 생리학자들은 마음이란 두뇌의 기능에 불과하다고 말한다. 로티는 두 가지 서술이 모두 인간에 대한 동근원적인 서술이며, 하나를 다른 하나로 환원할 필요가 없다는 입장이다. 인간에 대해 우리는 심리적인 텍스트와 생리학적 텍스트를 가지고 있는 셈이다. 각각의 텍스트는 문맥에 따라서 인간을 이해할 수 있게 해 주는 역할을 한다. 그래도 굳이 인간이란 정신적인 존재냐 아니면 물리적인 존재냐를 밝히고 싶어 하는 사람이 있다면 그는 비트겐슈타인이 '말할 수 없는 것'이라고 말한 것을 말하고 싶어 안달이 난 사람이라고 밖에 말할 수 없다(말에 대해 말하다 보면 본의 아니게 이런 말장난을 하게 된다).

로티의 이런 관점은 언어와 세계의 관계의 문제에 있어서 인과와 정당성의 맥락을 구분해서 보아야 한다는 입장을 전제하고 있다. 세계는 우리에게 그것에 대해 말할 수 있는 원인을 제공하지만, 우리가 한 말을 정당화할 수 있는 근거는 제공하지 않는다는 것이다. 그런 정당화는 세계가 아니라 우리의 말을 옆에서 듣고 있는 우리의 동료에 의해서 이루어진다.

이런 로티의 관점을 체계적인 언어철학으로 발전시키고 있는 브랜덤은 모든 의미의 규정근거를 화용론의 맥락에서 찾아야 한다는 추론주의를 주장하고 있다. 그는 우리가 말함으로써 드러내고자 하는 지시 대상 자체(비트겐슈타인이 말할 수 없다고 한 것)의 의미를 묻기 위해서 우리는 먼저 우리가 그런 것에 대해 말을 한다고 하는 것의 사회적 의미를 물어야 한다고 주장한다. 다시 좀 어려워지는 듯하니 거두절미하고 말하자면 브랜덤은 우리의 규범적 언어행위를 넘어서 세계 내 사물의 의미를 묻는 것은 넌센스라고 보는 것이다. 결국 우리는 텍스트 바깥으로 나갈 수 없다.

프레텍스타 타슈는 아무 말도 할 수 없다. 그는 여기자의 손에 의해 죽었기 때문이다. 그는 죽음으로써 비로소 프레텍스타가 되었다. 세계가 우리에게 말하지 않듯이, 프레텍스타도 말하지 않는다. 위대한 거장의 죽음(세계)에 대해 사람들은 이제 열심히 텍스트를 만들어 낼 것이다. 그 텍스트 가운데 어느 것이 올바른 것이냐에 대해서조차 프레텍스타는 말하지 않을 것이다.

그것을 판단하는 일은 이제 멍청한 기자들과 가끔씩 등장하는 똑똑한 여기자의 몫으로 남겨질 것이다.

소통의 목표

위르겐 하버마스 《사실성과 타당성》

파트리크 쥐스킨트 《비둘기》

I

며칠 전 일이다. 아침에 신문에서 비 올 확률이 분명히 20퍼센트를 넘지 않는다는 것을 확인한 터라 우산을 챙기지 않고 출근을 했다. 하루 종일 꾸물꾸물한 날씨였지만 집에 갈 때까지 비가 오지는 않았다. 그러나 퇴근길에 탄 전철이 지하를 빠져나와 한강다리로 접어들자 전철 창에 사선으로 빗줄기가 그려지기 시작했다. 내리는 전철역은 한강다리를 건너자마자 있었으므로 점점 굵어지는 비를 맞지 않고 집까지 걸어가는 것은 불가능한 상황이었다.

망연자실해서 전철역 구내에서 나가지 못하고 비를 구경하고 있는데, 문득 '구내 이발관'이라는 글자가 눈에 들어왔다. 마침 이발을 할 때가 훨씬 지난지라, 그냥 멍청하게 비 구경을 하고 있느니 이발이나 해 볼까 하는 생각이 들었다. 전철역에 구내 이발관이 있다는 것은 특이하다면 특이한 일이다. 구내 이발관은 전철 선로 밑에 있는 창고 같은 공간이었지만 특별히 다른 이발관과 다르다고 할만한 점은 없었다.

문을 열고 들어가니 평생 이발사 생활을 했다는 것을 누가 봐도 알 수 있을 법한 60세 전후의 노인이 혼자서 소파에 앉아 신문을 보고 있었다. 이발 의자는 세 개가 놓여 있었고, 나는 이발사의 권유에 따라 상의를 벗어 옷장에 걸어 놓고 가운데 의자에 앉았다. 지난밤에 밀린 원고를 쓰느라고 잠을 제대로 자지 못한 나는 의자에 앉자마자 졸음이 밀려오는 것을 느꼈다. 이발사는 머리를 어떻게 깎을 것인지 묻지 않았고, 나 역시 아무런 말을 하지 않았다. 라디오에서는 설운도의 노래가 흘러나왔다. 졸음이 쏟아졌지만, 나는 너무 잠에 빠져 나이든 이발사를 방해하는 일이 없도록 자꾸 앞뒤로 기우는 나의 머리와 싸우기 시작했다. 비몽사몽간에도 나는 이발사가 가위 통에 꽂혀 있는 세 가지 다른 종류의 가위와 네 개의 머리빗을 차례로 사용하면서 내 머리를 다듬고 있으며, 중간 중간 이발용의 굵은 솔을 가지고 머리카락을 털어주고 있다는 사실을 꿈결처럼 보고 있었다. 머리를 깎는 일을 마치자 마치 군대에서 비 올 때 입는 판초우의 비슷한 것을 두르고 머리를 감았다. 머리를 감고 나서 이발 의자를 잠깐 뒤로 젖혀 얼굴에 로션을 바른 후 드라이기로 머리를 말렸다.

　마침 역무원 복장을 한 중년 사내가 들어와 기다리기 시작했기 때문에, 머리를 말리는 것은 내가 직접 하겠노라고 말하려고 했지만, 그 모든 과정이 이발사에게는 당연히 정해진 수순을 밟는 것으로 보였고, 그것을 방해할 경우 오히려 실례가 될 것 같아 가만히 있었다. 이발사는 7대 3 가르마를 타서 나의 곱슬머리를 머리통에 붙이느라고 정성을 들였다. 내 모양이 좀 우스웠지만 나 역시 진지한 얼굴로 이발사의 모든 작업이 끝나기를 기다렸다.

　마침내 이발이 끝났다. 나는 요금을 묻고 돈을 지불한 후 이발소를 나왔다. 비는 완전히 그쳐 있었고, 하늘은 언제 비가 왔었냐는 듯이 맑게 개어 있었다. 공기는 상쾌했으며, 거리는 깨끗했다. 아침에 들고 나온 워크맨의 플레

이 단추를 누르고 이어폰을 귀에 꽂은 후 예페스가 연주하는 보케리니의 기타 5중주를 들으면서 집으로 걸어갔다.

이발을 하고 집으로 가는 발걸음은 가벼웠고, 비온 후 갠 하늘은 아름답게 보였다. 이발소에 푸슈킨의 시가 적혀있는, 석양에 밭을 가는 농부 그림이 없었다는 것이 아쉬웠다면 아쉬운 일이겠지만, 결국 인생이란 이런 식으로 흘러가는 것이 아닌가 싶다.

II

이제와서 그때 이발을 하고 나서 왜 발걸음이 가벼웠는지 설명하라고 하면, 별로 할 말이 없다. 설운도의 노래가 마음에 들었을 수도 있고, 드라이기로 머리통에 곱게 붙인 곱슬머리가 우습게 여겨졌을 수도 있고, 비도 피하고 시간도 절약했다는 사실이 흡족했을 수도 있다. 그러나 그 어느 것도 정확한 이유는 되지 못한다는 느낌이 든다. 그것은 어쩌면 무의식 속에 침잠해 있는 어린시절의 어떤 기억이 되살아났기 때문일지도 모르며, 내 입으로 말하기에는 부끄러운 일이라고 여기고 있을지도 모를 어떤 이유 때문일지도 모른다.

나는 나의 어떤 느낌이나 행동에 대해 그 이유를 설명할 수 없는, 혹은 어느 정도는 의도적으로 설명을 하려 하지 않는 부분이 있다(모든 사람이 그런 면을 가지고 있을 것인지에 대해서는 확신할 수 없다). 그 가운데 비교적 다른 사람들이 납득할 수 있겠다고 생각되는 하찮은 예를 하나 들면, 다음과 같다. 나는 어려서 서울 변두리의 시장 골목에서 살았는데, 시장 구석의 한 쪽 벽면에 대한 두려움이 있어서 그곳을 지나가야 할 때에는 그 벽에서 최대한 멀리 떨어져서 걸으려고 했다. 친구들이나 어른들과 같이 걷다가도 그 지점에서는 반드시 그 벽과 반대쪽 벽에 거의 붙다시피해서 걷곤 했다. 어른들은 나의 행동을 나무라고 친구들은 의아하게 생각했지만 그 이유를 말하지는 못했다. 그 이유는 사실 대단한 것도 아니었다. 어느 날 흑염소를 끌고 다니며 파는 장사꾼이 흑염소를 도살해 가죽을 그 벽에 걸어놓는 장면을 목격한 일이 있는데, 그 장면이 어린 마음에 너무나도 충격적이고 역겨워서 그 벽에 가까이 가는 것조차 끔찍하게 생각되었기 때문이다.

이유를 말하지 않으면서 비합리적인 행동을 하는 어린아이를 우리는 어떻게 이해할 수 있을까? 더욱이 그 아이가 자신의 비합리적인 행동의 이유를 자기 자신도 잘 모르고 있거나 자신의 느낌을 말로 표현할 능력이 없을 경우에 우리는 그 아이를 어떻게 이해할 수 있을까? 타자를 이해하고 타자와 소통할 수 있는 가능성에 대한 물음은 단지 개인과 개인 사이에서 뿐만 아니라 문화와 문화 사이에서도 발생한다.

철학자들은 이질적인 문화들이 서로 소통할 수 있는 가능성의 근거를 찾는 데 관심을 기울여 왔다. 이 문제는 대개 언어적 표현이 동일한 의미에 기반을 두고 있는가 하는 문제, 혹은 이질적 언어 사이에서 완전한 번역이 가능한가 하는 문제로 다루어진다. 사람과 사람 사이에서 혹은 문화와 문화 사이에서 동일한 언어적 표현을 사용하면서 그 의미를 다르게 이해하고 있다면 양자 사이의 소통은 불가능할 것이다. 그래서 하버마스는 "언어적 표현을 동일한 의미로 사용한다는 전제는… 모든 상호이해지향적 언어사용에서 필수적"(위르겐 하버마스, 《사실성과 타당성》, 나남출판, 2000, 45쪽)이라고 주장한다.

이것은 문화적인 가치가 충돌하거나 갈등을 빚을 때, 각 문화에 속한 당사자들은 상대방이 언어적 표현에 대한 동일한 이해를 가지고 있을 것을 요구하는 것이다. 개인적인 차원에서도 마찬가지이다. 의견 충돌이 있을 경우, 이해 당사자들은 서로가 동일한 의미의 언어적 표현을 사용해야 한다. 만약 그렇지 못할 경우 상호이해는 불가능할 것이다.

그러나 이런 주장은 개인과 개인 사이의 혹은 문화와 문화 사이의 소통의 문제를 단순히 문제되고 있는 사태에 대한 태도의 문제로 간주하고 있는 것이 아닌가 하는 의문을 갖게 한다. 시장의 벽을 두려워하는 아이에게 있어서 그 벽은 그냥 벽이 아니다. 거기서 발생하는 소통의 문제는 동일한 벽에 대한 태도의 문제가 아니라 벽이라는 말을 가지고 이해되는 사태 자체가 다르다는 데에서 오는 문제이다. 이것은 곧 이해 당사자들이 동일한 언어를 사용하지 않고 있다는 것을 말하는 것이다.

따라서 하버마스가 상호이해의 전제로 삼고 있는 언어적 의미의 동일성은 사실은 전제가 아니라 우리가 서로를 이해하기 위해 도달해야 하는 목표이다. 하버마스는 상호이해의 결과를 상호이해의 전제로서 상정한 셈이다. 예를 들어 같은 언어 공동체 안에서도 동물보호론자의 '개'와, 보신탕을 즐기는 사람의 '개'는 의미가 다를 것이다. 동물보호론자에게 있어서 '개'란 인간의 친구를 뜻하며, 보신탕 애호가들에게는 '영양가 있는 음식'을 뜻할 것이다. 이들은 '개'라는 단어가 지칭하는 동일한 대상을 가지고 다른 태도를 취하고 있는 것이 아니라 두 가지 다른 대상에 대해 말하고 있는 것이다. 그들이 만약 개를 먹는 문화를 둘러싼 문제에 대해 모종의 합의에 도달했다면 그들은 아마도 '개'의 의미에 대한 합의에 도달했다고 보아도 좋을 것이다. 그러나 그 '개'의 의미가 어떤 것이 될 수 있을지에 대해서는 완고한 동물보호론자나 보신탕 애호가의 관점에서는 상상하기 힘들다. 말하자면 하버마스가 말하는 언어적 의미의 동일성은 현실적으로 존재하지 않는 것이다. 이런 상황에서 필요한 것은 언어에 대한 논리적인 분석이 아니라 우리의 문학적 상상력이다. 로티 같은 철학자는 그래서 언어적 의미의 동일성이라는 허깨비를 찾을 것이 아니라 이해 당사자들의 갈등을 극복할 수 있는 새로운 '개'의 의미를 만들어내야 한다고 생각한다.

하버마스가 전제로 삼고 있는 의미의 동일성은 사실 문화연구의 현장에서 찾아보기 힘든 어떤 것이라는 사실을 기어츠와 같은 문화인류학자는 잘 보여주고 있다. 문화분석을 의미를 추구하는 해석학적 과학으로 보고 있는 기어츠는 문화의 지역성과 구체성을 강조하면서 문화를 해독해야 할 텍스트로 간주한다. 이것은 달리 말하면 인간은 주어진 문화적 자원을 이용해서 끊임없이 '의미의 망'을 짜내는 존재라는 것이다. 이런 의미만들기가 바로 로티가 생각하는 문화적 가치의 충돌과 갈등을 해결할 실마리가 된다고 할 수 있다. 이런 식의 관점에서 본다면, 의미의 동일성이란 전제되어야 하는 어떤 것이 아니라 새로운 의미를 만들어 냄으로써 이해당사자들 서로가 찾아가야 할 어떤 것이 될 것이다.

기어츠는 의미형성의 과정에 대해 다음과 같이 말하고 있다.

해석가능한 기호—소리, 이미지, 느낌, 문화유물, 몸동작—의 형식 속에서 의미가 언어게임, 담론 공동체, 준거의 상호주관적 체계, 세계구성의 방식 속에서만 비로소 존재하게 된다는 지각, 다시 말해서 의미가 구체적인 사회적 상호작용의 틀 안에서만 발생하며, 그 안에서 어떤 것은 머리 속의 비밀스러운 동굴 안에 있는 것이 아니라 너와 나를 위한 어떤 것이라는 지각, 그리고 의미는 사건의 흐름속에서 점차 만들어져나가며 점점 역사적인 것으로 된다는 지각은 이미 (내 생각에 말리노프스키나 비트겐슈타인—이 문제에 관한 한 쿤이나 푸코 역시—이 그런 것을 의미했을 것 같지는 않은데) 인간의 공동체가 거의 창이 없는 의미론적 모나드라는 사실을 함축하고 있다.(Clifford Geertz, *Available Light*, Princeton University Press, 2000, p. 76)

여기서 우리가 주목할 대목은 "인간의 공동체가 거의 창이 없는 모나드"라는 구절이다. 기어츠는 여기서 의미가 형성되는 담론 공동체로서의 인간의 공동체는 저마다 다른 세계구성의 방식을 갖기 때문에 처음부터 소통이 어렵다는 것을 지적하고 있는 것으로 보인다. 만약 우리가 거의 창이 없는 모나드라는 지적이 맞다면 우리는 아마도 심각한 상대주의에 빠져들게 될 것이며, 서로 소통할 수 없다는 사실에 좌절하게 될 것이다.

여기서 하이데거나 가다머가 말하는 탈은폐로서의 진리라는 개념은 우리에게 상당한 위로가 된다. 그 개념에 따르면 진리는 스스로를 드러내면서 감춘다. 또는 감추면서 드러낸다. 이런 관점에 따르면 완전한 소통이나 단절은 추상적인 허구이다. 이질적인 문화나 계층에서 나타나는 언어의 의미의 차이는 그것이 어떤 역사적이고 실천적인 배경을 가지고 있는 한, 현실적이며 어떤 의미에서는 부정할 수 없는 것이기도 하다. 개인 간의 소통의 문제를 해결하거나 혹은 문화적 차이가 낳는 갈등을 극복하기 위해서 우리가 해야 할 일은 현실적으로 존재하지 않는 의미의 동일성을 전제하는 일이 아니라, 전혀 새로운 의미를 만들어냄으로써 소통의 문제나 갈등상황의 배경에 놓여 있는 차이를 무의미한 것으로 바라볼 수 있게 하는 상상력을 발휘하는 것이다.

Ⅲ

파트리크 쥐스킨트의 길지 않은 소설 《비둘기》는 세상과 소통이 단절된 사나이의 삶이 얼마나 불안하며 자율적이지 못한가를 보여 준다. 주인공인 조나단 노엘은 불행한 성장과정을 겪었다. 그는 어려서 나치에 의해 부모를 잃었으며, 군대에서는 총상을 입었고, 결혼해서는 아내에게 배신당했다. 그가 선택한 삶의 방식은 '창이 없는 모나드' 속으로 기어들어가는 것이다.

그는 고향을 등지고 파리로 와서 '코딱지만한' 방을 하나 얻어 은행의 경비원으로 생활하며 30년 동안 주변의 누구와도 소통하지 않고 산다. 그에게는 애인도 없고, 친구도 없으며, 함께 식사를 하거나 취미생활을 같이 할 그 누구도 없다. 그는 누구와 함께 있다는 것 자체를 불편해 한다. 그것이 누가 되었든 그는 반드시 그에게 상처를 남기게 될 것이라는 피해의식 때문에 그는 아무하고도 대화하고 싶어하지 않는다. 이런 그에게 있어서 유일한 행복은 자신의 골방에서 아무에게도 방해받지 않고 혼자 시간을 보내는 것이다. 각각의 모나드가 하나의 완전한 우주이듯이 그 골방은 그에게 있어서 세상이며 우주다. 작가는 그의 모나드를 다음과 같이 묘사하고 있다.

그곳은 조나단에게 있어 불안한 세상의 안전한 섬 같은 곳이었고, 그의 확실한 안식처였으며, 도피처였다. 그것은 그를 따뜻하게 맞이해 주는 애인, 정말 애인 같은 것이었다. 그 작은 방은 저녁에 그가 돌아오면 그의 체온을 따스하게 해주었고, 포근하게 감싸 주었으며, 그가 필요로 할 때는 영혼과 실체로서 항상 그의 곁에 있어 주었고, 결코 그를 버리지 않았다. 그렇게 함으로써 그곳은 그의 일생에 있어서 오직 유일하게 신뢰할 수 있을 만한 것으로 자리매김되었다. 그렇기 때문에 그는 단 한순간이라도 그것을 버리고 떠날 생각을 하지 않았다.(파트리크 쥐스킨트,《비둘기》, 2006, 12-13쪽)

    조나단에게 있어서 가장 두려운 것은 평온한 모나드의 일상이 깨지는 것이다. 그리고 그 일상을 깨뜨리는 사건이 일어난다. 그것은 비둘기가 복도의 창문으로 들어와 남의 눈에 띄지 않고 화장실에 가려고 조심스럽게 문을 연 그를 놀라게 한 것이다. 그 비둘기는 모나드의 창을 깨고 들어온 침입자로서 조나단의 일상을 단번에 무너뜨린다.
    여기서 작가는 독자에게 소통의 문제와 관련하여 도전장을 내민다. 적어도 상식적인 인간이라면 창문으로 들어온 비둘기는 내쫓으면 될 것이고, 비둘기의 배설물은 치우면 그만이라고 생각할 것이다. 그러나 조나단은 그 비둘기가 너무나도 두렵고 공포스러운 나머지 화장실에도 못 가고 세면대에 용변을 보았을 뿐 아니라 비둘기가 있는 복도를 지나면서는 거의 실신할 지경에 이르고, 집을 나와서는 모든 행복의 원천이었던 자신의 골방에 다시는 들어가지 않으리라고 결심할 뿐만 아니라 심지어 자살을 생각하기도 한다.

그에게 있어서 비둘기는 우리가 생각하는 비둘기가 아니다. 하버마스가 생각하는 언어적 의미의 동일성은 여기서 존재하지 않는다. 통상적인 담론 공동체에 속해 있는 우리는 자신만의 의미 준거체계를 가지고 있는 조나단의 언어를 이해하고 마침내 그와 소통을 할 수 있을 것인가?

조나단의 언어게임에서는 상호이해란 존재하지 않는다. 친절한 로카르 부인이 비둘기와 그 배설물을 처리해 주겠다고 말했음에도 불구하고 조나단은 결코 그 말을 믿지 않는다. 오히려 그는 로카르 부인이 아무것도 하지 않을 것이라고 확신하며, 깨어진 모나드의 창을 통해 침입해 들어오는 세상의 풍경에 혼란스러워하고 자신이 30년 동안 지켜온 세상이 몰락해 가는 과정을 지켜본다. 그는 평소 경멸해 마지 않던 노숙자와 마찬가지로 공원벤치에서 빵조각으로 식사를 했으며, 벤치의 못에 경비원 제복바지를 찢겼고, 은행장의 차가 들어오는 것도 알아채지 못했으며, 저녁에는 자신의 방이 아닌 호텔에서 잠을 잤다. 30년 동안 한 번도 일어나지 않았던 일들이 비둘기로 인해서 한꺼번에 그의 세계로 몰려든 것이다.

모나드의 창을 깨고 들어온 비둘기는 서로 다른 의미의 준거체계를 뒤섞어 버렸다. 조나단의 밀폐된 행복은 이제 더 이상 유지될 수 없는 것처럼 보인다. 이제 조나단의 모든 행복은 끝났으며, 그에게 남은 것은 자살밖에 없는 것일까?

작가는 오히려 정반대 방향으로 사건을 전개시킨다. 호텔에서 밤을 보내고 나온 조나단은 밤새 비가 내린 거리를 걸어 집으로 향한다. 일상적인 일들이 이제 더 이상 전과 같은 의미를 갖지 않게 된 조나단은 30년만의 일탈을 경험한다. 30년만의 일탈이라고 해서 그리 대단한 일을 벌인 것은 아니다. 그가 한 일은 겨우 빗물 웅덩이에서 첨벙거리는 장난을 친 것이다. 조나단은 그런 장난을 통해 자유를 느낀다.

> 정말 신나는 짓이었다. 그는 어린아이들이 하는 그런 지저분한 유희를 다시 되찾은 대단한 자유라도 된다는 듯이 즐겼다.(파트리크 쥐스킨트, 위의 책, 108쪽)

비둘기가 그의 언어적 의미의 세계 속으로 침범해 들어오지 않았다면, 그는 이런 자유를 결코 맛보지 못했을 것이다. 그가 되돌아간 골방의 복도는 말끔히 치워져 있었으며, 비둘기는 더 이상 보이지 않았다.

조나단이 이후 어떤 삶을 살아갈 것인지는 알 수 없다. 그는 예전의 창 없는 모나드 속으로 돌아갈 수도 있으며, 다른 모나드와 소통을 시도하면서 다른 삶을 살고자 노력할 수도 있다. 중요한 것은 비둘기가 다녀간 그의 골방은 이제 더 이상 예전의 골방과 같은 골방이 될 수 없다는 것이다.

의미의 체계가 다른 개인이나 문화 사이에서 소통의 문제가 발생했을 때, 동일한 의미에서 출발하자고 하는 것은 현명한 제안일까? 현명한 제안인지 아닌지는 몰라도, 불가능한 제안이라는 것은 분명해 보인다. 아마도 이 책을 읽은 독자들 가운데 그 누구도 조나단이 비둘기에서 느낀 공포를 이해하지 못할 것이다. 그가 생각하는 '비둘기'의 의미를 이해하고 그의 밀폐된 행복에 동조하려고 하기보다는, 비둘기가 몰고 온 모나드 바깥의 다른 의미들에 주목하는 것이 현명할 것이다.

소통의 목표는 상호이해에서 그치지 않는다. 거기서 더 나아가 지금까지 완고하게 봉쇄해왔던 모나드의 창을 열고 그 창을 통해 들어오는 온갖 새롭고 충격적인 것들을 받아들임으로써 지금까지의 삶을 변화시키는 데 있다. 여기서 문제가 되는 것은 따라서 공통의 이해가 아니라 새로운 이해이며, 그것을 통해서 이전의 가치들을 무화시키는 것이다. 파트리크 쥐스킨트의 '비둘기'는 진부하게 굳어진 우리의 의미체계를 깨고 날아들어오는 문학적 상상력에 대한 메타포이다.

구원 없는 종교

김용준 《과학과 종교 사이에서》

심윤경 《이현의 연애》

I

마치 내가 시험을 보러가는 것처럼 밤잠을 설쳤다. 시험장까지는 집에서 약 40분 거리. 자동차로 데려다 줄 것인가, 아니면 전철로 갈 것인가를 고민하다가 교통체증으로 지각을 할 수도 있다는 걱정 때문에 그냥 전철을 타고 가기로 했다. 새벽에 일어나 비장한 아침식사를 마친 우리 식구들은 다같이 전철역으로 향했다. 웬만하면 혼자 가겠다고 할만도 하건만 당사자인 큰 녀석은 역시 긴장을 한 탓인지, 아니면 아무 생각이 없는 것인지, 그것도 아니면 너무 생각이 깊어 쫓아 나서겠다는 불쌍한 식구들을 배려해서인지 아무 말이 없었다.

날이 쌀쌀하긴 했지만, '수능한파'라고 표현하기에는 낯간지러울 정도의 날씨였다. 전철을 타고 보니 내가 너무 소심해서 우리 아이만 고생시키는 것이 아닌가 하는 더 소심한 의심이 밀려왔다. 왜냐하면 전철 안에는 수험생과 그 가족으로 보이는 사람들이 단 한 사람도 없었기 때문이다. 수능을 잘 치르라는 친절한 안내방송이 흘러나왔다. 만원 전철 속에서 우리 가족만을 위한 안내 방송을 듣고 있자니, 분명 고마운 마음이 들어야 할텐데 사실은 조금 우울해졌다. 전철역에서 시험장까지는 걸어서 10분 정도의 거리였는데, 거기서도 우리는 수험생이나 그 가족을 만나지 못했다. 절반 정도 가서야 수능수험생을 위한 특별수송 서비스를 하고 있다는 띠를 두른 한 아저씨가 학생을 스쿠터에 태우고 여유롭게 우리 옆을 스쳐 지나갔다. 아마도 전철의 안내방송이 없었다면, 그리고 그 스쿠터가 아니었다면 나는 과연 그날이 시험을 보는 날이 맞는지, 그리고 시험장을 올바로 찾아가고 있는 것인지 고민했을 것이다. 시험장인 모 고등학교에 도착했다. 교문 앞에서는 자동차들이 연이어 수험생을 내려놓고 사라졌다. 1, 2년 후에 시험을 보게 될 고등학생들이 무리지어 응원가 따위를 부르고 있었다. 시험장 앞의 광경은 솔직히 말하면 너무나도 실망스러웠다. 나는 교문에 엿을 붙이지는 않더라도 최소한 두 손을 모아 간절히 기도하는 수험생 부모의 모습을 볼 수 있을 것으로 기대했다. 그러나 교문 앞에는 조악한 시계 따위를 파는 잡상인과 공연히 들떠있는 어린 고등학생들의 무리가 있을 뿐이었다. 부모들은 검은 색 자동차 안에서 얼굴을 드러내지 않고 사라졌다. 나도 거기 서 있을 이유가 없어서 어수룩한 큰 녀석이 자기 자리나 잘 찾아갈지 걱정하면서 발걸음을 돌렸다. 수험장으로 향하는 녀석의 뒷모습을 보니 가슴 한구석이 아렸다.

    수험생 부모들의 얼굴을 볼 수 있었던 것은 시험이 끝날 때쯤이었다. 일찍 퇴근한 아내, 작은 아이와 함께 전철을 타고 다시 시험장으로 갔다. 제법 많은 부모들이 교문 앞에서 아이들을 기다리고 있었다. 부모들의 표정에서 초조함과 안타까움이 읽혔다. 그래도 여전히 묵주나 염주를 돌리면서 기도를 하는 사람은 없었다. 아이들이 하나 둘 시험장 밖으로 모습을 나타내자 마치 전장에서 돌아오는 아이를 맞이하듯 극적인 분위기가 연출되었다. 생존경쟁의 전장에서 힘든 전투를 마치고 나온 새끼를 맞는 어미들은 그들의 생환 자체에 감격해 했다. 그들의 하루가 긴 기도의 시간이었을 것이라고 추측하는 것은 아전인수 격의 해석일까? 한 무리의 수험생들이 일제히 담배를 물고 지나갔다. 문득 그 아이들과 담배를 나눠 피우고 싶다는 생각이 들었다.

Ⅱ

한국 사회는 여전히 아이들에게 잔인하다. 시험장의 드라마는 아이들에게 잔인한 짓을 해 온 어른들의, 눈에 보이지 않는 속죄와 참회의 기도가 연출해 내는 것인지도 모른다. 유소년기를 온통 경쟁과 승부에 매달려 고난의 행군을 강요당해 온 그들은 앞으로 군대의 비인간적인 모멸과 사회생활에서의 굴욕을 견뎌내야 한다. 수험생이 될 자격조차 얻지 못한 청소년들에게는 아마도 그 이상의 것이 기다리고 있을 것이다. 암울한 인생이다. "하고 싶은 일을 하면서 산다"는 것은 이 세상의 언어가 아니다. 이들과 더불어 우리가 할 수 있는 일이란 단지 기도하는 일뿐이다.

인간의 비극적인 삶이 종식되지 않는 한 기도는 지속될 것이다. 이 땅의 고난과 굴욕으로부터 벗어나게 되기를, 아이들을 사지로 내몬 잘못을 용서해 주기를 우리는 계속해서 참회하며 빌게 될 것이다. "불완전한 인간일수록 완전한 신을 갖는다"는 포이어바흐의 지적이 아니더라도, 현실의 고통은 우리로 하여금 신음과 같은 기도를 뱉어내게 할 것이다. 우리는 그런 기도를 통해 절대적인 누군가가, 아니면 절대적인 그 어떤 것이 우리를 고통에서 '구원'해 줄 것을 간절히 희구할 것이다.

그런데 인간의 기도는 인간이 종교를 만들어낸 이후 지구상에서 끊임없이 이어져 왔지만, 인간이 처한 고통의 상황은 크게 나아진 것 같지 않다. 그렇다면 이제 구원을 갈구하는 기도를 잠시 중단하고, 그것이 과연 의미가 있는 일인지 묻고 가는 것이 지적인 피조물로서 수행해야 할 최소한의 의무가 아닐까 하는 생각이 든다. 더욱이 다윈이 등장해 인간이 그다지 특별한 피조물이 아니라는 것을 꽤 설득력 있게 주장한 다음에는 소위 과학적으로 설명할 수 없는 피안의 어떤 것에 마음 편히 의존할 수 있는 상황은 끝이 난 것 같다. 그렇다고 해서 과학이 종교에 승리를 거둔 시대에 살고 있다는 이유로 종교적인 모든 것이 의미가 없다고 할 수는 없다. 우리는 여전히 간절한 기도가 없이는 현실의 고통을 버티기 힘들다. 과학이 아무리 종교를 대신하고 있고 과학자가 성직자의 역할을 하고 있다고 하더라도 우리의 마음속에 깊이 자리 잡고 있는 종교적 심성을 그렇게 쉽게 부정할 수는 없는 일이다. 우리의 물음은 다윈 이후의 종교, 즉 과학기술 시대의 종교는 어떤 내용을 갖출 수 있는가 하는 것이다.

과학자로서 종교의 문제에 대해 평생 고찰해 온 김용준 교수는 〈자이건〉지의 창시자이자 발행인이었던 버훼(Ralph W. Burhoe)를 인용하면서 종교 역시 진화의 산물이라는 견해를 피력하고 있다(김용준, 《과학과 종교 사이에서》, 돌베개, 2005, 183쪽). 과학이라고 하는 것이 인간이라는 생명체가 환경의 요구에 직면해서 스스로의 삶을 보존하고 어떻게 처신해야 할 것인지 알 필요가 있었기 때문에 탄생한 진화의 산물인 것과 마찬가지로, 종교 역시 그와 같은 적응의 노력에서 나온 것이라고 보는 것이다. 종교란 결국 인간이라는 유기체의 생존을 위해서 필요 불가결한 것으로서, 문화적 진화의 도상에서 개개인의 이해타산을 극복할 수 있는 관점, 죽음을 초월할 수 있는 어떤 내용을 포함하게 되었다는 것이다.

종교를 진화의 산물로 볼 경우, 소위 복음주의에 물든 편협한 기독교인들은 강하게 반감을 표시할 것이다. 인간을 만든 것이 신인데, 그런 유한한 피조물인 인간이 신을 만들었다고 주장하는 셈이 되기 때문이다. 그러나 만일 생명체의 진화과정에서 종교적 심성이 불가피하게 등장할 수밖에 없으며, 그와 같은 종교적 심성이 만들어지지 않았을 경우 인간이라는 생물종의 생존이 가능하지 않았을 수도 있다고 하는 관점을 받아들인다면, 모든 종교적 신비주의는 합리적으로 이해될 수 있는 길이 열리는 셈이다. 인간은 지구라는 환경에 적응하기 위해서 그리고 스스로가 만들어낸 문화적 환경에서 살아남기 위해서 종교적 기적, 내세, 불멸, 부활 등등에 관한 이야기를 담고 있는 밈(meme, 문화적 유전인자)을 유전시켜 온 것이다.

간단히 말하면 모든 종교적 신비는 인간이 '만들어 낸 것'이다. 이렇게 종교적 내용을 탈신화화할 경우 종교는 사라지는가? 내세, 기적, 불멸, 부활 등등이 없다고 할 경우 종교적 신앙은 여전히 의미를 갖는가? 절대자에 의한 구원이 없다고 할 경우 유한한 인간의 기도는 의미를 갖는가?

신의 말씀을 대변한다고 주장하는 설교단 위의 목사님들이 들으면 아마도 이보다 불경스러운 질문은 없을 것이다. 버훼의 경우에 종교는 '생명'이라는 가치를 지키기 위한 문화적 수단이다. 이것은 곧 죽음 저편의 삶을 위한 것이 아니라 이 땅에서의 삶, 지구에서의 생존을 위한 적응의 노력이 종교라고 말하는 것이다. 이런 관점에서 보자면 지금까지의 종교가 신비주의 형태의 담론으로 생명가치를 지키고자 한 반면, 앞으로의 종교가 탈신화된 행태로 그와 같은 일을 하려고 한다고 해서 특별히 불경스럽다고 말할 필요는 없다.

우리는 이미 이런 '불경스러운' 주장을 하고 있는 철학자와 사상가들을 많이 만났다. 프래그머티스트인 윌리엄 제임스의 경우에는 종교적 신앙의 현금가치를 중시했으며, 종교적 물음을 우리가 어떻게 살아야 하는가에 대한 대답을 구하는 물음으로 간주했다. 그의 관점을 계승하는 리처드 로티의 경우에는 신이 정말로 존재하는가, 천국과 지옥은 실재하는가, 동성애는 죄악인가 등의 문제는 기독교가 말하는 이웃사랑의 교리 앞에서는 하등의 중요성도 갖지 못하는 하찮은 문제일 뿐이라고 주장했다. 이웃에 대한 봉사와 사랑이 곧 기독교의 신에 대한 봉사와 사랑이며, 신학은 결코 기독교 신앙의 본질이 될 수 없다는 것이다. 김용준 교수는 탈신화화된 종교의 좋은 예로서 그의 스승인 함석헌 선생의 다음과 같은 글을 제시하고 있다.

> 허공에 있는 것이 햇빛이 아니요 땅에 내려와야 빛이요 열이듯이 하늘은 무한 막막한 허공에 있지 않고 땅에 와 있다. 땅 중의 땅, 흙 중의 흙이 어디냐? 네 가슴이요 내 가슴 아닌가? 하늘나라 너의 안에(혹은 속에, 혹은 너의 사이에) 있다는 말은 왜 그렇게 쑥 빼놓는가? 저도 모르게 책임지기 싫어서, 그저 노는 것이 좋아서 한 생각 아닐까? 그것이 천당 아닐까? (함석헌, '한국기독교의 오늘날 설자리'라는 글에서)

이 '불경스런' 종교인들의 공통점은 바로 '구원 없는 종교'를 주장한다는 점이다. 이들은 죽어서 가는 천당을 바라지 않는다. 이들이 공통적으로 강조하는 것은 이 땅의 삶이요, 이웃에 대한 사랑이다. 이들의 기도는 스스로를 유한성과 고통으로부터 면해달라는 것이 아니요, 그와 같은 고통의 상황에서 어떻게 행동할 것인지를 묻는 것이다. 이들이 종교의 기적을 믿지 않는다고 해서, 천국에서의 영원한 삶을 믿지 않는다고 해서 종교적인 사람들이 아니라고 말할 수 있을까?

III

아내가 심윤경의 《이현의 연애》를 사왔다. 재미있게 읽었다. 그렇지만 여러 가지 상징적인 메타포들이 엮여 있어서 전체적인 이해를 하지 못했다. 이 장편 소설은 '영혼을 기록하는 여자'인 이진이 기록한 영혼들의 이야기가 중간 중간 단편 소설처럼 삽입되어 있다. 그 단편들이 어떤 연관을 갖는지 알아야 할텐데 상상력이 없는 내 머리로는 그림이 잘 그려지지 않았다. 그렇지만 기복신앙을 거부하는 기독교 목사의 이야기인 '창세기'는 매우 흥미로웠다. 전체적인 연관관계는 전문적인 문학평론가들께서 밝혀 주실 테니 내 걱정할 바 아니고, 늘 그래왔듯이 내 맘대로의 해석을 시작해 보기로 하자.

우선 이 소설의 큰 줄거리는 영혼을 기록하는 여자인 이진과 그 여자를 사랑한 남자 이현의 좀 기묘한 사랑이야기로 전개된다. 이현은 재정경제부 고위 관리로서 구내 매점에서 일하는 이진을 보고 수십 년 전 이진의 어머니가 결혼하던 날을 떠올린다. 이진은 그녀의 어머니와 똑같이 생겼기 때문이다. 이진의 어머니에게 반해 어린 나이에 사랑의 열병을 알았던 이현은 이진과의 결혼을 결심한다. 그러나 이 결혼은 시작부터 비극적인 결말을 예상하게 하는 결혼이었다. 이현은 이진의 어머니에 대한 사랑을 이진에게서 다시 되살리려하고 있고, 이진은 그녀의 어머니와 마찬가지로 오로지 '영혼을 기록하는 일'을 하기 위해 존재하는 비현실적인 인물이다. 이현은 거의 맹목에 가까운 충동에 의해서, 이진은 '영혼을 기록하는 일'을 하기 위한 생계수단을 마련하기 위해서 일종의 계약결혼을 하게 된다.

'영혼을 기록하는 일'이라는 도저히 이해할 수 없는 일을 어떻게 이해해야 할까? 이진은 죽은 영혼의 일을 기록하는 것이 아니라, 살아 있는 영혼의 일을 기록한다. 이진은 영혼이 앉아 있다고 생각되는 텅 빈 카우치를 마주하고 작은 책상에서 하루 종일 생령의 이야기를 기록한다. 흥미 있는 것은 살아 있는 영혼의 이야기를 기록하는 이진의 태도이다. 그녀는 생령의 인생에 관여하거나 그의 고통에 공감하거나, 그가 더 잘 살 수 있도록 충고하거나 하는 따위의 일에는 전혀 관심이 없다. 그녀는 성실하게 기록할 뿐이고 그 기록을 차곡차곡 모아 놓을 뿐이다. 또한 다른 사람의 영혼에 관해 기록한다고 해서 그녀의 삶이 바뀌는 것도 아니다. 그런데도 그녀는 그 일을 하지 않으면 살 수가 없다. 오로지 그 일만이 그녀가 살아 있는 이유이다. 그녀의 존재는 '기록하는 인간'이라는 '기능'에 의해서 떠받쳐지고 있다. 이런 그녀의 태도는 이현에 대해서도 마찬가지이다. 이현은 현실적인 생계를 보장함으로써 이진이 '기록하는 인간'으로 살 수 있게 돕고 있다. 이진은 그런 도움이 지속되도록 아내의 '기능'을 수행한다. 이현이 파티에 동석해 주길 원하면 파티에 나가고, 섹스를 원하면 흡족한 섹스파트너가 되려고 노력한다. 그러나 이 모든 것은 '기록하는 일'이 지속되기를 바라는 데서 비롯된 기능적인 행위일 뿐이다.

이진이 영혼을 변화시키려고 노력하거나 스스로 변화되지 않는다고 해서 그녀의 기록이 아무런 결과도 갖지 않는 것은 아니다. 부총리의 영혼은 이진의 눈앞에서 발가벗겨짐으로써 현실의 자아를 타자화하는 시점을 얻게 되고 자신의 내면에서 꿈틀대는 무력한 욕망 앞에서 고통의 눈물을 흘린다. 그러나 기록의 힘은 거기서 그친다. 이진이 기록을 통해 변화되지 않듯이 기록당한 영혼은 자신의 한계를 절감할 뿐이다. 우리가 확인하게 되는 것은 구원받지 못하는 유한한 영혼과 그에 대한 기록이다.

나는 이진의 '영혼을 기록하는 일'이 구원 없는 종교를 믿는 신자의 기도와 같다고 생각한다. 이런 해석의 실마리는 앞에서 말한 이진의 기록으로 삽입된 단편 '창세기'가 제공해 준다고 할 수 있다. 주인공인 부목사는 새벽기도에 한 번도 지각한 적이 없는 신실한 성직자이다. 그런데 이 부목사는 신도들이 아무리 간절하게 자신들의 소망이 이루어질 수 있게 기도해 달라고 애원을 해도 결코 기복하는 행위를 하지 않는다. 왜냐하면 그가 믿는 신은 인간의 길흉화복에 관여하는 신이 아니라 고난의 길을 선택한 인간을 위해 스스로 아무 일도 하지 않기로 결심한 영원한 무력(無力)의 신이기 때문이다. 신은 인간의 고통에 대해 가슴 아파하되 결코 관여하지 않는다. 부목사는 스스로 유한성의 한계 안에 머물러있는 신의 고통을 이해한다. 그래서 그는 섣불리 인간이 고통에서 벗어나게 해 달라고 기원하지 않으며 오히려 신의 고통까지 감내해야 하는 이중적인 고통의 상황 속에서 신앙의 이유를 찾는다. 그의 무력한 신은 인간을 구원할 의지가 없다. 오로지 인간이 스스로의 힘으로 고통을 이겨내기를 바랄 뿐이다. 그의 기도는 그러한 신의 바람이 이루어지기를 기원하는 것일 수밖에 없다.

'영혼을 기록하는' 이진은 살아 있는 영혼들이 자신들의 유한성을 깨닫게 하는 일을 하고 있는 셈이다. 그 유한성을 감내할 수 있는가 하는 것은 전적으로 각자의 몫이다. 구원을 목표로 하지 않는 한에 있어서, 타자의 영혼을 위한 더 이상의 기도는 없을 것이다. 이진은 기록하는 기능을 수행함으로써 구원 없는 종교의 기도를 지속하고 있다.

구원 없는 종교에서 '본질'에 관한 물음은 아무런 의미도 갖지 못한다. 천국이나 지옥이 실재하는지, 영혼이 영생을 하는지의 문제는 중요한 물음이 아니다. 중요한 것은 내가 타자의 영혼을 위해서 어떤 일을 하고 있는가 하는 것이다. 즉 내가 어떤 '기능'을 수행하고 있는가 하는 것이다. 이현과 이진의 사랑이 파국을 맞는 것은 이현이 그 '기능'을 넘어서 '본질'을 얻으려 했기 때문이다. 이현은 이진이 자신을 사랑하는 행위를 보여주는 데서 그치지 말고 자신을 사랑하는 진실된 마음을 갖기를 원한다. 그러나 그 순간 이진은 자신의 분신과 류머티스 관절염이라는 엄청난 육체적 고통을 이현에게 남겨두고 이 세상을 떠나 버린다.

이현이 이진의 마음을 원한 것은 고통 받는 이웃에 대한 사랑이 아닌 신에 대한 직접적인 사랑을 요구한 것과 같다. 현실의 유한성을 안고 살아가는 대신 영원한 구원을 얻기를 시도한 것과 같다. 그런 결정적인 구원에 대한 갈구는 이세(李世)공과 이현의 류머티스 관절염이 보여주듯이 삶의 고통을 가중시킬 뿐이다.

올바른 말

언어철학자들

엠마뉘엘 카레르 《콧수염》

I

우리 가족은 일명 '조용한 가족'이다. 온 식구가 집안에 있을 때가 많지만 아무도 소란을 피우지 않을 뿐 아니라 대화하는 경우도 지극히 드물다. 말 그대로 매우 조용하다. 이런 조용함은 식사할 때도 예외가 아니라서 누가 우리 가족의 식사 광경을 본다면 혹시 심각한 가정문제가 있는 것은 아닌가 하고 걱정할지도 모른다.

'조용한 가족'이라는 별칭은 우리 가족과 이미 식사를 해 본 경험이 있는 주변의 지인들이 붙여준 이름이다. 그들은 아마도 조용한 식사 분위기가 김지운 감독의 〈조용한 가족〉이라는 공포영화의 분위기만큼이나 어색하고 괴기스러웠나 보다. 몰래 벽장을 열어 감추어 둔 시체를 확인하고 싶었는지도 모를 일이다. 그러나 벽장을 열어봐야 시체는커녕 곰팡이 냄새나는 책보따리밖에 발견하지 못했을 테니, 아무도 벽장을 열어보려고 하지 않은 것은 괜한 수고를 던 셈이다.

식사를 같이 한 분이라고 해봐야 몇 분 안 되지만, 그래도 그분들을 위해 변명을 좀 하자면, 우리는 원래가 말이 없다는 말밖에는 별로 할 말이 없다. 우리가 특별히 미워한다거나, 늘 서로 싸운다거나, 서로 간에 애정과 관심이 없는 것은 결코 아니라고 나는 믿고 있다. 다만 서로 간의 관심과 애정을 말로 표현하지 않을 뿐이라고 생각한다(이것이 나만의 생각이라면 그야말로 공포스러운 일일 것이다).

말이란 원래 있는 상황을 그대로 드러내는 역할도 하지만 동시에 감추기도 한다. 우리가 속으로 생각하는 것이 말을 통해서 드러나기도 하지만, 감추어지기도 한다. 말을 하지 않음으로써 말을 할 수도 있다. 서로를 사랑한다는 것을 잘 알고 있는 상황에서는 그런 말을 할 필요가 없다. 일평생 사랑한다는 말 한마디 안 하고 같이 살다가 행복하게 돌아간 우리 노인네들은 말을 잘한 사람들이다. 죽을 때까지 같이 살다가 갈 건데, 뭐 하러 사랑하느니 뭐니 말 하겠는가? 그런 말은 오히려 갑자기 한 사람이 죽게 되거나 멀리 떠나게 되었을 때나 아니면 배우자 몰래 바람을 피울 때나 어울리는 말이다.

이렇게 말한다면 당연히 사랑한다는 말 한 마디 하지 않는데 어떻게 사랑하는지 아느냐고 질문할 수 있다. 우리가 그런 것을 안다고 말하는 것은 그리 간단한 문제가 아니다. 말은 '말하지 않음'도 포함하기 때문에, 그리고 말은 진실을 드러낼 뿐만 아니라 감추기도 하기 때문에 말의 올바름을 판정하는 것은 대단히 어려운 철학적인 문제가 되는 것이다.

여기서 조용한 우리 가족의 말과 관련된 부끄러운 에피소드를 하나 소개한다.

얼마 전에 온가족이 영화구경을 갔다. 이제 갓 여고생이 된 딸과 대학신입생이 된 아들을 데리고 18세 이상만 볼 수 있다는 영화에 도전하기로 한 것이다. 딸한테는 엄마 옷을 입히고 아무 말도 하지 말 것을 주문한 다음에 우리

부부는 각오를 다지고 영화관에 갔다. 아르바이트 학생으로 보이는 여직원에게 예매한 표를 건네주고 얼른 들어가려고 했지만, 그 충성스러운 여직원은 온몸으로 우리 식구의 진로를 막고 딸내미의 나이를 확인하려고 했다. 아내와 나는 우리 딸이 18세라고 말도 안 되는 거짓말을 시작했다. 키는 멀대같이 크긴 하지만 누가 봐도 어린 중학생 티가 나는 여자애를 대학생이라고 우기자니 등과 이마에 땀이 나기 시작했다. 말이 안 통한다고 생각했는지 여직원은 관리자로 보이는 덩치 큰 남자 직원을 불렀고, 그 직원은 딸아이의 신분증을 요구했다. 우리는 필사적으로 거짓말을 했지만, 그 직원은 진땀을 흘리며 말도 안 되는 말을 하고 있는 나를 불쌍하다는 표정으로 내려다보면서 표를 바꾸어 줄 테니 가족영화를 보시라고 했다. 그리고 우리가 보려는 영화가 청소년의 정서에 얼마나 해로운지에 대해서 친절하게 도덕교육도 시켜주었다. 그의 투철한 윤리의식과 직업정신에 좌절감을 맛보아야 했던 우리 가족은 끝내 발길을 돌려야 했다. 돌아오는 길에 조용한 딸이 한 마디했다. "원래 자식이 이런 영화를 보려고 하면 부모가 말려야 하는 거 아냐?"

II

물론 나는 거짓말, 즉 '올바르지 못한 말'을 했다. 그리고 영화관의 직원들은 용케도 나의 거짓말을 즉시 알아차렸다. 그들은 어떻게 나의 말이 올바르지 않다는 것을 알았을까? 물론 그들은 딸아이의 얼굴을 직접 봄으로써 알았을 것이다. 그렇다면 이렇게 직접 본다는 것은 부모의 말이 가질 수 있는 신뢰성을 넘어설 정도로 말의 올바름을 판정할 수 있는 결정적인 근거, 최종심급, 중재법정이 될 수 있는 것인가?

이처럼 감각경험을 통해 앎의 확실성에 대해 말하려고 한 철학자들이 많이 있었다. 주로 경험론 전통에 서 있는 그 철학자들은 지각적 판단이 다른 모든 판단에 선행하며, 다른 판단의 최종심급이자, 애매모호한 상황에서는 서로 다른 판단을 중재할 중재법정이라고 여겼다.

예를 들어, "이것은 컵이다"라는 명제의 참·거짓은 "이것은 컵이다"라는 사태에 대한 지각판단을 통해서 결정된다. 그들은 이런 판단이 매우 분명하고 확실한 경험적 근거에 의해서 정당화된다고 생각했다. "여기에 서 있는 여자 아이는 18세이다"라는 명제의 참·거짓도 그런 철학자들에게는 비교적 분명한 경험적 명제이다. 그들은 주로 시각적인 감각경험에 의해서 그 명제의 참·거짓을 판단할 수 있다고 생각한다.

그러나 이런 지각적인 요소를 포함하지 않는 명제에 대해서는 그들은 어떤 확실한 근거를 가지고 진위를 가릴 수 있다는 입장에서 슬그머니 발을 빼려고 한다. 예를 들어 "나는 18세라고 보기에는 턱없이 어린, 여기에 서 있는 여자 아이를 사랑한다"라는 명제에 대해서 그들은 지각적 판단을 근거로 진위를 판정할 수는 없다고 생각한다. 그것은 단순히 사실을 경험해서 판단할 수 있는 영역의 문제가 아니라 해석과 맥락이 문제가 된다고 보는 것이다.

이런 식의 구분은 여전히 유효하며 문제가 없는 것일까? 20세기에 벌어진 가장 큰 철학사적 사건은 일명 '언어적 전회'라고 하는 사건이다. 이것은 주관과 객관, 의식과 대상, 마음과 세계 사이에 설정되어 있었던 근대의 기본적인 철학적 사고의 틀을 언어의 문제로 이전시켰다. 그 이후로 어떤 철학적 문제를 다루건 언어와 그 의미의 문제에 대해서 해명하지 않는 한 철학적 문제를 논구한다는 것은 의미 없는 일이 되었다.

리처드 로티는 이 '언어적 전회'야말로 지각적 판단을 지식의 중재법정으로 삼으려는 전통적인 인식론적 태도에 종말을 고하는 사건이었다고 평한다. 그러나 시대가 바뀌어도 옛것에 목매는 사람이 늘 있듯이, 철학자들 가운데에도 언어와 세계라는 구도 속에서 종래의 철학적 문제를 어떻게든 끌어가려고 노력하는 사람들이 있다. 일상 언어학파의 오스틴(J. Austin)과 썰(J. Searle), 실재론자인 버나드 윌리엄스(B. Williams)와 토마스 네이글(T. Nagel) 등이 대표적이다. 이들은 우리의 언어 가운데 어떤 명제들은 세계의 있는 그대로의 사태를 반영한다고 생각한다. 그리고 만약 가능하다면 다른 언어들을 그런 언어로 환원하거나 그런 언어와의 연관성을 밝혀냄으로써 그 나머지 언어들의 의미도 객관적인 기반 위에서 명료화할 수 있을 것이라고 생각한다.

이들의 반대진영에 있는 철학자로는 심리적 유명론을 내세웠던 셀라스(W. Sellars), 도식과 내용의 구분을 경험론의 제3의 도그마라고 주장했던 데이빗슨(D. Davidson), 추론주의라는 독창적인 언어철학으로 최근 각광받고 있는 브랜덤(R. Brandom) 등을 들 수 있다. 이들의 철학적 입장이 어떤 것인지 설명하려면, 아마도 이쯤에서 읽기를 그만두실 독자들이 계실 것이기 때문에 간단히 철학적 싸움의 구도만을 소개한 것으로 그치고 앞의 예로 돌아가기로 하자.

현재 우리의 문제는 "여기에 서 있는 여자 아이는 18세이다"라는 명제는 지각적 판단을 통해서 참·거짓을 가릴 수 있는 명제이고 "나는 18세라고 보기에는 턱없이 어린, 여기에 서 있는 여자 아이를 사랑한다"라는 명제는 그렇지 못한 명제라고 말할 수 있는 철학적 근거가 무엇인가 하는 것이다. 셀라스, 데이빗슨, 브랜덤 그리고 로티 같은 전체론적인 철학자들은 다른 판단들로부터 지각적 판단만을 분리해 낼 수 있다는 생각이 얼마나 소박한 것인지 상기시키려 할 것이다.

예를 들어 "여기에 컵이 있다"라는 간단한 명제를 생각해 보자. 그 명제가 참이라는 것을 보이기 위해 눈앞에 있는 컵을 가리키면서 지각적으로 거기에 컵이 있음을 증명해 보인다고 하자. 그러나 그 증명의 행위와 그 말이 대응한다는 사실을 받아들일 수 있는 사람은 이미 컵이 무엇인지 알고 있으며, "여기에 컵이 있다"라는 말의 의미에 대해서도 충분히 알고 있는 사람일 것이다. 그렇지 않다면 그는 증명을 위해 무엇을 가리키는 행위를 하는 사람이 정확히 무엇을 가리키는지 금방 알아차리기 힘들 것이다. 손가락이 지시하는 것이, 가리키는 대상의 형태, 색, 위치 또는 배경이 될 수도 있기 때문이다. 달리 말하면 지각적 판단이라는 중재법정은 이미 언어적 규범에 익숙한 사람한테만 그런 역할을 할 수 있다는 것이다.

우리가 어떤 명제를 참 혹은 거짓이라고 판단하게 되는 것은 그것에 대응하는 객관적인 사실이나 사태를 발견함으로써가 아니라 사람과 사람 간의 규범적 관계에 의해서라는 것을 데이빗슨 식으로 간단히 말하자면, "신념만이 신념을 정당화한다"는 명제로 표현할 수 있다. 이것은 "나는 18세라고 보기에는 턱없이 어린, 여기에 서 있는 여자 아이를 사랑한다"는 말은 내가 그 여자 아이를 사랑한다는 사실에 의해서가 아니라 다른 사람들이 나의 말이 참이라는 것을 믿음으로써 정당화된다는 이야기다. 이런 관점에서 보면 '내가 그 여자 아이를 사랑한다는 사실'이라는 표현 자체가 그런 믿음에 대한 강한 표현에 불과한 것이지 객관적인 사태에 대한 지시어가 아니다.

이런 기준은 우리가 지각적인 경험내용을 포함하고 있다고 생각하는 명제들에 대해서도 적용된다. "여기에 서 있는 여자 아이는 18세이다"라는 명제가 참이라는 것은 그 여자 아이가 18세라는 사실에 의해서 정당화되는 것이 아니라, 그런 말을 했을 경우에 다른 사람들이 그 말을 거부감 없이 수긍하느냐의 여부에 의해서 결정된다. 예외적인 상황이 되겠지만, 우리 딸이 18세가 되어서도 여전히 중학생의 얼굴을 하고 있다고 해보자. 영화관의 직원은 신분증을 요구할 것이고, 우리는 신분증을 제시할 것이다. 우리는 영화를 보게 되겠지만, 그 직원은 "여기에 서 있는 여자 아이는 18세이다"라는 말을 참이라고 여길까? 아마도 그렇지 않을 것이다. 실제로 18세냐 아니냐는 문제가 되지 않는다. 18세라는 신분증은 실제의 사실을 반영하는 것이 아니라 또 하나의 언어적 표현이며, 그것 역시 정당화를 필요로 하는 하나의 명제이기 때문이다. 이런 정당화의 연쇄는 계속되며, 최종심급은 존재하지 않게 된다.

III

프랑스의 작가 엠마뉘엘 카레르의 《콧수염》은 말하자면 "신념만이 신념을 정당화한다"는 데이빗슨의 명제를 과장되게 보여주는 소설이다. 한글 번역본의 책 날개에는 "명백한 사실을 부정하기 시작하면 과연 어떻게 될까?"라는 것이 이 소설의 출발점이라고 쓰여 있고, 역자 후기에는 작가도 그렇게 말하고 있다고 쓰여 있지만, 그런 말은 이 소설의 철학적 문제를 분명하게 하기에는 좀 애매하다. 여기서 말하는 명백한 사실이란 무엇을 뜻하는지, 도대체 그런 사실이란 존재할 수 있는지, 그리고 누가 그런 사실을 부정한다는 말인지 그 말 속에는 전혀 언급되어 있지 않은 것이다. 따라서 그 말은 "내가 명백한 사실이라고 믿는 것을 다른 사람들이 부정하기 시작하면 과연 어떻게 될까?"로 바꾸는 것이 좋을 듯 싶다. 실제로 이 소설에서는 주인공을 제외하면 다른 사람들은 '명백한 사실'에 대해서 조금도 의심하지 않는 듯이 보이기 때문이다.

주인공은 결혼 경력 5년의 평범한 직장인이다. 그는 아내와 별 문제없이 지내고 있으며 친구들과도 사이가 좋다. 그런데 어느 날 그는 결혼 전부터 길러 온 콧수염을 갑자기 밀어버림으로써 아내를 놀라게 하자는 엉뚱한 생각을 하게 된다. 아내가 잠시 나간 사이 그는 욕실에서 콧수염을 밀어버리고 능청스럽게도 시치미를 뚝 뗀 채 아내 앞에 맨 얼굴을 드러낸다. 그러나 이 소심한 주인공은 아내가 자신의 얼굴에서 아무런 변화도 알아차리지 못하자, 자기가 면도를 했다고 솔직하게 말하는 대신 아내가 자신을 놀리려 한다고 의심하기 시작한다. 친한 친구들과의 만남에서도 그는 친구들이 자신의 변화를 애써 외면하면서 자신을 놀리고 있으며, 아내가 아마도 그들을 사주했을 것이라고 굳게 믿는다.

그는 처음에는 아내와 친구들이 자신을 놀리기 위해 연기를 하고 있다고 믿는다. 그러나 문제는 아내와 친구들이 그가 한 번도 콧수염을 길러 본 적이 없다는 데 대해 수미일관된 주장을 하고 있다는 데 있다. 이런 상황에서 주인공이 할 수 있는 일이란 무엇일까? 주인공이 콧수염을 길러 왔다는 데 대해 주인공이 틀렸거나 그의 아내 및 친구들이 틀렸거나 둘 중 하나일 것이다. 여기서 필요한 것은 누가 진정으로 옳은지 판정해 줄 최종심급이며 중재법정이다. 주인공은 그런 최종심급으로서 경험적 증거를 찾는다. 그는 자기가 깎아낸 수염뭉치와 콧수염을 기르고 있을 당시 찍었던 사진을 찾아낸다. 그러나 그런 지각적 판단의 증거 자료들은 과연 최종심급의 기능을 할 수 있을까? 미안하지만 작가인 카레르는 전통적인 경험론자보다는 셀라스, 데이빗슨, 브랜덤의 손을 들어 주고 있다. 확실한 증거라고 생각했던 수염과 사진은 너무나도 간단히 무시되고, 주인공을 정신병자로 취급해야 할 증거가 되어 버린다.

누가 보더라도 영락없이 그를 성난 미치광이라고 생각할 것이다. 쓰레기통에서 찾아낸 털을 한움큼 들고 와 마누라 면상에 문지르다시피 들이대는 미치광이 말이다. 하지만 그런 것은 상관없었다. 그는 증거를 확보하고 있었다.
"그래, 도대체 이게 뭘 입증할 수 있다는 거야?"
잠이 완전히 깬 아녜스가 물었다.
"당신한테 콧수염이 있었다는 거, 그거 말이야?"
"그래 그거."
그녀는 잠시 생각에 잠겼다. 그러고 나선 그를 똑바로 쳐다본 뒤 부드러우면서도 결연하게 말했다.
"당신, 정신과 의사를 만나 뵈야겠이."
(엠마뉘엘 카레르, 《콧수염》, 열린책들, 2006, 64쪽)

콧수염을 길러 왔다는 주인공의 신념을, 잘라낸 수염 뭉치라는 세계 내의 사태 혹은 사실은 결코 정당화하지 못하는 것이다. 주인공은 나중에 콧수염을 기르고 찍은 사진을 증거자료로 제시하지만 아내인 아녜스는 그가 수염을 그려 넣었다고 믿고 칼로 긁어내 버린다. 이제 그에게 남아 있는 경험적 증거 자료는 없다. 그가 옳다고 믿는 것에 대해서 이 세상의 아무도 긍정하지 않으며, 그것이 옳다는 것을 스스로 입증할 가능성도 없는 것이다. 그 증거들은 아녜스에 의해서 사라진 것이 아니라, 처음부터 결정적인 증거 자료가 아니었다고 보아야 한다. 아무리 많은 사진을 찾아내서 제시한들 사람들이 그것을 조작된 사진이라고 믿으면 그뿐이다.

주인공의 결론은 "쥐도 새도 모르게 세상의 질서가 교란된 것"(위의 책, 177쪽)이다. 이것은 어쩌면 필연적인 결론이며 그렇게 질서가 교란된 세상에서 주인공은 더 이상 살 수가 없게 된다. 작가가 말하는 세상의 질서란 언어철학자들의 용어를 빌면, 언어적 규범에 해당한다. 우리가 어떤 말을 할 때 그 말이 올바른 것인지 틀린 것인지는, 모든 언어 사용자가 준수하고 있는 그 규범에 의해서 판정된다. 만일 누군가가 다른 모든 사람이 '구두'라고 부르는 것을 '수저'라고 부르면서, 다른 모든 사람이 틀렸고, 자신이 옳다는 경험적인 증거를 댈 수 있다고 생각한다면, 그는 아마도 다른 사람들과 더불어 살기는 힘들 것이다. 다른 사람들이 믿고 있는 것, 그들이 말하는 것을 떠나서, 어떤 것이 실제로 구두인지 혹은 수저인지에 대해서 판정할 수 있는 기준이란 존재하지 않는다. 세계 자체가 우리에게 그런 기준을 제시해 줄 것이라고 믿는 것은 이미 흘러간 경험론의 망상이기 때문이다.

말의 올바름이 언어적 규범에 의해서 판정된다고 해서 세상사람들이 이미 믿고 있는 것이 모두 진리라는 말은 아니다. 천동설이 지동설로 바뀌듯이 모든 사람이 확실하다고 믿는 것도 언젠가는 거짓으로 판명이 날 수도 있다. 그러나 그렇다고 해서 천동설의 세계는 틀렸고 지동설의 세계는 옳기 때문이라고 할 수는 없다. 그것은 오히려 언어적 규범의 변화에 따라서 덜 적합한 어휘가 더 적합한 어휘로 대체되었다고 보는 편이 좋을 것이다. 다행스러운 것은 그런 어휘의 변화가 개별적으로 일어나는 일은 거의 없다는 것이다. 언어적 규범은 언어 사용자 간의 언어적 실천이 무모순적이고 양립 가능한 방식으로 지속되는 과정을 통해서 형성되기 때문이다. 따라서 우리는 소설의 주인공과 같은 착란에 빠지지 않을까 두려워할 필요는 없다.

이성과 감성의 모호한 경계

프리드리히 니체 《비극의 탄생》

토마스 만 《베니스에서의 죽음》

I

바쁜 일이 생기면 나는 이상하게 딴전을 피우고 싶은 생각이 든다. 예를 들어 원고를 언제까지 쓰기로 약속했다면, 그 시간에 맞추어 계획대로 차근차근 준비해서 여유 있게 탈고를 하는 일은 절대로 일어나지 않는다. 회사원이 되지 않은 것이 다행이라면 다행이다. 운 좋게 회사원이 되었더라도 정해진 시한 내에 보고서를 내지 못해 해고당했을 것이 분명하다. 되돌아보면, 인생의 방향을 결정할 중요한 일을 앞두고는 늘 딴짓을 했다.

이런 비합리적인 성향은 아마도 현재의 궁핍한 상황을 만들어낸 최대의 원인일 것이다. 그러나 내가 다시 어린 시절로 돌아간다고 한들 시험을 볼 때마다 열심히 준비하고, 미리 계획된 인생의 청사진에 맞게 모든 선택을 합리적으로 해 나갈 것 같지는 않다. 아마도 나는 이해할 수 없는 엉뚱한 행동으로 또 다시 인생을 허비할 것이다.

내가 딴전을 피우게 되는 것은 내가 마음대로 할 수 없는 어떤 어두운 힘이 내 안에 있기 때문이 아닐까? 오로지 성공하기를 바라는 투지가 온통 나를 지배하는 것이 아니라 실패를 은근히 즐기고자 하는 절망과 체념에 대한 욕망이 나를 인도하고 있는 것은 아닐까? 다른 사람들이 내게 해내기를 바라는 것을 하기보다는 아무에게도 말할 수 없는 나만의 어떤 것을 하고자 하는 욕구가 있기 때문이 아닐까? 이런 생각을 하고 있노라면 한없이 우울한 느낌이 드는 것이 사실이지만 동시에 야릇한 안도감이 생긴다.

다른 사람들에게 설명할 수 없는 어떤 엉뚱한 일에 몰두하게 된다는 것은 실패의 원인이지만 그럭저럭 살아나갈 수 있게 하는 에너지원이기도 하다. 오로지 성공만을 향해 달려 나가는 인생을 나로서는 상상할 수 없다. 그런 인생의 주인공들도 사실은 남에게 설명할 수 없는 자기만의 엉뚱한 일들이 있었을 것이라고 믿고 싶다.

실패를 예비함으로써 얻는 안도감은 사실은 최선을 다 하고 나서 실패했을 경우에 닥칠 절망감을 상쇄시키고자 하는 심리적인 기제일지도 모른다. 그러나 이런 계산적인 생각을 해내는 것도 일이 다 지난 다음이다. 막상 급한 일이 닥쳤을 때에는 무슨 일이 있어도 그 일을 해내야 한다는 이성적인 명령과 그것을 할 기분이 아니므로 다른 짓을 해야겠다는 감성적인 충동이 충돌하게 되고 대개의 경우는 후자가 승리하게 된다. 이것은 마치 실패하는 인생의 공식처럼 여겨진다.

그러나 다른 한편으로 생각해보면 세상사가 이렇게 간단할 것 같지는 않다. 인생이 계획한 대로 노력한다고 해서 다 성공할 수 있는 어떤 것이라면, 인생의 실패를 억울하게 생각하는 사람이 있어서는 안 될 것이다. 그러나 이 세상에는 아무리 노력해도 이룰 수 없는 일이 있고, 스스로를 다스리려고 해도 어쩔 수 없는 내면의 충동이 있다. 최선을 다할 수도 있었는네 그렇게 하지 않았기 때문에 인생이 실패한 것이라고 생각하기 시작하면, 아마도 스스로를 용서하기 힘들 것이다.

　물론 세상의 모든 사람이 나처럼 실패하는 쪽으로 인생을 살아가는 것은 아니므로 다른 사람에게 이런 인생관을 권장할 수는 없다. 세상에는 소위 '시(時)테크' 같은 것을 통해서 자기관리를 철저히 함으로써 사회적인 성공을 이룬 사람들이 많이 있다. 그들은 세상이 원하는 것을 해내기 위해 차마 소통할 수 없는 어떤 것에 대한 자신의 욕망을 억눌렀을 것이다. 사회적으로 의미 있는 일을 하기 위해서는 아마도 그런 절제력이 필요할 것이다. 그러나 모든 사람들이 그런 일을 하는 것도 아니고, 또 어떤 일은 그렇게 해서는 안 되는 일도 있을 법하다. 예컨대 글쓰기 같은 것은 시간을 계획해서 산출물을 내기는 어려운 것이 아닐까? 낭설일지는 모르겠으나, 유명한 소설가 중에 글쓰기를 마치 고시생이 고시 공부하듯이 했다는 이야기를 듣고 아연해진 적이 있다.

　인간의 정신적인 고결함은 그가 이성에 따라서 행위할 수 있다는 데에 있다는 것이 플라톤 이래 서양철학의 주류적인 생각이다. 어떤 경우에도 오로지 도덕률에 따라서 의무적으로 행위하라는 칸트의 명령은 경건하기까지 하다. 그런데 합리적인 것과 비합리적인 것, 고결한 것과 천박한 것의 경계는 모호하다. 도덕적인 완전성을 도모하는 삶이 정신적인 가치의 완성과 관련이 있는 것이라면, 그러한 삶의 완성은 누구에게도 불가능할 것이다. 혹독한 수련을 통해 모든 육체적 욕망으로부터 스스로를 단절시키는 데 성공했다고 하더라도 그런 삶이 고결하다고 평가받을 수 있는지 의문이다. 그런 삶을 고결하다고 할 만한 근거가 불분명하기 때문이다.

도대체 삶을 고결하게 만드는 것은 무엇일까? 어떤 사람의 삶에 대해 우리는 고결하거나 천박하다고 평가할 수 있는 것일까? 예컨대 정신적인 것은 고결하고 육체적인 것은 천박한 것인가? 철학적인 사유는 고결하고 성적인 쾌락은 천박한 것인가? 이성적인 것은 고결하고 감성적인 것은 저급한 것인가? 물질적인 이익을 추구하는 것은 저급하고 정신을 도야하는 것은 고결한 것인가? 도덕적인 삶은 고결하고, 퇴락한 삶은 천박한 것인가? 도덕이란 기껏해야 당대의 지배적인 규율이 아닌가?

고결함과 천박함의 구분은 혈통에 의해 신분이 나뉘었던 시절, 천상의 진리와 지상의 비진리가 나뉘었던 시절에나 통할 이야기가 아닐까? 정신적인 가치의 고결함을 말하는 것은 그런 시대에 대한 향수에 불과할 것이다. 만약 정신적인 도야가 사람을 고결하게 만든다면 배고픈 인문학 박사실업자들이야말로 고결하다고 해야 할 것이다. 그러나 유감스럽게도 그들은 '상아탑의 노예' 취급을 받으며 밥벌이를 위해 길바닥을 헤매고 다니면서 인생의 낙오자라고 손가락질 당할 뿐이다. 정신적인 가치를 추구하는 것은 전통적으로 고결한 행위로 여겨졌지만, 이제 더 이상 귀족적인 것과 천박한 것이 명확히 구분되는 시대가 아니다. 세속적인 천함이 정신적인 고결함의 징표가 되었다면 상황을 좀 과장한 것일까? 자신의 삶을 아무리 고결한 모양으로 포장해 세상에 내놓는다고 하더라도 그것이 자신이 성취하고자 하는 삶의 완성과 일치하지 않을 수 있다. 인간은 규범에 의해 지배받고 세상의 평가에 의해 만족감을 얻지만 그것이 전부가 아니라고 느끼는 존재이다. 자신의 고유한 삶이 완성을 길구할수록 그는 규범에서 벗어나려 할 것이며 더욱더 소통 불가능한 어떤 것을 추구하고자 할 것이다. 이렇게 보면 인생이란 얼마나 합리적으로 설명하기 힘든 것인가? 세속적인 성공이나 세상의 평가가 그의 공허함을 채워주지 못한다. 그의 공허함은 합리적인 것과 비합리적인 것의 경계, 고결함과 천박함, 도덕적 엄정함과 탈규범적인 유치함의 긴장으로부터 벗어날 수 없으며, 완성을 갈구하는 자일수록 그 모호함에 직면할 수밖에 없기 때문이다.

Ⅱ

우리는 이분법적인 사고에서 벗어나기가 매우 힘들다. 플라톤의 본질과 현상의 이분법이 아니더라도 세상의 모든 것을 둘로 나누어 보는 것은 매우 편리한 사고방식이기 때문이다. 그런데 이렇게 사물을 둘로 나누어 보게 되면 그 다음에는 그 둘의 우열을 가리는 일을 하게 된다. 둘 다를 동시에 고려하면 될텐데 그런 일은 생각만큼 쉽지 않다. 인생의 가치를 고결한 것과 그렇지 못한 것으로 구분하는 관점도 그런 이분법에서 비롯된다. 물론 플라톤의 전통에서 고결한 것은 언제나 정신적인 것, 이성적인 것이었다. 귀족의 삶이란 육체적인 노동과는 무관한 것이었으므로 신분제 사회에서 이런 구분법에 반대할 귀족은 없었다. 또한 천박한 인간은 살기 위해 육체노동을 하느라 그것을 논박할 여유가 없었다. 니체가 근대 이후 각광받는 이유는 이러한 관점을 뒤엎었기 때문이다. 이성적인 것에 억눌려 온 인간의 모든 비합리성에 숨통을 열어줌으로써 니체는 인간이 이분법적으로 고찰될 수 있는 단순한 존재가 아니라는 것을 깨닫게 해 주었다. 삶의 완성이 스스로 완전한 존재가 되고자 노력하거나 이성이 설정한 목표에 도달함으로써 이루어지는 것이 아니라는 통찰이 '디오니소스적인 것'에 대한 니체의 발견이다. 이상적인 삶에 대한 욕구는 감성에 의해 지배당하는 모호한 현실적 삶을 무가치한 것으로 만들 뿐이다. 니체는 기독교의 도덕에서 삶에 대한 혐오와 적개심을 발견한다. 아폴론적인 것과 디오니소스적인 것의 이중성과 결부되어 있는 예술을 기독교는 거짓된 것이라고 단죄한다.

> 예술에 적대적이어야만 하는 이런 종류의 사고 및 평가방식의 이면에서 나는 오래 전부터 삶에 대한 적개심, 삶에 대한 원한과 복수심에 가득찬 혐오를 감지했다. 왜냐하면 모든 삶은 가상, 예술, 착각, 광학, 관점적인 것과 오류의 필연성을 근거로 하고 있기 때문이다. 기독교는 처음부터 본질적이고 근본적으로, 삶이 삶에 대해서 느끼는 구토와 염증이었다. 이 구토와 염증은 '다른' 혹은 '더 나은 삶'에 대한 믿음으로 위장되고 숨겨지고 치장되었을 뿐이다.(니체,《비극의 탄생》, 아카넷, 2007, 30쪽)

니체가 말하는 기독교의 내용은 사실상 고결한 정신적 가치와 저급한 물질적 가치를 구분한 플라톤의 형이상학이다. 니체는 이런 개념적 구분법을 통해서 인간과 그의 세계를 파악하기란 불가능하다고 본 것 같다. 살아있는 인간이 어떻게 육체적인 한계에서 벗어날 수가 있겠는가? 인간에 대한 이해는 그러한 유한성에서 출발해야 할 것이다. 죽기로 작정하지 않는 이상 우리의 육체적인 저급한 삶은 부정되어서는 안 된다. 니체는 그러한 삶의 정당화를 위해서 플라톤과 기독교가 부정하고 있는 예술에 주목하는 것이다. 예술은 지상에서의 삶을 긍정하는 훌륭한 방식이다. 예술은 아폴론적인 방식으로 또는 디오니소스적인 방식으로 유한하고 덧없는 삶을 긍정한다. 인간의 덧없는 삶은 근원적인 세계의지의 발현이므로 부정될 이유가 없다. 우리는 삶의 유한성 앞에서 도피할 필요가 없으며, 그렇다고 해서 현실세계의 탐욕에 굴복할 필요도 없다. 덧없음에 직면해서 그것의 아름다움을 죄책감이 없이 즐기면 되는 것이다. 음악은 모든 개별자들이 통일되어 있는 진정한 세계로 우리를 안내하는 비밀의 열쇠이다. 인간과 세계는 근원적인 의지의 발현으로서, 부침하는 세상사는 그런 의지의 물결침이다(박찬국 '역자해제', 《비극의 탄생》, 아카넷, 2007, 304쪽). 세계를 드러내는 것은 논리적인 지성이 아니라 음악의 리듬과 멜로디이다. 세계의 본질은 피안의 이데아가 아니라 음악적인 선율을 통해서 개시된다. 그것을 파악하기 위해서 우리는 머리가 아니라 온몸을 동원해야 하는 것이다. 28세의 니체가 《비극의 탄생》을 써서 바그너에게 바친 것은 이런 이유에서이다. 인간의 삶에 대한 모든 구분이야말로 얼마나 덧없는 짓인가. 이성과 감성은 그 속에서 더 이상 명확히 구별되지 않으며 부침하는 세상사 속에서 고결한 것과 천박한 것은 경계를 짓기 힘들다.

Ⅲ

토마스 만의 1912년 작품 《베니스에서의 죽음》은 평생 자신의 삶을 예술을 통해 완성하고자 했던 시인의 죽음을 그리고 있다. 그의 명쾌하게 설명될 수 없는 죽음은 합리적인 것과 비합리적인 것, 고결한 것과 천박한 것, 도덕적인 것과 비도덕적인 것을 경계짓는다는 것이 적어도 한 인간의 삶의 완성과 관련된 문제에 있어서는 얼마나 무의미한 일인가 하는 것을 보여준다.

토마스 만이 창조하고 있는 구스타프 폰 아셴바하는 탁월한 정신력과 뛰어난 절제력으로 글쓰기에 정진해서 50세에 귀족의 칭호를 얻은 소설가이자 시인이자 인문학자이다. 그는 평생을 흐트러짐이 없이 정신적인 절대성의 탐구에 매진한 도덕가로서 그려진다. "노년에 접어든 아셴바하는 자기 어법에서 모든 천박한 단어를 추방해 버렸다"(토마스 만,《베니스에서의 죽음》,〈토마스 만 단편선〉, 민음사, 2007, 433쪽). 정신적 절대성을 추구하는 품위있는 귀족이자 대중적인 명성을 얻은 독일의 이 고상한 예술가는 어느 날 이국적인 차림새의 남자를 보고 문득 베니스로 여행할 것을 결심한다. 이제 이 고결한 영혼의 소유자는 베니스 근처의 섬 리도의 한 호텔에서 긴 휴가를 얻게 되는데, 거기서의 그의 생활은 그가 엄정하게 구분하고자 했던 모든 것들이 온통 뒤죽박죽 뒤섞여 그의 정신적 절대성을 위협하는 상황을 연출하게 된다. 그리고 그런 상황은 완전성을 추구하는 사람들에게 일어날 수밖에 없는 일임을 토마스 만은 다음과 같이 서술한다.

고독은 본질적인 것, 과감하고 낯선 아름다움, 그리고 시를 만들어낸다. 하지만 고독은 또한 거꾸로 된 것, 불균형적인 것, 그리고 부조리하고 금지된 것을 야기시키기도 한다. 그래서 여행 도중에 보았던 현상들, 그러니까 애인에 관해 헛소리를 해대던 볼썽 사나운 멋쟁이 늙은이와, 뱃삯을 속이려 한 무허가 곤돌라 사공 등이 아직까지도 이 여행객의 기분을 뒤흔들어 놓고 있는 것이다. 이성적 사고에 어떤 어려움을 주는 것도 아니고 사실상 깊이 생각할 거리를 마련해 주는 것도 아니면서 모든 것들은 그 자체로 이상야릇한 것 같았다. 어쩌면 바로 이러한 모순 때문에 마음이 불안한 건지도 몰랐다.(토마스 만, 위의 책, 450쪽)

여기서 말하는 고독은 삶의 완성을 추구하는 예술가의 특징을 일컫는다. 그것은 아폴론적인 아름다움과 디오니소스적인 부조리를 동시에 낳는다. 이 예술가는 그런 고독을 통해서 아름다움을 관조하면서 온통 모호한 세상의 이상야릇함에 도취할 준비가 되어 있다. 이 예술가가 개념적으로 구분되지 않는 세계의 본질에 빠져드는 것은 '타치오'라고 하는 14세의 폴란드 귀족 소년을 만나게 되는 사건을 통해서이다. 그리스의 조각상과 같은 완벽한 아름다움을 갖춘 이 소년은 일평생 절제를 통해 단련된 위대한 예술가의 도덕적 고결함을 일순간에 무너뜨린다. 아셴바하의 모든 육체적 감각은 이 소년을 향하게 되고, 그는 한 번만이라도 그 소년의 몸에 손을 대보고 싶어한다. 그러나 그것은 그의 꿈속에서만 일어나는 일일뿐 아셴바하는 겉으로는 귀족적인 품위를 유지하면서 자신의 육체적인 욕망을 남들에게 들키지 않기 위해 전전긍긍한다. 아셴바하가 겪게 되는 이러한 비합리적인 상황은 그가 일평생 추구한 정신적인 고결함을 기꺼이 내던지도록 한다. 천박한 어휘를 자신의 어법에서 추방했던 아셴바하는 아름다운 육체를 가진 이 소년 앞에서 예술가라면 절대로 사용하지 말아야 할 상투적인 단어를 되뇌게 되는 것이다.

그는 등을 기댄 채 팔을 축 늘어뜨리고 압도된 꼴을 하고서, 그리고 여러 번 지나가는 전율을 느끼면서, 동경의 변함없는 상투어를 속삭였다—이 경우에 용인

될 수 없고, 망발과 죄악에 가깝고 우스꽝스럽지만, 그래도 신성하고 이 경우에도 역시 위엄 있는 그 동경의 상투어를!—"널 사랑해!"(토마스 만, 위의 책, 493쪽)

    소년에 대한 정욕을 아셴바하는 절대적인 아름다움에 대한 추구로 포장하고, 자신의 품위를 잃지 않으려 노력하지만, 상투어를 되뇌는 그에게 이제 고결함과 천박함의 경계는 모호해지기 시작한다. 이것은 그의 정신 속에서만 일어나는 일이 아니라 그를 둘러싼 베니스의 상황에서도 동시에 진행된다. 콜레라에 의해 전염된 베니스는 관광객을 잃지 않기 위해 시내에 소독약을 살포하고 입단속을 하지만, 그곳은 이미 아름다운 휴양지가 아니라, 분칠한 무덤이 되어 있다. 생명을 잃을 수도 있다는 것을 잘 알고 있는 아셴바하는 소년의 곁에 머물기 위해 베니스를 떠나지 못한다. 오히려 아셴바하는 시체가 매일 밤 실려 나가는 베니스의 위험한 상황이 자신만을 소년과 그 섬에 머물게 하는 희망적인 상황이라고 믿기 시작한다. 죽음의 절망은 사랑에 대한 희망으로 뒤바뀌는 것이다. 점점 노골적으로 소년에 대한 관심을 숨기지 않게 된 아셴바하는 자신의 늙은 육체가 역겹게 여겨져 이발사의 권고대로 머리를 염색하고 우스꽝스러운 화장을 한 다음, 광대와 같은 복장을 하기에 이른다. 품위있는 귀족 아셴바하는 아름다움에 대한 추구를 통해 스스로 천박한 광대가 된 것이다. 물론 화장이 추함을 가리지는 못한다. 그의 화장은 전염병을 은폐하고 회칠을 한 베니스와 같다. 아셴바하는 안개 낀 바다에서 해변을 바라보는 소년을 보면서 숨을 거둔다.
    아셴바하가 도덕적인 생활을 통해 추구한 정신적인 절대성은 결국 아름다움에 도달하고자 하는 예술적인 욕구 때문이었다. 아셴바하는 그러한 절대성을 자신의 언어로 형상화함으로써 자신의 삶을 완성시키고자 했다. 그러나 그의 시도는 소년의 아름다운 육체에 대한 디오니소스적인 황홀경 앞에서 무력한 것으로 드러난다. 그의 도덕적 품위와 정신적 고결함은 삶의 완성이라는 그의 예술적 목표를 온전히 충족시켜주지 못하는 것이었다. 오히려 그는 죽음의 공포를 극복하고 베니스에서 죽음으로써 절대적인 아름다움에 대한 자신의 동경을 완성한다. 소년의 육체에 탐닉한 그의 마지막 삶은 천박한가? 오히려 아름다움 앞에서 도덕의 경계를 넘지 못하는 귀족적 품위를 천박하다고 해야 하지 않을까? 아니, 그 모든 것은 사실은 경계가 모호한 상태로 우리 주위를 떠돌고 있다고 보는 것이 좋겠다. 합리적인 이성과 충동적인 감성, 도덕적 품위와 일탈의 순수함, 정신적인 삶의 고결함과 육체적인 쾌락의 천박함은 음악의 리듬처럼 분리되지 않은 채 흘러가면서 삶의 본질을 개시하는 것이 아닐까?

우연적 삶에 관한 문학과 철학의 대화
아이러니스트의 사적인 진리

초판 1쇄 2008년 10월 15일
초판 2쇄 2013년 9월 5일

지은이 | 이유선

펴낸곳 | 라티오 출판사
출판등록 | 제300-2007-151호(2007.10.24)
주소 | 서울시 종로구 계동 140-50, 4층
전화 | 070)7018-0059
팩스 | 070)7016-0959
웹사이트 | ratiopress.com

ⓒ 이유선 2008

이 책의 무단 전재 및 복제를 금합니다.

ISBN 978-89-960561-2-6 03100